本书由河北科技师范学院学术著作出版基金资助，河北省职业教育研究基地学术著作出版资助，河北科技师范学院博士研究启动基金资助

京津冀区域一体化视阈下河北高等教育发展战略研究

闫志军 著

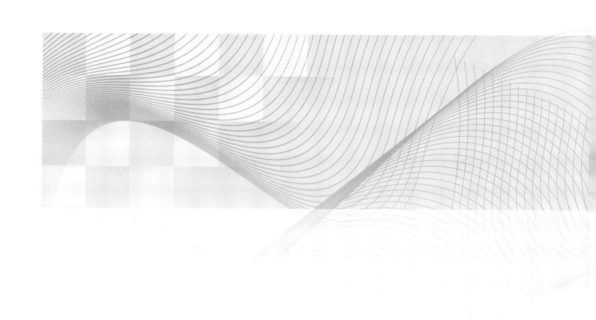

中国社会科学出版社

图书在版编目（CIP）数据

京津冀区域一体化视阈下河北高等教育发展战略研究／闫志军著 . —北京：
中国社会科学出版社，2016.4
ISBN 978-7-5161-8570-4

Ⅰ.①京… Ⅱ.①闫… Ⅲ.①高等教育—发展战略—研究—河北省
Ⅳ.①G649.21

中国版本图书馆 CIP 数据核字（2016）第 158004 号

出 版 人	赵剑英
责任编辑	朱华彬
责任校对	胡新芳
责任印制	张雪娇

出　　版	中国社会科学出版社
社　　址	北京鼓楼西大街甲 158 号
邮　　编	100720
网　　址	http://www.csspw.cn
发 行 部	010-84083685
门 市 部	010-84029450
经　　销	新华书店及其他书店

印　　刷	北京君升印刷有限公司
装　　订	廊坊市广阳区广增装订厂
版　　次	2016 年 4 月第 1 版
印　　次	2016 年 4 月第 1 次印刷

开　　本	710×1000　1/16
印　　张	16
插　　页	2
字　　数	238 千字
定　　价	59.00 元

凡购买中国社会科学出版社图书，如有质量问题请与本社营销中心联系调换
电话:010-84083683

目　录

第一章　绪论

教育的发展遵循着两条最基本的规律，一是教育的内部关系规律：教育过程中存在各种要素和关系，必须充分发挥这些要素的作用，正确处理这些关系，才能达到培养人的预期目标；二是教育的外部关系规律：教育要受社会的经济、政治、文化等所制约，并对社会的经济、政治、文化等的发展起作用。① 高等教育发展同样也要遵循这两条规律，尤其是在制定其发展战略时，由于"战略是聚焦于外部的，要求运用一种环境考察的方式。……如果大学了解大门之外的社会正在发生什么变化，以及其最大的需求是什么，或者近期将会有什么变化，那么，它就能通过内部恰当的杰出的教学和研究更好地服务于国家"②。所以当社会经济各领域发生变化时，高等教育必须积极回应，与时俱进，才能更好地发挥其功能。

历史上，河北曾是一个文化教育较为发达的地区；今天，河北高等教育正面临着难得的复兴机遇。在科举史上，第一个"状元"孙伏伽（即唐高祖武德五年进士科第一名）与清末最后一个状元刘春霖都是河北人，分别来自今河北省的清河县与肃宁县；据有人对二十四史记载的五千多名历史人物进行的分析，河北籍人数名列第二；在对 20 世纪以来每万人出现的科学家与文学家所作的人数统计

---

① 潘懋元：《新编高等教育学》，北京师范大学出版社 2003 年版，第 12—13 页。
② 乔治·凯勒：《大学战略与规划——美国高等教育管理革命》（中译版序），别敦荣译，中国海洋大学出版社 2005 年版，第 1 页。

中，河北名列第三。① 近代以降，河北地区的高等教育不但兴起较早，而且初期发展较快，虽然之后的过程比较曲折，但在迄今已有百余年的历程中，也取得了令人瞩目的成就。然而时至今日，在快速发展的知识经济时代，河北高等教育却面临着诸多问题和困境，难以适应当前经济社会发展和满足人们接受高等教育的需求。关于高等教育发展问题，高等教育学奠基人、著名高等教育学家潘懋元认为："教育外部关系规律表明，教育与社会的经济、政治、文化、科学存在着本质的关系，高等教育必须遵循教育的外部关系规律，处理好高等教育与这些方面的关系，适应社会需要，促进社会发展。"② 目前，河北高等教育所面临的发展环境正在发生巨大变化，京津冀区域一体化已重新启动并呈快速推进态势，这为其提供了难得的发展机遇。对此，河北高等教育应在这一背景下积极谋划未来发展思路，借助区域一体化平台，突破长期难以摆脱的困境，尽快改变落后的发展现状，大力提升教育质量和水平，这对其自身及整个京津冀区域的发展都具有重要的作用和深远的影响。

一 选题缘起与意义

（一）选题缘起

本书从京津冀区域一体化的视角来研究河北省高等教育的发展问题，主要基于以下内外两方面的理由。

首先，从河北省自身内部来讲，加强对河北高等教育的研究是改变其落后状况以适应经济社会发展的需要。经过改革开放以来30多年的不断探索和深化变革，我国最终确定了"中央和省两级管理、以省级政府为主"的高等教育管理体制，即国务院统一领导和管理全国高等教育事业，各省、自治区、直辖市人民政府统筹协调本行

---

① 李春：《未来河北高教发展的趋势与展望》，《河北师范大学学报》1988年第3期，第83—85页。

② 潘懋元：《新编高等教育学》，北京师范大学出版社2003年版，第15页。

政区域内的高等教育事业，管理主要为地方培养人才和国务院授权管理的高等学校。① 与之前相比，省级政府拥有了更大的高等教育管理权限，所担负的责任也更加重大了。纵观河北省高等教育近几十年的发展与当前状况，虽然取得了一定的成就，但还存在很多需要改进之处。相关研究表明，近年来河北省高等教育竞争力综合得分只有 8.67，在大陆 31 个省份中位居第 16，其中教育资源指标项仅排在第 28 位；② 在中国科学院可持续发展战略研究组所发布的"2005 中国可持续发展战略报告"中，河北省的教育投入指数只有 15.52，排在第 27 位。③ 由此可以看出，河北高等教育总体发展较为落后的现状非常明显，已经难以适应经济社会发展的需求，因此应加大对河北高等教育发展研究的力度，以为其尽早突破困境和实现快速发展提出有价值的参考和建议。

其次，从河北省外部区域环境方面来说，京津冀区域一体化发展要求加强对河北高等教育发展的研究。在当今世界，区域已成为全球竞争与合作的重要单元，国家层面有欧洲联盟、独联体经济联盟、东南亚国家联盟、西非国家经济共同体、拉丁美洲一体化协会等区域性国家组织，城市层面则是先后在美国东北部大西洋沿岸地区、北美五大湖地区、日本太平洋沿岸地区、英格兰南部地区、欧洲西北部地区等区域出现了协作发展的都市圈或城市群。随着国际竞争的加剧，各区域的合作程度也在进一步加强，从最初有限的经济合作发展到社会各个领域的全方位合作，逐渐形成了多个程度不同的一体化区域，区域一体化被视为发展的主要趋势之一。区域一体化发展，始于经济领域，延至其他社会领域，也必然会如历史上的任何一次社会变迁一样波及高等教育，以上各区域内高等教育的发展已经证明了这一点。我国的社会经济发展也不例外，区域合作

---

① 《中华人民共和国高等教育法》，2005 年 5 月 25 日（http://www.gov.cn/banshi/2005-05/25/content_ 927. htm）。

② 赵宏斌：《中国区域高等教育竞争力研究》，《国家教育行政学院学报》2008 年第 8 期，第 25—30、64 页。

③ 中国科学院可持续发展研究组：《2005 中国可持续发展战略报告》，科学出版社 2005 年版，第 402 页。

的范围和领域不断扩大，现在较为成熟和发达的是长江三角洲和珠江三角洲两个区域。而在华北地区，北京、天津和河北三省市之间互相包含，基于独特的地缘关系形成了一个学术研究、政策文件和人们日常谈论中常用的地理概念——京津冀区域，该区域发展经过十多年的研讨、论证，一体化进程在各方的努力推进中，已于近期正式启动。在中国的经济发展蓝图中，京津冀区域被定义为未来经济增长的第三极。中国社会科学院研究员牛凤瑞认为："总体说来，中国改革开放后的前二十年是'珠三角'牢牢把握住了发展机遇；从20世纪90年代开始，随着浦东新区的建设，'长三角'迎来了快速发展的二十年；从国家'十二五规划'实施的今年开始，未来二十年应该是京津冀都市圈发展的大好时机。"① 在国民经济和社会发展的国家第十二个五年（2011—2015年）规划纲要中，"推进京津冀区域经济一体化发展"已被列入区域发展总体战略。2013年，习近平总书记在天津市和河北省调研时提出要推动京津冀协同发展，努力实现京津冀一体化发展。总而言之，作为我国政治、文化中心和经济最发达的地区之一及国家现代化建设的重要支撑地区，京津冀一体化不仅是京、津、冀自身发展的需要，也是推进我国积极参与国际竞争、促进区域协调发展的战略需要。② 面对外部环境所发生的新变化，须从新的角度加强对区域高等教育的研究，尤其是应把观念较为保守、发展相对落后的河北高等教育作为其中的重点研究对象，加大对其研究力度，以尽快改变落后现状，进一步提升教育质量和水平，适应京津冀一体化发展的需求。

（二）研究意义

区域高等教育研究是围绕某一特定、具体地域空间的高等教育所进行的研究，具有较强的针对性和应用性，本书以河北高等教育作为研究对象，主要有以下几方面意义。

第一，为河北省高等教育未来发展提供理论参考。在京津冀区

---

① 《京津冀都市圈有望打造中国经济"第三极"》，2011年1月10日（http://www.cubn.com.cn/news3/news_detail.asp?id=8934）。

② 祝尔娟：《京津冀都市圈理论与实践的新进展》，中国经济出版社2010年版，第2页。

域中，河北高等教育发展相对落后，长期以来一直在低水平徘徊，结构、质量、效益等方面都存在各种问题，难以满足经济社会发展和人们接受高等教育的需要，这一状况亟须改观。但关于河北高等教育发展的研究却不多，指导力度较强的理论成果更是有限，因此河北高等教育长期以来一直在"摸着石头"往前走，发展非常缓慢。本书以正在进行的京津冀区域一体化需求为背景，以教育内外部关系规律为基础，以高等教育现代发展观和一体化理论为指导，尝试为河北高等教育应对区域环境变化提出有建设性的战略建议，对其未来发展具有一定的理论参考价值。

第二，有助于推动京津冀区域高等教育交流与合作。在京津冀区域，京津两个直辖市内聚集了极其丰富的优质高等教育资源，高等教育发展水平较高，质量较好，而河北与两市在高等教育方面存在巨大落差，虽然三地近在咫尺，高等教育交流却非常有限。本书从区域一体化的视角，深入分析京津冀区域高等教育关系，在最大程度了解其目前状况的基础上，进一步加强对三省市高等教育之间关系的理性认识，有助于促进该区域高等教育交流与合作的深入开展。

第三，有利于京津冀区域一体化进程的推进。区域一体化作为一项重大的社会变革，涉及经济社会各个领域的发展，高等教育既是一体化必有内容之一，同时也承担着为区域社会发展培养人才和提供智力支撑的重任。在京津冀区域中，尽管京津两市是优质高等教育资源的聚集地，但毕竟数量有限，更多人才的培养离不开三省市中绝对规模最大的河北高等教育。因此，加强对河北高等教育的研究，不仅有利于推动其自身发展，更关乎京津冀区域发展中专业人才的培养与供应，关乎整个区域中多数社会成员的素质提升，关乎京津冀区域一体化改革的成败。

二　相关概念界定

（一）河北省

河北省地处华北平原北部，因此地于上古时期被划分为九州之首冀州，故今以"冀"作为简称。作为一个地域名称，"河北"最早见于《尔雅·释丘》："天下有名丘五，其三在河南，其二在河北。"[①] 此处的"河北"泛指黄河以北的地区，而非特定行政区域。"河北"作为政区始自唐代，据《新唐书·地理志》记载："太宗元年，始命并省，又因山川形便，分天下为十道：…… 四曰河北……"，"盖古幽、冀二州之境。"[②] "河北道"辖区北起山海关、居庸关，南至黄河，西距太行，东临海滨，治所在当时的魏州（今河北大名县东），基本包括了现在的河北、北京、天津在内。明朝永乐年间朱棣迁都北京之后，把周边地区称为"直隶"，覆盖范围与今河北省大致相同。及至清代，该地区设直隶省，府署建于保定，视为畿辅之地，天津和北京都在直隶辖区内。民国时期国民政府定都南京后，"直隶"名不副实，1928 年易名为"河北"，仍设省级行政区划，沿用至今。易名之初，北京、天津曾一度被作为河北省府治所，直到 20 世纪 30 年代中期两地改为直辖市后才相继与河北省脱离了隶属关系，三地始为同一级行政区划。之后河北省行政区域范围几经调整，如在与河南、山东等省份交界处个别区县归属上曾有多次变动，承德、张家口两市在从民国初期到 20 世纪 50 年代中期这段时间没有被划入河北省管辖范围之内，天津在新中国成立后又曾有近 10 年（1958—1967 年）时间暂时划归河北省。现在的河北省包括 11 个地级市：石家庄、保定、张家口、承德、秦皇岛、唐山、廊坊、沧州、衡水、邢台、邯郸。河北行政区划的调整，特别是其与京津两地关系的变化，给该省高等教育发展带来了巨大的影响，本书在论述不同时期河北高等教育发展时，将根据当时行政区划的限定，对此进行具体分析。

（二）高等教育

高等教育是一个历史的、相对的概念，有广义和狭义之分。"广义的高等教育是指在一定的社会条件下，人们所能够受到的当时最

---

① 邹德文、李永芳：《尔雅》，中州古籍出版社 2013 年版，第 264 页。
② 欧阳修、宋祁：《新唐书》，吉林人民出版社 1995 年版，第 557—589 页。

高的终端教育；而严格意义或狭义的高等教育是指建立在初等和中等教育基础上的专门教育。狭义的高等教育到近代才产生，而广义的高等教育在古代早已存在。"① 本书中所论述的高等教育取其狭义概念，指"建立在普通教育基础上的专业性教育"②，是培养高等专业人才的社会活动。我国目前的高等教育根据办学形式一般分为全日制普通高等教育和成人高等教育两大类，在本书中主要以全日制普通高等教育为研究对象，所涉高等教育机构包括教育部批准设置或备案、通过国家规定的专门考试招录生源进行学历教育的各级各类全日制高等院校，成人高等教育不在本书研究范围之内。

（三）高等教育发展战略

高等教育发展战略是"战略"借用于教育领域所产生的概念。"战略"一词，源自军事领域，其本意是指"作战的谋略"，英语中相对应的单词"strategy"原意即"战略指导"，③ 可理解为对战争全局的筹划或指导。随着经济社会的发展，"战略"这一概念逐渐被应用于其他社会领域，基本含义为对全局性的、长远的、重大问题的总体谋划。至1958年，美国经济学家艾伯特·赫希曼（Albert Otto Hirschman）首次提出了"发展战略"的概念。④ 发展是指事物由小到大、由弱到强、由低级到高级的运动变化过程，所以相对于之前的"战略"而言，发展战略强调的是为事物未来一定时期的发展变化所做出的带有预测性的决策和谋划。

关于高等教育发展战略，较早的研究认为，其意是指"在社会未来一定时期内，适应社会经济发展的需要，确定高等教育的发展目标和为实现目标遵循的指导思想、基本方针、主要对策，以及部署和安排"⑤；还有学者把其定义为"未来一定时期内，适应社会经济发展需要，对高等教育发展的指导思想、主要目标、发展重点、

① 刘海峰、史静寰：《高等教育史》，高等教育出版社2010年版，第11页。
② 潘懋元：《新编高等教育学》，北京师范大学出版社2003年版，第5页。
③ 钮先钟：《战略研究》，广西师范大学出版社2003年版，第3页。
④ 艾伯特·赫希曼：《经济发展战略》，潘照东、曹征海译，经济科学出版社1991年版。
⑤ 孟明义：《高等教育发展战略简论》，社会科学文献出版社1987年版，第1页。

主要措施等一系列全局性、重大的问题所作出的谋划"①。但这些概念都没有涉及地域空间因素，高等教育发展战略具有层次性，既有国家层面的，也有地方或跨区域层面的。现在我国高等教育实行的是"中央和省、自治区、直辖市"两级管理体制，而且各地区之间都存在不同程度的差异，这就要求不但国家层面要制定高等教育发展战略，各省、自治区和直辖市也要依据地方情况和需要制定相应的高等教育发展战略。另外，尽管发展战略通常是为应对外部环境变化所进行的谋划，但高等教育发展战略不是被动适应经济社会等方面的需要，同时还要遵循高等教育自身的发展规律，发展战略的确定应具有主动性和积极性，才能充分发挥出应有的作用。鉴于此，本书中的高等教育发展战略是指一定区域基于社会经济发展的需要，根据发展环境和所具备的条件，遵循高等教育发展规律，对未来一个历史时期内高等教育发展带有全局性、长远性的重大问题所进行的谋划与决策，主要包括战略定位、战略目标及战略重点等内容。

（四）区域一体化

"区域一体化"这个概念由两部分构成：区域和一体化。区域，《辞海》释义为"界限或范围"②，但作为一个学术概念，在各学科中有不同的定义。地理学上的区域，定义为地球表面的自然地理单元，单元按内部组成要素具有均质性和连续性特征，其边界是组成物质遭到破坏的过渡带，如沙漠地区、热带雨林地区等。政治学上的区域分为两个层次，一是以国家为单位形成的区域，其边界与国家边境线重合；二是一国之内为实行分级管理而对国土进行划分并设立相应国家权力机关形成的行政区域，其边界与权力范围由行政区划来界定，从层级上看我国目前实际存在省、市、县、乡四级行政区域，同级行政区域之间是平行关系。在经济学领域，区域指的是在生产、分配、交换、消费整个生产过程中具有紧密联系和共同利益的地域空间，其边界由主导经济活动的市场来决定，遵循经济

---

① 王焕勋：《实用教育大辞典》，北京师范大学出版社 1995 年版，第 111 页。
② 辞海编辑委员会：《辞海》（第六版），上海辞书出版社 2010 年版，第 1530 页。

活动自身的发展规律。同样，其他学科也根据本领域的性质、特点及要素活动来阐释区域的内涵和确定划分范围的依据，由此就出现了文化区域、军事区域、金融区域、工业区域、农业区域等概念。区域的性质、类型不同，划分界限标准不同，范围大小也就各不一致，各类区域互相包含、交叉和重合的现象都会存在，如一个经济区域范围内可以包含一个或几个政治区域，反过来的现象同样存在；而军事区域则通常与国家层面的政治区域相重合，但往往包括若干行政区域在内。不过在现实中，由于国家权力意志的存在，政治活动对其他类型社会活动具有普遍的制约作用，代表一定权力范围的"政治区域"也就成为多数种类活动的基本空间单位，在国际上主要以国家区域为单位，在国家内部主要以行政区域为单位。同时，在政治区域之间也有各类活动发生，这种跨越政治区域界限的活动即为跨国活动（即国际活动）或跨行政区域的活动。若干政治区域还可以通过各种方式组合成"协作区域"，来加强相互之间的活动。所以当谈到"区域经济"、"区域文化"这类概念时，所说的"区域"不是指经济区域或文化区域等其他类型区域，而是指以政治区域，即国家区域或行政区域为单元形成的地理空间，空间范围内可以是一个也可以包含两个或更多的国家区域或行政区域。教育学领域还没有从本学科角度给出"区域"定义，无法在"教育区域"内谈教育问题，但作为一种社会活动，同样受到政治区域的制约，所以论及"区域教育"时也需要借用政治学中区域的概念。"区域一体化"中所指的"区域"，不是一个单一的区域，而是一个协作区域，或称联合发展区域。由于本书以主权国家内部的区域高等教育作为研究对象，与省级行政区具有密切的关系，尤其是对于我国的高等教育来说，由于实行"以省为主"的高教管理体制，高等教育发展以省级行政区为单位统筹规划，所说的协作区域即是以省级行政区作为基本单位而构成的范围。

　　一体化，简言之即"结合、组合或整合"[1]，描述的是分散个体

---

① Kathy Rooney：《ENCARTA 英汉双解大词典》，宫齐译，世界图书出版公司 2012 年版，第 993 页。

结合为一个整体的状态或过程。基于此，本书中的区域一体化就是指在一个主权国家范围内，若干具有地缘关系并形成相互依赖发展态势的省级行政辖区，在行政主体的主导下聚合为新的区域利益共同体，统筹区域发展规划与布局，合理确定经济社会分工与协作，统一制定跨界协调机制、政策制度与法律规范，保障资源要素自由流动、优化配置及无障碍共享，实现区域共同发展的状态或过程。区域一体化涉及区域经济、政治（行政）、文化等各个社会领域，其中经济和政治（行政）的一体化制约着其他领域的进程。

在本书中，河北省所处的协作区域是京津冀区域，该区域范围内包括北京市、天津市和河北省三个省级行政区，京津冀区域一体化（或称京津冀一体化）就是指京、津、冀三省市协同合作、共谋发展，由各自为政转变为"一体化"的状态或过程。京津冀一体化意味着区域发展不再片面追求局部的规模扩张，而是以全面发展和整体提升为目的，谋求的是区域各方互惠共赢、携手共进。

三 研究综述

本书探讨的是河北省高等教育发展战略的问题，属于区域高等教育研究范畴，涉及"区域高等教育"、"京津冀区域高等教育"、"河北高等教育"等内容，现将相关研究成果进行梳理，并作一简要述评。

（一）国外相关研究

国外关于区域高等教育的研究成果中，对本书有借鉴意义的即为针对博洛尼亚进程的研究，相关研究主要包括以下四个方面。

一是对博洛尼亚进程现状的研究。匈牙利布达佩斯开放社会研究院教授 Voldemar Tomusk 在其著作《创建欧洲高等教育区》[①]中，首

---

① Voldemar Tomusk, *Creating the European Area of Higher Education*, Springer-Verlag New York Inc., 2nd Printing 2007.

先论述了博洛尼亚高等教育改革的作用，然后分别对欧洲部分国家博洛尼亚进程的概况从不同角度进行了分析，其中包括挪威、芬兰、法国、爱沙尼亚、马其顿、保加利亚、俄罗斯及中欧国家，内容涉及教育质量改革、高等教育体系、高等教育机构发展、高等教育政策的制定、学生发展、课程和教学等方面，比较全面和深入地对博洛尼亚进程现状进行了研究。

二是对博洛尼亚的未来发展进行前瞻性研究。德国卡塞尔大学国际高等教育研究中心的学者芭芭拉·柯赫姆（Barbara M. Kehm）在《博洛尼亚的未来——未来的博洛尼亚》[①] 一文中，首先对自 1999 年《博洛尼亚宣言》签署以来到 2010 年欧洲高等教育区的建立过程中欧洲高等教育一体化改革进行了回顾，认为各协议国从教育组织结构到课程改革、质量评估、认证机制、学历学位体系等方面都发生了明显的变化，整个进程在组织管理上是高效的，但主要目的还未达到，在部分国家也出现了一些质疑和反对的声音。未来 10 年博洛尼亚进程在继续发展中，随着改革的深入将涉及更多的社会问题，今后的重点要放在各国高等教育的适应性、可比性和竞争性上。

三是对博洛尼亚进程的价值和作用进行研究。韩国德成女子大学的 Jung-Eun Oh 撰文《博洛尼亚进程的公平性》[②]，针对博洛尼亚进程在 27 个协议签署国的进展情况，利用聚类分析中的相似分析法进行比较研究，通过对社会经济状况、高等教育政策等 10 个方面的数据指标比对，认为博洛尼亚进程在大部分经济发达的西欧国家状况较为良好，有益于这些国家的经济社会发展，而在一些面积较小不很发达国家高等教育现状不佳，甚至像卢森堡这样的国家由于在高等教育一体化中没有采取合适的措施应对人才流失而成为改革的利益受损者。由此作者认为，博洛尼亚进程并没有给所有参与国都带来益处，各国应根据国情慎重选择。

---

① Barbara M. Kehm, "The Future of the Bologna Process—The Bologna Process of the Future European", *Journal of Education*, Vol. 45, No. 4, 2010, pp. 529-534.

② Jung-Eun Oh, "Equity of the Bologna System", *European Education*, Vol. 40, No. 1, 2008, pp. 35-50.

四是分国别来研究博洛尼亚进程对该国高等教育的影响和作用，这类研究成果颇丰。意大利学者 Helena Aittola、Ulla Kiviniemi 和 Sanna Honkimaki 等人，在《博洛尼亚进程与其对意大利高校师生的国际化影响》[①] 一文中，从大学师生的角度探讨博洛尼亚进程对该国高等教育国际化的影响，研究认为博洛尼亚进程对高校师生有直接和间接两方面的影响，直接的影响是国际师生交流更为方便，间接的影响是教学和科研的压力也在增大。德国学者 Katrin Toens 在《德国联邦教育制度中的博洛尼亚进程：国家策略，政策分治和利益协调》[②] 中认为，博洛尼亚进程对德国联邦制度中的高等教育带来了巨大的促进作用，这其中的原因在于改革中的开放性、灵活性和极大的弹性，这些柔性管理的特点符合德国中央政府的治国策略，也有利于各联邦州在跨国交往中保护自治权的利益不受侵犯。德国卡塞尔大学高等教育研究国际中心的学者 Yasemin Yagci 所关注的是博洛尼亚对欧洲之外国家的影响，其论文《博洛尼亚进程的不同视角——以土耳其为例》[③] 针对"博洛尼亚"协议成员的非欧国家土耳其的高等教育状况进行研究，认为由于土耳其高等教育体系、机制和条件与欧洲各国都存在很大差异，在博洛尼亚进程中面临着许多难题，尽管该国高等教育管理结构上已基本达到协议要求，但在实质性内容上进展较慢，如高等教育管理中的学生参与、终身学习的推进、以学生为中心的教学等变化不大，因此今后应以监督机制和制度的建立为重，才能从根本上推进改革进程。

以上研究对本书的启示在于：首先，区域高等教育发展需要有统筹规划，做好顶层设计，才能实现长远发展；其次，区域高等教育一体化与区域经济社会发展具有紧密的关系，各地社会状况差异

---

① Helena Aittola, Ulla Kiviniemi, Sanna Honkimaki, etc., "The Bologna Process and Internationalization Consequences for Italian Academic Life", *Higher Education in Europe*, Vol. 34, No. 3-4, 2009, pp. 303-312.

② Katrin Toens, "The Bologna Process in German Educational Federalism: State Strategies, Policy Fragmentation and Interest Mediation", *German Politics*, Vol. 18, No. 2, 2009, pp. 246-264.

③ Yasemin Yagci, "A different View of the Bologna Process: the case of Turkey", *European Journal of Education*, Vol. 45, No. 4, 2010, pp. 588-600.

越大，高等教育一体化的难度越大，受到的不利影响就越明显，因此一定程度上可以说，经济社会的一体化是高等教育一体化生存和发展的前提，在前者条件不具备的情况下，高等教育一体化就没有了支撑的基础；再次，区域高等教育一体化作为高等教育的一种发展方式，可能并不适合所有国家或地区，各区域应因地制宜选择适当的方式发展高等教育，而不是一味地追赶潮流。

（二）国内相关研究

国内针对河北高等教育的研究成果大体上可以分为两个层面：一是直接将河北省的高等教育作为研究对象，二是在京津冀区域高等教育研究中提及河北的相关情况。

1. 关于"河北高等教育"的研究

直接以河北高等教育作为对象的研究成果，涉及河北高等教育发展的各个方面，概括起来主要包括以下内容。

（1）发展历史研究

关于河北高等教育发展历史的研究重点从四个方面展开。

其一是进行较为系统的考察，如阎国华、安效珍主编的《河北教育史》（第二卷），[①] 该书记述了自鸦片战争到中华人民共和国成立 100 多年的时间里，河北近代教育的产生、发展过程，描绘了一条清晰的演变路线，其中对河北的高等教育在洋务运动、维新运动、民国政府统治等不同时期的发展都有所论述；刘茗等人撰写的《河北教育五十年》[②]，以新中国成立后半个世纪河北教育发展改革为研究对象，记述了包括高等教育在内的河北各级各类教育的发展历程，为建设有河北特色的教育体系提供了多方面的历史借鉴。

其二，围绕河北具体高校的发展过程进行研究。高校作为实施高等教育的主要机构，必然成为区域高等教育的研究重点，如厦门大学张亚群教授对河北师范大学的早期发展进行了深入的探析，在《从顺天府学堂到顺天高等学堂——河北师范大学校史溯源》中提出

---

① 阎国华、安效珍：《河北教育史》第二卷，河北教育出版社 2003 年版。
② 刘茗：《河北教育五十年》，文物出版社 2002 年版。

河北师范大学的源头是创设于 1902 年的顺天府学堂的论断，并从设学目标、招生对象和学科程度等方面对该学堂早期的高等教育预科性质进行了充分的论证。① 这不但有助于我们进一步了解这所百年老校的初期发展，而且对于认识近代京津冀三地高等教育之间错综复杂的紧密关系具有极其重要的参考价值。

其三，针对河北高等教育发展历史的特点进行研究。张秋月《河北普通高等教育发展的若干特点》认为，河北高等教育自天津中西学堂创办以来，经历了初创、发育、更生和发展等历史时期，具有三个主要特点：一是因时因地服务社会，创设高校；二是几经剧变，备受影响，多有起伏；三是切近省情，调整务实，凸显特色。② 智学《从边缘到中心：河北省高等教育发展取向研究》③，以"边缘——中心"理论作为工具，从培养人才、提供科学技术支持、直接的学术服务三个方面分析了在新中国成立后到现在不同阶段河北省高等教育发展取向的演变过程。

其四，对河北高等教育的历史地位和价值进行研究。如王金霞在其博士论文《河北与中国教育早期现代化》④ 中，以中国传统教育向现代教育转化、演变为背景，专章论述了河北高等教育在近代的历史发展脉络，认为河北是中国教育早期现代化进程中表现最为突出、成就最为显著的区域之一，高等教育初期发展采用的是"技术优先"模式，带有强烈的国家主义和功利主义色彩，尽管辉煌一时，却为长远发展埋下了隐患。

（2）发展战略研究

近 20 年来，部分学者开始关注河北高等教育发展战略的研究，基于不同时期经济社会的发展变化与需求，为河北高等教育提出相应的发展战略。周治华、何长法等人主编的《河北省高等教育发展

---

① 张亚群、史秉强：《从顺天府学堂到顺天高等学堂——河北师范大学校史溯源》，《河北师范大学学报》（教育科学版），2002 年第 5 期，第 19—26 页。

② 张秋月：《河北普通高等教育发展的若干特点》，《河北师范大学学报》1999 年第 3 期，第 112—117 页。

③ 智学：《从边缘到中心：河北省高等教育发展取向研究》，博士学位论文，河北大学，2008 年。

④ 王金霞：《河北与中国教育早期现代化》，博士学位论文，河北大学，2006 年。

战略研究》①，根据 20 世纪 90 年代初的河北省情及未来近 30 年的发展预测，制定了 1993—2020 年间的高等教育发展战略，其中主要包括地方高等教育体系战略、老校改革与内涵发展战略、新制大学战略和主层次人才战略四大部分，涉及河北高等教育结构、经费、师资、成人高等教育及各类高等教育的发展问题。马永耀、刘敏华在《河北省高等教育改革与发展研究》② 中，总结了改革开放后 20 年间河北高等教育发展及体制改革所取得的成就，提出面临即将到来的 21 世纪的要求与挑战，必须进一步深化教育改革，制定各项规划，促进高等教育发展。21 世纪初，韩清林针对高等教育体制地方化、区域化格局的形成以及高等院校办学自主权逐步扩大的趋势，著文指出要进一步加强对河北高等教育的研究力度，并提出了未来河北省高等教育发展的三大主体战略，即高教强省战略、高校扩张战略和科研兴校战略。③

面对 20 世纪末中国出现的高等教育大众化，许永锋以高等教育大众化发展的总体趋势为背景，分析了河北省面临的高等教育水平较低、生均经费严重不足等问题，并对 2010 年前河北高等教育发展的规模与速度提出了具体的参考方案。④ 张翠敏的《河北省高等教育大众化发展战略与策略研究》⑤，在对河北高等教育大众化发展模式展开深入分析的基础上，提出了优化河北高等教育结构及加强多元化主体办学等建议。陈俊英、宋立平在《河北省高等教育大众化发展战略研究》⑥ 一文中探讨了河北省高等教育大众化过程中存在

① 周治华、何长法、韩宗礼等：《河北省高等教育发展战略研究》，河北大学出版社 1993 年版。

② 马永耀、刘敏华：《河北省高等教育改革与发展研究》，《河北师范大学学报》（教育科学版）1998 年第 4 期，第 29—30、34 页。

③ 韩清林：《加强高等教育研究，实施高教强省战略、高校扩张战略、科研兴校战略》，《河北大学学报》2000 年第 2 期，第 13—17 页。

④ 许永锋：《河北省高等教育发展战略研究》，《清华大学教育研究》2001 年第 2 期，第 106—110 页。

⑤ 张翠敏：《河北省高等教育大众化发展战略与策略研究》，《河北经贸大学学报》（综合版）2003 年第 4 期，第 68—72 页。

⑥ 陈俊英、宋立平：《河北省高等教育大众化发展战略研究》，《河北大学成人教育学院学报》2004 年第 2 期，第 13—15 页。

的教育质量下滑、办学条件有限、高职与民办院校发展困难等问题，并据此提出了针对性的改革思路与建议。郭化林利用 SWOT 工具对河北高等教育进行战略分析，指出大众化逐步推进中河北高等教育发展所具有的优势、劣势、机会和威胁，并提出了 2020 年前的发展目标及战略选择。①

（3）发展规模研究

曹群的硕士毕业论文《河北省高等教育适度规模的理论与实践研究》②，通过对河北高等教育多项影响因素的分析，结合河北省经济和社会发展的历史数据，建立了反映该省高等教育发展的需求和供给模型，并根据所预测的供给量和需求量，对未来五年河北高教发展的规模提出了参考意见。王欣也在其毕业论文中，对河北省高等教育发展过程中的供求状况进行了探究，指出存在高教供需不均衡、高等教育经费不足、投资效率较低、投资效益不高与人才培养质量下降等问题，并在此基础上建立了河北高等教育规模与发展模型，对该省未来几年的高教发展规模进行了预测，提出了扩大高等院校规模、大力提高办学质量等建议。③

（4）高校师资研究

师资问题是制约河北高等教育发展的一个重要因素，郭化林等人通过对河北省普通高等院校的生师比进行实证研究，提出未来十年河北应大力压缩非教学人员所占比重，实施较高水平的生师比政策，以加快推进河北省高等教育大众化的进程。④ 胡金秀与蒋立杰等人认为河北高校师资队伍建设中存在总量不足、结构不合理、流失严重等问题，提出应加强宏观调控、优化配置资源、高校内部加强

---

① 郭化林：《基于 SWOT 分析的高等教育发展战略研究——以河北省为例》，《石家庄经济学院学报》2006 年第 4 期，第 550—553 页。

② 曹群：《河北省高等教育适度规模的理论与实践研究》，硕士学位论文，河北工业大学，2005 年。

③ 王欣：《河北省高等教育规模与发展研究》，硕士学位论文，河北工业大学，2006 年。

④ 郭化林、孟令臣、阮晓明等：《高等教育生师比实证研究：以河北省为例》，《中国高教研究》2005 年第 3 期，第 41—44 页。

师资建设等对策。① 谢姝琳《河北省高校教师队伍建设问题研究》②，论述了河北省高校教师队伍的规模、结构、内部差异、流动情况、制度建设等方面概况，从引进培养、分配激励、考核评价等维度对其中存在的问题进行了探讨，并进行了成因分析，提出制定教师队伍建设发展规划、注重现有教师的培养和引进高层次人才、加强省内外高校教师交流与合作、理顺教师队伍建设组织机构关系、推进教师队伍建设制度设计等对策建议。

（5）高等教育与经济关系研究

叶立萍在其毕业论文中，通过对河北省高等教育资源配置效率、高等教育对该省经济增长的贡献率、河北高等教育与产业结构及就业结构之间存在的不适应问题进行了分析，提出应大力提高河北高等教育发展水平、促进高等教育与地方经济相互协调发展的政策建议。③ 李锋、朱燕空等人选取每万人口高校在校生人数、高教经费支出及人均地区生产总值等高等教育与经济发展的相关指标，对河北省高等教育与地方经济增长之间的相互关系进行实证研究和定量分析，提出适度扩大高等院校招生规模、加大高等教育经费投入等建议。④ 任俊颖的毕业论文《河北省高等教育发展对经济增长作用的实证研究》⑤，从高等教育规模、高等教育质量和高等教育资源三个方面选取衡量指标，将河北高等教育结构与本省就业结构及经济产业结构相联系，针对它们之间的适应状况进行分析，认为应加强高等教育宏观调控，完善高教制度建设，加大高等教育投入，规划高教区域布局。

---

① 胡金秀、蒋立杰、任明强等：《河北省高校师资队伍发展战略研究》，《教育与职业》2007 年第 36 期，第 78—79 页。

② 谢姝琳：《河北省高校教师队伍建设问题研究》，硕士学位论文，燕山大学，2009 年。

③ 叶立萍：《河北省高等教育与经济发展的实证研究》，硕士学位论文，河北工业大学，2007 年。

④ 李锋、朱燕空、张伟良：《河北省高等教育与区域经济增长关系的实证研究》，《中国成人教育》2011 年第 13 期，第 107—109 页。

⑤ 任俊颖：《河北省高等教育发展对经济增长作用的实证研究》，硕士学位论文，河北大学，2011 年。

（6）高等教育结构研究

刘赞英、刘兴国等人以国家主体功能区发展战略为研究背景，从层次、科类、形式、区域四个方面分析了目前河北省高等教育结构的发展状况，并提出了宏观规划、中观推进、微观突破的结构优化对策。① 张泽倩在其毕业论文《河北省高等教育结构及其优化研究》② 中认为河北省高等教育结构正渐趋合理，但专科层次存在就业难题，提出要改进高等专科层次教育，重视文科建设以完善高校专业设置，提高继续教育与民办高等院校的人才培养质量，建立适应地方经济社会发展的高教布局结构。

（7）学科建设研究

翟亚军、王文利的《河北普通高等学校学科建设现状分析》，从规模、结构、水平和效益四个方面，对河北普通高校的学科建设现状进行了分析，提出加大建设力度、优化学科布局、提高建设质量及努力增强学科综合实力和水平等对策建议。③ 桂雪梅的硕士学位论文《河北高校重点学科建设研究》，对河北省高等院校的重点学科建设状况从数量、结构、师资队伍、科研水平、人才培养、学术交流及物质基础条件等各个方面进行了分析，指出了其中存在的种种问题，提出改善学科建设管理机制、提高学科竞争力及加强与其他地区高校学科交流与合作等对策。④

（8）不同视角的研究

赵立华的毕业论文《河北建设高等教育强省问题研究——基于〈河北省中长期教育改革和发展规划纲要（2010—2020）〉》⑤，从政策的视角，通过对《河北省中长期教育改革和发展规划纲要

---

① 刘赞英、刘兴国、王丛漫等：《河北省高等教育结构优化研究》，《河北科技大学学报》2011 年第 3 期，第 82—91 页。

② 张泽倩：《河北省高等教育结构及其优化研究》，硕士学位论文，河北科技大学，2010 年。

③ 翟亚军、王文利：《河北普通高等学校学科建设现状分析》，《河北大学学报》2006 年第 3 期，第 85—92 页。

④ 桂雪梅：《河北高校重点学科建设研究》，硕士学位论文，河北师范大学，2009 年。

⑤ 赵立华：《河北建设高等教育强省问题研究——基于〈河北省中长期教育改革和发展规划纲要（2010—2020）〉》，硕士学位论文，河北大学，2011 年。

（2010—2020）》的解读，重点围绕河北在建设高等教育强省过程中的问题与不足进行探讨，并提出了相关建议。刘冬的《"大北京区域"下河北省高等教育发展对策研究》①，从"大北京区域"的地理视角分析了河北省高等教育发展所具有的有利和不利两方面因素，并提出了未来的发展对策。王萌《河北省人口变动与高等教育规模发展趋势研究》②，通过对河北省 2010—2020 年间教育适龄人口进行分析预测，探讨了河北省高等教育规模在未来一个时期的发展趋势。王艳旭的硕士学位论文《经济学视角下河北省高等教育发展研究》③，从经济学的视角对河北高等教育的规模、质量及结构等方面进行了分析研究，提出应控制规模、提高科研水平与改善办学条件等建议。而马宁等人的文章《以印度高等教育发展为借鉴推进河北省高等教育的全面发展》④，从比较的视角，通过对印度与河北省两地的高等教育各方面状况进行对比分析，在借鉴域外经验的基础上提出了促进河北高教发展的策略建议。

　　纵观以上成果，无论是与本书有直接联系的"发展战略研究"，还是其他间接相关论述，都在不同程度上为本书的研究提供了一些史实资料或参考思路，具有一定的借鉴价值。但是现有研究也有引人反思之处：其一是针对河北高等教育发展的系统理论研究较少，力度不够，多数成果是论述某一方面问题的单篇论文，有限篇幅很难把一个省域的高教发展战略尽括其中，而仅有的两篇博士论文《从边缘到中心：河北省高等教育发展取向研究》和《河北与中国教育早期现代化》，都是从历史的角度去论述的，还没有一篇博士论文从高等教育理论的角度来研究河北高教发展，因此需要更多具有高等教育专业背景的研究人员参与其中。其二是部分现有研究成果

---

　　①　刘冬：《"大北京区域"下河北省高等教育发展对策研究》，硕士学位论文，河北大学，2008 年。
　　②　王萌：《河北省人口变动与高等教育规模发展趋势研究》，硕士学位论文，河北师范大学，2010 年。
　　③　王艳旭：《经济学视角下河北省高等教育发展研究》，硕士学位论文，河北师范大学，2008 年。
　　④　马宁、陈立文、孟令臣：《以印度高等教育发展为借鉴推进河北省高等教育的全面发展》，《河北师范大学学报》（哲学社会科学版）2005 年第 3 期，第 131—135 页。

由于本省及区域经济社会环境的改变，对现在及未来河北高等教育发展的指导力度和参考价值已经大大降低，如完成于 20 世纪 90 年代初期或更早时候的一些研究成果，对之后出现的高等教育大众化及区域化发展等新情况不可能论及。

2. 关于"京津冀区域高等教育"的研究

作为京津冀区域中的一个组成部分，河北省的高等教育发展状况与京津两市具有密切的关系，所以在针对京津冀区域高等教育的研究中往往要涉及河北高教发展的各种问题，这些研究对本书也具有一定的参考价值。关于京津冀区域高等教育的研究，现有成果主要包括以下几方面。

（1）发展模式研究

吴岩等人的《探索京津冀区域高等教育发展新模式——学习〈国家中长期教育改革和发展规划纲要（2010—2020 年）〉的思考》，依据国家主体功能区战略的发展思路，提出高等教育和经济社会的发展存在"先导"、"伴生"、"跟随"三种关系，高等教育区域发展应该采取"政府主导、科教驱动，市场主导、经济驱动，政府扶持、生态驱动，混合动力、多元驱动"四种模式，概括为"三关系、四模式"；其中在京津冀区域应确立高等教育先导发展战略，实施政府主导、科教驱动的发展模式，具体来说就是以京津冀区域高等教育集群为基础，以高等教育溢出效应倍增为特征，以知识和技术创新能力为核心，以资源配置的国家意志为保障，并指出该模式的实施需要以政府解放思想、创新管理体制机制、统筹科教资源为前提条件。①

（2）区域布局研究

高兵的《京津冀高等教育空间布局与区域发展：关系、特点与构想》②，认为京津冀高等教育空间布局现状具有区域内高校分布不

---

① 吴岩、王晓燕、王新风等：《探索京津冀区域高等教育发展新模式——学习〈国家中长期教育改革和发展规划纲要（2010—2020 年）〉的思考》，《中国高教研究》2010 年第 8 期，第 1—7 页。

② 高兵：《京津冀高等教育空间布局与区域发展：关系、特点与构想》，《河北经贸大学学报》（综合版）2013 年第 1 期，第 106—111 页。

均的特点，中央高校和地方高校、本科高校和专科高校都是分别集中于不同地区，部分地区高等教育还不能充分满足人口发展的需要，区域间高校数量的差距大于区域 GDP 的差距，提出"一轴两翼"的京津冀区域高校布局，即以京、津、廊高等教育发展轴为基础，大滨海地区高等教育研发带和城镇密集地区人力资源储备带为两翼。庄士英、张路平等人，根据其他区域高等教育的发展经验，论述了京津冀高等教育一体化的可能性和现实依据，并提出成立专门机构统筹布局区域内高教资源、发挥地方优势跨行政区办学、平衡区域内师资分布、形成人才梯度培养模式等京津冀一体化战略构想。①

（3）区域合作研究

关于京津冀区域高等教育合作，学界对这一问题的论述相对较多，主要有易金生的《京津冀高等教育合作发展探究》，从地理分工理论、集聚效应和溢出效应等方面论述了京津冀高等教育合作发展的理论依据，确立了优势发展、协调发展、梯度推进和多元驱动等合作原则，提出建立高等教育主管部门协调工作机制、确立高等教育竞争优势、扩大发展空间和辐射能力、协调各级各类高等教育发展、增强高校发展活力等策略。② 李汉邦与李少华等人认为京津冀区域高等教育具有较为良好的合作基础和条件，但难以协调的利益冲突阻碍了三地之间的交往，因此需要加强对该区域高等教育合作的研究，借鉴国内外先行发展地区的经验，构建良好的合作机制与路径，建立顺畅的协调与激励机制，争取得到各地区办学主体的支持，才能推动合作进程。③ 郭秀晶与桑金龙等人针对京津冀区域高等教育合作所进行的实践尝试进行了分析，认为目前缺乏整体规划，互利共赢的合作局面尚未形成，提出按照"规划长效、高教先导、合作共赢"的总体思路，制定区域高教发展目标，优化法律制度环境，

---

① 庄士英、张路平、赵冬云等：《京津冀高等教育一体化战略构想》，《产业与科技论坛》2009 年第 2 期，第 102—103 页。

② 易金生：《京津冀高等教育合作发展探究》，《天津市教科院学报》2012 年第 8 期，第 27—29 页。

③ 李汉邦、李少华、黄侃：《论京津冀高等教育区域合作》，《北京教育》2012 年第 6 期，第 13—15 页。

构建大学互惠共生系统，扩大三地高教合作领域，加强学科群建设，深化京津冀区域高等教育体制机制改革，提供有力的制度保障。① 吴玫在《构建京津冀高等教育资源共享机制初探》一文中，根据京津冀经济社会发展需要及三省市高等教育的现状，论述了构建京津冀区域高等教育资源共享机制的可能性和必要性，提出在区域范围内建立高校间的教学资源共享机制、科研资源共享机制及高校毕业生就业信息互通机制，② 并对整合区域优质高教资源和开展人才培养方面的合作提出了自己的见解。

（4）经验借鉴研究

王新凤的《博洛尼亚进程改革成效及其对京津冀区域发展的启示》，叙述了欧洲各国以博洛尼亚进程为核心和平台推动的高等教育区域整合与改革，及所构建的区域高等教育制度框架和质量保障体系，认为京津冀区域高等教育发展应大力推进教育体制改革与创新以提供有效制度保障，实行区域学分制度共同享有优质高教资源，创新人才培养模式进一步提升教育质量。③ 王彦力的《京津冀与美国波士华高等教育比较》，通过对比京津冀城市圈和美国波士华城市圈高等教育发展状况，提出了建立区域高校联盟、强调高校个性、培养学生创新精神、突出沿海经济特色和职业教育优势等建议。④

京津冀区域高等教育是河北高等教育发展的背景，通过了解对前者的研究，可以更清楚地认识到京津冀三地关系及河北高教在区域中的作用与以后的定位，对本书具有一定的启发意义。但不足之处在于：其一，多数研究更多地着墨于京津两地，对于河北高等教育只是顺便提及，不但论述较少，更为不利的是这些以京津高教状况为主要内容的区域研究往往掩盖了河北高等教育发展较弱的问题，

---

① 郭秀晶、桑金龙、高兵等：《京津冀区域高等教育合作的行动研究与战略构想》，《北京教育》2010 年第 12 期，第 14—17 页。

② 吴玫：《构建京津冀高等教育资源共享机制初探》，《天津经济》2010 年第 11 期，第 14—18 页。

③ 王新凤：《博洛尼亚进程改革成效及其对京津冀区域发展的启示》，《北京教育》2010 年第 1 期，第 78—80 页。

④ 王彦力：《京津冀与美国波士华高等教育比较》，《天津市教科院学报》2010 年第 3 期，第 23—25 页。

容易造成让人误解的假象，使得河北高教问题难以被人关注；其二，至于"京津冀区域高等教育一体化"问题，现有研究中仅有一篇文章对此进行了论述，但也只是做了初步探讨，这方面的研究还需要进一步加强，才可能形成系统、完善的理论；其三，虽然有些研究者从京津冀区域的角度论述河北高教的发展，但大都仅限于三个分离的行政区的合作层面，而不是把京津冀区域"一体化"的整体发展作为背景去分析问题，关于跨行政区域高等教育发展这一难题的研究还不深入，尚未认识到即将要发生的经济社会一体化变化对区域内各省市高教的影响与需求。因此本书认为，随着高等教育内外部环境的变化，现在亟须加强对区域一体化背景下河北省高等教育发展的研究，为促进河北与京津冀区域高等教育的共同发展提出有价值的参考意见。

四 研究思路、内容与方法

(一) 研究思路

本书研究的是京津冀区域一体化视阈下的河北高等教育发展问题，首先，从河北高等教育的发展历史入手，探讨近代历史上京津冀区域关系变化对其发展的影响，并从中获得启示以为现在河北高等教育发展所参考；其次，针对河北高等教育发展所取得的成就、面临的问题及致病之因进行分析，为其确定发展战略提供现实基础，其中成就及问题的考察，是在高等教育现代发展观的指导下重点从规模、结构、质量、效益等方面着手展开的，原因探究主要涉及人、财、物等方面的内容；再次，根据区域一体化理论分析制约河北高等教育发展的区域环境状况，探究京津冀区域关系发生的新变化对河北高等教育发展所产生的作用，以为探求未来发展思路提供理论依据；再次，对国内先行发展的长三角和珠三角一体化区域的高等教育状况进行研究，从中探寻可资借鉴的经验；最后，在综合各方面信息的基础上，为新形势下河北高等教育未来发展提出战略性建议。

（二）研究内容

本书以河北高等教育为研究对象，除第一章绪论外主要包括以下几部分：

第二章从历史的视角论述河北高等教育发展的历史基础。主要从近代京冀关系演变和津冀区划调整两方面探讨区域关系对河北高等教育发展的影响，以期从中得到对当下及未来河北高等教育发展的有益启示。

第三章探析河北高等教育发展的现状与面临的问题。在现代发展观指导下，主要从规模、结构、质量、效益四方面着手，探究河北高等教育发展现状及发展过程中所存在的各种问题。

第四章对导致河北高等教育发展问题的原因进行深入分析，主要涉及发展观念、高等教育投入、优秀人才及重点平台资源等方面内容。

第五章从京津冀区域层面探究河北高等教育发展的环境状况及其作用。首先根据区域一体化理论对京津冀区域概况进行分析，然后从区域经济社会一体化和区域高等教育交流与合作两个方面探究它们对河北高等教育发展所产生的影响。

第六章为经验借鉴。通过分析长三角和珠三角两个一体化区域高等教育发展状况，从中探求对河北高等教育发展的有益经验与启示。

第七章提出河北高等教育未来发展的政策建议。首先围绕河北高等教育发展战略确定的基本原则进行论述，其次根据态势分析提出可选择的参考战略类型及发展路径，最后从区域一体化的角度探讨实现目标的发展策略。

（三）研究方法

1. 文献分析法

利用各级各类图书馆、教育行政管理机构及互联网等途径，查阅相关研究成果和搜集、整理与河北高等教育有关的历史文献，获取各种典型材料，力图对其发展历程有一个客观、全面的认识，以有助于进一步分析特点、总结规律与把握趋势。

2. 统计分析法

根据《中国统计年鉴》、《中国教育统计年鉴》、《中国教育经费统计年鉴》、《高等学校科技统计资料汇编》及京津冀三地"统计年鉴"中的有关资料与数据，从规模、速度、结构、质量及效益等维度对河北高等教育的发展状况进行分析，以了解其已取得的成就和现阶段所面临的问题。

3. 比较研究法

比较法主要用于以下内容的研究，一是将河北省高等教育与其他省份或全国总体状况进行比较，据此分析其目前所达到的发展水平；二是区域层面的比较，即比较其他一体化区域高等教育的发展状况，从中寻求可资借鉴的经验和做法。

4. 访谈调查法

访谈内容主要是探讨区域一体化对河北高等教育的影响、京津冀区域高等教育一体化问题及新形势下河北高等教育发展的思路，访谈对象既有河北省内的教育行政管理部门工作人员与高校的专家学者，也有省外关注河北及京津冀区域高教发展的研究人员。

五　可能的创新之处

在已有成果的基础之上，本书尝试在以下方面有所突破。

（一）从区域一体化视角研究河北高等教育发展战略问题

省域高等教育发展战略的制定，通常会考虑到本省区、国家及国际层面等因素的影响，但往往忽视关系紧密的协作区域层面这一个重要因素。其实对于任何一个省域高等教育来说，与其发展具有更为直接关系的外部因素不是国家或国际的宏观层面，而是该省与周边省区所共同构筑的区域环境。本书正是以这一中观环境作为背景，从京津冀一体化角度对河北高等教育发展的历史及区域环境所发生的最新变化中影响其发展的各种因素进行分析，并在此基础上进一步探讨其未来发展战略问题。

（二）进一步完善区域高等教育发展理论

原有区域高等教育发展理论主要包括两个层面，即省级行政区域和大范围地理区域（如东部、中部、西部），对一体化区域层面的高等教育研究不多。本书从一体化区域层面着手，运用相互依赖和功能主义等理论对区域环境进行剖析，对其局部省区高等教育发展思路进行探究，提出未来发展的理论依据，有助于加深对这一层面高等教育发展的理性认识，从而进一步丰富和完善区域高等教育发展理论。

第二章 河北高等教育发展的历史基础

河北高等教育兴起较早，发展历史可以追溯到晚清洋务运动时期，迄今已百年有余，然而尽管历史较长，其发展历程却是一波三折。在这一过程中，河北高等教育历经早期萌芽、初步快速发展、缓慢发展、遭受重创及体系确立等几个阶段，总体上可概括为"开端良好，过程曲折"。在影响河北高等教育发展的诸多因素中，京津冀区域关系扮演着非常重要的角色，对其发展具有"牵一发而动全身"的巨大作用，简言之即"合则增益，分则减损"。知古可以鉴今，通过对河北高等教育发展历史的探寻，可以为其如何处理京津冀三地之间的特殊关系提供有益启示，有助于河北高等教育在未来发展中更好地进行思路谋划与选择。

第一节 合则增益：清末河北高等教育发展的良好开端

在清代，行政区划主要包括三级，即省、府（直属州、直属厅）和县（散州、散厅），今河北省在"清顺治初……为直隶省，置总督一"①，之后该地区划经过历代变迁，至清末共统辖 12 府、7 直隶州、3 直隶厅、127 州县，② 天津府和北京城所在的顺天府都在直隶省管辖范围之内。顺天府所辖州县史称"顺直兼辖区域"③，府尹对

---

① 赵尔巽：《清史稿》卷五十四（志二十九·地理一），中华书局 1976 年版，第 1892 页。
② 袁森坡、吴云廷：《河北通史·清朝上卷》，河北人民出版社 2000 年版，第 48 页。
③ 尹钧科：《北京建置沿革史》，人民出版社 2008 年版，第 207 页。

本辖区内部分事务有权独自处置，但重大事务则须与直隶总督咨商办理，即采取顺天府尹与直隶总督的共管体制。① 可以说除了北京城垣之内，当时京津冀的其他地区皆属直隶省辖区，京津冀处于"三合一"的状态。当然这种"三合一"与本书所定义的"区域一体化"并不完全相同，它不是几个相对独立行政区所组合形成的一体化协作区域，因为当时的天津和北京都在直隶管辖范围之内，三地本身就是一个完整的行政区域。至 19 世纪后期，河北境内出现高等教育萌芽，该省不但是高等教育兴起较早的北方省份之一，而且初期发展非常迅速，在全国处于领先地位。河北高等教育发展的良好开端与这时期京津冀"三合一"的区划状态具有密切的关系，可以概括为"合则增益"：京津冀三地合而为一，河北利用其畿辅地位的优势和天津府较发达的经济实现了高等教育较早、快速发展。

一 洋务运动时期河北高等教育较早兴起

河北近代高等教育是随着晚清时期洋务运动的开展而兴起的。在洋务运动中，洋务派所创办的一批"具有中等教育和高等教育的特征"② 的洋务学堂，被视为中国最早的具有近代高等教育性质的教育机构，成为中国近代高等教育的发端。近代河北高等教育也是在这一时期萌发，并且与许多内陆省区相比起步相对较早，京冀之间的畿辅关系和天津府洋务活动重镇的地位在其中起到了重要的促进作用。

（一）近代河北高等教育兴起的洋务运动背景

19 世纪 60 年代开始的洋务运动，是近代河北高等教育兴起的社会背景和直接原因。经过两次鸦片战争前所未有的重创后，大清帝国统治阶层中部分当权者终于认识到自身的羸弱及与列强的差距，不再沉湎于天朝大国的迷梦与自负之中，虽然统治集团并没有从社会制度上反思失败的根源，但已看到"泰西"的"奇技淫巧"不可再给以小视。一些先行觉醒的有志之士提出"师夷长技"的主张，

---

① 王洪兵：《清代顺天府与京畿社会治理研究》，博士学位论文，南开大学，2009 年，第 102 页。

② 刘海峰、史静寰：《高等教育史》，高等教育出版社 2010 年版，第 108 页。

以曾国藩、李鸿章等人为代表的洋务派官员以"自强、求富"为名，开始引入西方的工业技术，发展近代化工业，围绕军工需要创办各类企业，这场大规模模仿西式工业化的运动被称为"洋务运动"。洋务运动中比较有代表性的厂矿企业主要包括安庆内军械所、江南制造总局、福州船政局、汉阳铁厂、轮船招商局、兰州织呢局、上海机器织布局等，内容涉及枪炮、火药、轮船、钢铁等军用品及铁路、电报、矿冶等配套产业。在新式产业发展的同时，就需要与之相应的新型专门人才，而中国的传统教育以儒家经典为主要内容，侧重对经学理解和文字表达技巧的训练，在培养科学技术人才与学术创新方面具有明显的局限性。① 李鸿章认为"肄习西学，培养人材，实为中国自强根本"②，故伴随洋务运动的发展，一批以西学为主的洋务学堂陆续出现，中国近代高等教育自此萌发，这也是近代河北高等教育兴起的历史背景。

（二）直隶与京师的不同定位与天津府的洋务活动在河北高等教育兴起中发挥了重要作用

首先从京冀之间关系来看，在清代京津冀"三合一"时期，直隶与北京之间存在着密切的畿辅关系，两者具有不同的定位与分工，这使得河北能够在洋务运动时期较早获得发展高等教育的机会。北京在当时只是国家的政治、文化中心，经济上的主要生产活动大都分布于周围畿辅地区，"京城各方面需要的物资、人力，……都需要顺天府及周边府县提供"③，所以各府、州、厅、县均在政治、经济、军事等不同方面与京师之间保持着密切的联系。如京北宣化与京南保定等州府担负着京畿的军事防护任务，东北部的塞外京都承德实际上是另一个政治中心，东南的通州和天津府既是商业重镇同时也被当作北京城连接江南地区的海、漕运枢纽，其他州府则分别为京师提供鱼盐铁煤等生活之便。洋务运动以发展工业为主，洋务

---

① 刘海峰、史静寰：《高等教育史》，高等教育出版社2010年版，第100页。

② 李鸿章：《李文忠公全集》（奏稿五十三·肄习西学请奖折），台北：文海出版社1970年版，第1597页。

③ 赵世瑜：《京畿文化："大北京"建设的历史文化基础》，《北京师范大学学报》2004年第1期，第112—118页。

企业自然不能在京师出现，与此相关的洋务学堂也受到限制。另外，北京作为大清的文化中心，设有全国最高学府国子监，科举考试的会试和殿试也都在京师举行，此地一直都是传统学术文化汇聚交流之地，对西学具有极大的排斥作用。正是由于以上情况，以西学为主要教学内容、与洋务企业紧密相连的洋务学堂在北京地区数量极少，除一所语言类学堂京师同文馆外，再无其他西式学堂，这就给作为畿辅之地的直隶创造了发展西学的机遇。

其次来看天津在近代河北高等教育兴起中所扮演的关键角色。在洋务运动早期，洋务派主要是在远离京城的上海、广东、福建、江苏等南方沿海、沿江省区开展活动，所以多数洋务学堂也是出现在上述省份，如上海同文馆（1863 年）、广州同文馆（1864 年）、福州船政学堂（1866 年）、福州电报学堂（1876 年）、广东实学馆（1880 年）、上海电报学堂（1882 年）、江南水师学堂（1890 年）等，京师所在之地不宜开办这些教授"奇技淫巧"的学堂，而在拱卫京师的河北境内洋务活动及相关学堂之所以能够较早出现，天津的开放与发达是其中的重要因素。清代天津作为直隶省属地，在清初只是一军事建制的卫所，雍正三年（1725 年）改天津卫为天津州，九年（1731 年）更置天津府，[①] 第二次鸦片战争后增设为通商口岸，逐渐发展成为中国北方开放的前沿，是直隶经济最发达、最开放的州府之一。在晚清直隶总督兼任北洋大臣后，"将通商大臣衙署，改为直隶总督行馆，每年于海口春融开冻后，移扎天津，至冬令封河，再回省城"[②]，直隶总督在保定、天津两地办公，而且一年中多数时间都在天津处理要务，天津的政治地位和影响力也在不断提升。因此洋务运动开始不久，天津即被洋务派选中当作北方重要的洋务运动基地。1870 年洋务重臣李鸿章调任直隶总督后，在天津大力推行洋务，首先接管并扩建了天津机器局，使它成为一间庞大的军火工厂。在其后督直的 25 年间，李鸿章开展了一系列洋务活动，成立开平矿务局开发矿产，设立天津电报总局发展电信电报业，

① 永瑢、纪昀：《景印文渊阁四库全书》第五〇四册（畿辅通志一），台北：商务印书馆 1986 年版，第 209—210 页。

② 李鸿章：《畿辅通志》，河北人民出版社 1985 年版，第 531 页。

筹设轮船招商局组织航运，筹建海防发展海军等。与此同时，为解决这些洋务企业人才短缺的问题，李鸿章在天津创办了相关的洋务学堂，这就是近代河北高等教育的萌芽。

（三）洋务运动时期河北高等教育发展概况及其历史地位与作用

1. 洋务运动时期河北高等教育发展概况

这一时期河北境内创办了多所洋务学堂，其中具有高等教育性质的主要有 4 所，详见表 2—1。

表 2—1　　　　　　　洋务运动时期河北境内洋务学堂

学校名称	创办时间	创办地点	发展状况	地位与影响
北洋电报学堂	1880	天津	1900 年停办	河北第一所新式学堂 中国最早的电报学校
北洋水师学堂	1880	天津	1900 年停办	中国第一所海军学校
北洋武备学堂	1885	天津	1900 年停办	清末第一所新式陆军学校
北洋医学堂	1893	天津	1930 年停办	中国最早的国立西医学堂

资料来源：周治华、钟毅：《河北教育大事记（1840—1990）》，河北人民出版社 1994 年版。

如上表所示，近代河北第一所新式学堂为 1880 年创办的北洋电报学堂，这也是中国最早的电报学校，目的是为当时新兴的电报业充实技术人员。李鸿章认为"电报实为防务必需之物。……设立电报学堂，雇用洋人教习中国学生，自行经理，庶几权自我操，持久不敝"[①]。学堂第一期招收学生 32 名，开设电磁学、材料学、基础电信、铁路电报设备、国际电报规约等铁路电报课程，聘请丹麦、法国和英国的外籍教师讲授技术课；该学堂学习年限 4—5 年，至 1904 年共培训电报专业人才 300 多人。[②]

---

① 李鸿章：《李文忠公全书》奏稿（卷三十八），上海古籍出版社 1995 年版，第 16—17 页。

② 周治华、钟毅：《河北教育大事记（1840—1990）》，河北人民出版社 1994 年版，第 7 页。

同年 8 月，李鸿章奏请在天津府开办北洋水师学堂，这是我国最早的军事专科学校和海军学校。该学堂于第二年开始招收学生，聘请教育家严复为总教习，"设驾驶、管轮两班，讲授英文、几何、代数、平弧三角、级数、重学、推步、地舆测量等课程，兼习操法，并课以经书及国文等"①。学生在学堂肄习 4 年，然后"由北洋大臣大考，择其中试者，派上练船"②，期限为 1 年，毕业后到水师任职。

1885 年 6 月，李鸿章再次奏准开设北洋武备学堂，仿照德国陆军学校体制办学，此为清末第一所新式陆军学堂。学堂首批挑选百余名弁兵入堂肄业，聘任德国军官作为教师，教授外国行军新法和军事操典。开始课程分为三类：一类为"天文、地舆、格致、测绘、算化诸学"，二类"操习马队、步队、炮队及行军布阵分合攻守诸式"，三类"兼习经史以充根底"。③ 北洋军阀段祺瑞、冯国璋、曹锟、吴佩孚等人，都是毕业于该学堂。

1894 年，李鸿章委派法国军医梅尼在天津法租界创办北洋医学堂（也称天津军医学堂），以培养陆军外科医生，这是中国最早的国立西医学堂。④ 李鸿章认为"西洋各国行军以医官为最要，而救治伤科直起沉疴，西医又独擅专长。……兴建西医学堂，早就人材实为当务之急"⑤。该学堂首批招收学生 8 人，学习年限 4 年，课程按西方医学校标准设置，学成后颁发行医执照，学生可以凭医学谋生。1913 年北洋医学堂改为直隶医学专门学校，1915 年改属海军部，成为天津海军医学校。

2. 洋务运动时期河北高等教育的历史地位与作用

上述这些较早创办的洋务学堂，被认为是近代河北高等教育的最早萌芽，在河北甚至中国近代高等教育史上都具有极其重要的地

---

① 周治华、钟毅：《河北教育大事记（1840—1990）》，河北人民出版社 1994 年版，第 7 页。

② 朱有瓛：《中国近代学制史料》第一辑上册，华东师范大学出版社 1983 年版，第 509 页。

③ 李鸿章：《李文忠公全书》奏稿（卷六十），上海古籍出版社 1995 年版，第 48—49 页。

④ 陈景磐：《中国近代教育史》，人民教育出版社 1979 年版，第 96 页。

⑤ 李鸿章：《李文忠公全书》奏稿（卷七十八），上海古籍出版社 1995 年版，第 31—32 页。

位与作用。

第一，这些具有高等专业教育性质的洋务学堂，开启了近代河北高等教育发展的历程。河北这一时期创办的新式学堂与传授儒家学说的传统学堂迥然不同，虽然还学习经文，但课程设置以科学知识和技术培训为主，目的是为了培养实用技术人才，具有了西方近代高等专业教育的性质，因此近代河北高等教育应从这个时候开始算起。河北这些具有专业教育性质的洋务学堂，对于中国高等教育的近代化发展来说同样具有开创性意义，北洋电报学堂、北洋水师学堂、北洋武备学堂及北洋医学堂都是同类院校中的第一所，加上虽尚未落成但盛宣怀1892年上任天津海关道伊始就开始筹办的"北洋大学堂"，直隶在近代高等教育事业发展上很多方面都领先于国内其他地区。1895年，美国传教士来理会（D. W. Zyon）给美国和加拿大的青年联合组织"北美协会"的《报告》中说："北京是旧教育的中心，天津可算是中国政府所办西洋教育的中心。天津当时已有医学堂一处，海军学堂一处，全国唯一的电报学堂一处，在胚胎时代已发育完备的北洋大学堂一处。"①

第二，河北洋务学堂数量较多，为河北与中国近代化培养了最早的一批实用技术人才和军事将才。根据有关资料进行统计，洋务运动时期全国有近30所各类新式学堂，河北地区有7所，占到1/4左右，② 这些新式学堂主要侧重带有军事性质的技术教育和其他相关教育，培养了一批通晓军事和科学技术的人才。如北洋电报学堂为已经敷设的电信线路培养了必需的技术骨干，既解决了天津至上海与广州等主要城市电报线路沿线的人才短缺问题，同时学生毕业后被分配到全国各地电报局工作，也为中国早期电报事业的发展做出了贡献。北洋水师学堂是中国最早培养海军的学校，被认为是"实开北方风气之先，立中国兵船之本"③，为清末中国海军储备了一批人才。北洋武备学堂学生毕业后多被分配到各省军营，充为新军骨

---

① 周治华、钟毅：《河北教育大事记（1840—1990）》，河北人民出版社1994年版，第10页。

② 朱有瓛：《中国近代学制史料》第一辑上册，华东师范大学出版社1983年版，第326页。

③ 沈桐生：《光绪政要》第五册·卷七，台北：文海出版社1985年版，第15页。

干，更有一批在日后成了影响中国近代社会发展的风云人物，其中包括冯国璋、曹锟两位总统，段祺瑞、王士珍两位总理，直系军阀首领吴佩孚及多位各省督军。

第三，洋务学堂的开办对于新式教育思想在近代河北地区的传播起到了推动作用。洋务运动开始于19世纪60年代，中国第一所在专业设置和课程体系上具有近代高等教育性质的高等学校福建船政学堂成立于1866年，[①] 相比较于南方省份来说，首善之区河北的守旧势力更加强大，尽管有洋务派李鸿章在此督阵，洋务活动成效显著，但从中遇到的阻力相较其他省份也更多。如唐山胥各庄铁路开通之际，保守的顽固派以机车轰鸣之声会震动东陵毁坏大清龙脉为由横加阻拦，导致在河北出现马拉火车的荒诞怪事。所以在民风士气尚未开化之时所创办的这些教授西学为主的新式学堂，以更直观、实用的方式突破了传统教育的坚厚壁垒，虽然还未能从根本上撼动旧教育体制，但对于新思想的传播来说无疑创造了一定的便利条件，也为日后更多新式学堂的创办和高等教育近代化的发展较早奠定了必要的初期基础。

二　清末新政前后河北高等教育快速发展

甲午战争惨败以后，举国上下为之悲愤，"四万万人齐下泪，天涯何处是神州？"[②] 清统治者也在洋务运动受挫后急于寻找新的"自强"、"求治"之策，1895年5月光绪帝颁布诏谕："自来求治之道，必当因时制宜。……惟以除痼习力行实政为先……如修铁路……立学堂……应及时举办。"[③] 维新派"公车上书"，批"中学"倡"西学"，积极推动新式学堂的创办。1901年清廷宣布实行"新政"，在"兴学诏"中提出："除京师已设大学堂应切实整顿外，着各省所有书院，于省城均改设大学堂，各府厅直隶州均设中学堂，各州县均

① 潘懋元：《福建船政学堂的历史地位及其影响》，《教育研究》1998年第8期，第35—42页。

② 《谭嗣同全集》，中华书局1981年版，第540页。

③ 舒新城：《中国近代教育史资料》上册，人民教育出版社1961年版，第136页。

设小学堂，并多设蒙养学堂。"① 1904 年颁行并正式实施《奏定学堂章程》（即"癸卯学制"），中国近代新式教育制度化肇始于此。"癸卯学制"对教育类型、教育层次及办学宗旨、课程设置、考录入学、图书器具、教员职责等都给予了明确的规定，其中教育系统的第三个阶段为高等教育，包括普通教育 3 年高等学堂或大学预科、3 年或 4 年的分科大学堂以及 5 年通儒院（研究院）3 个级别，另有优级师范学堂、实业教员讲习所与高等学堂平行，高等实业学堂与分科大学堂平行；并规定大学堂内分为经科大学、政法科大学、文学科大学、医科大学、格致科大学、农科大学、工科大学、商科大学八类分科大学，京师大学堂需要八类全设，省立大学堂至少须有 3 科。在"新政"兴学措施推进过程中，全国各地开始了创办新式学堂热潮，以求"储才自强"、"兴学强国"。在这一时期，河北借助其特殊的政治地位和区位优势，使其高等教育较其他地区领先一步实现了快速发展。

（一）直隶拱卫京师的重要地位便于其获取较为充足的办学资源，为清末"新政"前后该地区高等教育快速发展提供了必要的保障

在 19 世纪末，随着清廷内外危机的日益加重，对于地处畿辅地区的直隶省来说，其拱卫京师确保帝都安定的重要性更加凸显出来。直隶行政辖区最高长官直隶总督被视为大清九督之首，不管是前期的李维钧、李卫、方观承、刘墉，还是后期的曾国藩、李鸿章、袁世凯，无一不是朝中要员。南方各地官员进京面圣时，需要首先在直隶总督府报到，经过禀报方能继续前行；1870 年直隶总督兼任北洋大臣之后，与西方列强来往交涉逐渐增多，直隶总督实际上也承担了清廷部分的中央外交职能，这在所有总督中是绝无仅有的。② 直隶省地位之重，还可以通过现存于河北省保定直隶总督署大门两侧上后人所书的一副楹联中窥其一斑：

① 陈学恂：《中国近代教育大事记》，上海教育出版社 1981 年版，第 111 页。
② 樊良树：《近代天津的崛起》，《华北电力大学学报》2013 年第 2 期，第 15—19 页。

北吞大漠，南亘黄河，中更九水合流，五州称雄，西岳东瀛一屏障

内修吏治，外肄戎兵，旁兼三口通商，一代名臣，曾前李后两师生

该联出句描述了直隶地理位置的重要性，对句道出的是直隶总督在大清帝国内政、外交、军事、经济等各方面无可替代的关键作用。从这座素有"半部清史写照"之说的总督府中，可以看出直隶之于大清帝国的重要意义。正是凭借这种独有的区位和政治优势，晚清时期的直隶地区才能获得较为充足的师资和经费保障，使得近代河北在"新政"前后各地新式学堂不断出现，许多省份高等教育都有所发展的情况下，其高等教育仍能够领先其他地区一步，取得较大成就。

首先，清末直隶省外籍教师拥有量全国最多。由于中国近代高等教育"不是中国古代高等教育的自然延伸和发展，……属于比较典型的'后发外生型'"①，课程、教学都完全不同于传统教育，所以师资缺乏是制约高等教育发展的一个重要因素。清末"新政"时期各地新式学堂不断涌现，"患不在无款无地，而在无师"②。师资培养需要一定时日，而在短时期内的应急之策就是聘请外籍教师，这方面环卫京师的直隶比其他省份具有更大优势，因为当时外籍人士主要生活在中国为数不多的几个大城市之中，北京作为一国之都，自然是他们首选和较为集中的地方，直隶也就成了"近水楼台"。据统计，1901 年全国共有日籍教师 26 名，其中 13 人在河北境内，占50%的比重；1904 年，河北日籍教师增加到 85 人，占当年全部 218 名日籍教师的 39%；1908 年，河北境内日籍教师又增加一倍，达到174 人，在全国 555 名日籍教师中占 31%。③ 虽然各省份高等教育都

---

① 田正平、张彬：《模式的转换与传统的调适——关于中国高等教育现代化的两点思考》，《高等教育研究》2001 年第 2 期，第 94—101 页。

② 天津社科院历史研究所：《袁世凯奏议》，天津古籍出版社 1987 年版，第 1188 页。

③ 河北省政协文史资料委员会：《河北文史资料集萃·教育卷》，河北人民出版社 1991年版，第 24 页。

陆续发展起来后，均在不断增加外籍教师的聘请人数，相互之间的竞争程度也随之加剧，但直到辛亥革命前的 1909 年，直隶省 114 人的日籍教师拥有量仍位居全国之最，远远超过排在其后的江苏（40人）、四川（40 人）和湖北（38 人）的日籍教师人数。①全国欧美籍教师 1909 年共有 45 名，直隶境内的几所主要学堂就占据一半以上的比重，其中包括北洋大学堂 10 人，直隶高等学堂 5 人，唐山路矿学堂 8 人。②

其次，直隶省教育经费相对充足。鸦片战争之后直到清廷统治结束期间，中国政府一直"外债缠身"，偿还不清的巨额赔款成为贪婪吸食国民经济血液的"恶性肿瘤"，导致国库空虚，民生艰辛，各地教育经费普遍匮乏，制约着新式学堂的发展。对于直隶地区来说，晚清所发生的列强入侵与义和团运动，该区域都是战争的主战场，经济形势尤为严峻。而直隶就是在这样的状况下，实现了高等教育较为快速的发展，依靠的是其特殊的政治地位。如创办于甲午战争之后的北洋大学堂，"约计头等学堂每年需经费银四万余两，二等学堂每年需经费银一万五千余两，共需银五万五千余两。现值国用浩繁，库款竭蹶，事虽应办，而费实难筹"③，尤其是清政府需同时偿还日本 2 亿两白银赔款，办学经费更是捉襟见肘。在这种形势下，天津海关道盛宣怀在自己控制的津海关、电报局、招商局等部门筹集了一批"从前所无"之款项，再加上一部分中外捐款，做到了在"毋庸请发公款"的情况下保证学堂正常开办。④ 除此之外，1905 年袁世凯奏请以 120 万两白银作抵押，发行公债 480 万两，一部分由天津、保定的绅商购买，另一部分则借助外国银行贷款，这是中国历史上第一次由省级政府发行公债，而且获得了国外资金的支持，

---

① 汪向荣：《日本教习》，生活·读书·新知三联书店 1988 年版，第 73—78 页。
② 刘玉梅：《洋教习与近代河北教育》，《保定学院学报》2011 年第 2 期，第 61—65 页。
③ 王文韶：《奏开设天津中西学堂疏》，载陈学恂《中国近代教育史教学参考资料》上册，人民教育出版社 1986 年版，第 289 页。
④ 方家峰：《中国近代高等工业教育研究》，博士学位论文，河北大学，2011 年，第188 页。

对当时直隶教育发展来说具有极大的促进作用。① 如这一时期创办的北洋师范学堂，仿照日本高等学校模式建筑，包括风雨操场、教室、礼堂、图书馆、食堂、宿舍等，是当时校园建筑和教学设备最先进的师范学堂。②

（二）清末"新政"前后河北高等教育发展在国内处于领先地位

河北在获得"地利"所提供的师资、经费等关键资源条件保障下，又适逢"天时"（清末"新政"提出创办新式学堂）与"人和"（袁世凯与盛宣怀等人重视西学），这一时期河北高等教育发展较为迅速，创建了各类新式学堂，详见表2—2。在这些学堂中，1904年"癸卯学制"颁行之后，按照各类"章程"之规定，部分学堂进行了相应更名或改办：直隶农务学堂更名为直隶高等农业学堂，直隶师范学堂改为直隶优级师范学堂，北洋工艺学院改为直隶高等工业学堂，北洋师范学堂1911年开始改办直隶高等商业学堂（因"癸卯学制"规定一省只能设一所优级师范学堂）。唐山路矿学堂与保定军官学堂虽然没有"高等"二字，但仍视为高等教育阶段，因为它们已经具备了高等专业教育的特征与性质。正如张亚群教授所说，在清末新旧教育更替的特定阶段，判定某所新式学堂是否具有高等教育性质，不能仅以其名称为标准，更应考察其实际办学层次间的过渡性与继承性。③

表2—2　　　　清末"新政"前后河北境内新式学堂

学校名称	时间	地点	备注
北洋大学堂	1895	天津	中国近代第一所大学
唐山路矿学堂	1896	唐山	中国最早的铁路院校
直隶农务学堂	1902	保定	中国第一所高等农业学校

---

① 瀚青、印录：《论袁世凯在河北教育近代化中的作用》，《石家庄师范专科学校学报》2001年第1期，第68—73页。

② 阎国华、安效珍：《河北教育史》第二卷，河北教育出版社2003年版，第105页。

③ 张亚群、史秉强：《从顺天府学堂到顺天高等学堂——河北师范大学校史溯源》，《河北师范大学学报》（教育科学版）2002年第5期，第19—26页。

续表

学校名称	时间	地点	备注
直隶师范学堂	1902	保定	全国最早官立师范学堂之一
北洋工艺学院	1902	天津	
直隶高等学堂	1902	保定	
北洋师范学堂	1905	天津	校园建筑和教学设备最先进的师范学堂
直隶法政学堂	1905	保定	中国最早的司法学校
北洋法政学堂	1906	天津	
保定军官学堂	1906	保定	中国第一所新式高等军事学堂 当时陆军最高学府

资料来源：周治华、钟毅：《河北教育大事记（1840—1990）》，河北人民出版社 1994年版。

这一时期的河北高等教育得到了初步快速发展，许多方面都远远领先于其他省份，主要表现在以下几方面。

首先，近代中国第一所大学北洋大学堂在天津府创建，其办学模式在我国近代高等教育发展中具有典范意义。洋务派主要代表人物之一盛宣怀参与了轮船招商局、天津电报局、中国通商银行、京汉铁路等洋务企业的筹办与建设，随着洋务运动的发展，他感到了"兴学储才"的重要性，开始着手创办培养专门人才的高等学堂，"为继起者规式"①。1892 年盛宣怀调任天津海关道后，经过近 3 年的筹备，于 1895 年在天津创办出一所全新的西式学堂——天津中西学堂（亦称北洋西学学堂）。与之前洋务学堂不同的是，该学堂首次采用分级制，由头等学堂和二等学堂两级构成，其中二等学堂用作预备科，讲授英文及普通学科，四年之后卒业升入头等学堂；头等学堂学制也为四年，盛宣怀认为，"头等学堂功课，必须四年，方能造入专门之学。……此为外国所谓大学堂也"。头等学堂课程设置包括普通学与专门学两类，第一年暂不分科，教授几何、三角勾股、格物、绘图、各国史鉴等内容，第二年根据学生资质进行专门学习，

---

① 盛宣怀：《拟设天津中西学堂章程禀》，载张凤来、王杰《北洋大学—天津大学校史资料选编》第一卷，天津大学出版社 1991 年版，第 15 页。

共有工程学、电学、矿务学、机器学、律例学等学科。① 这是中国近代第一所含有普通和专门两级制的学堂，头等学堂已具近代大学雏形。② 天津中西学堂的创办，意味着从此河北高等教育进入了一个新的发展阶段，它不但是河北高等教育体系制度初步形成的标志，对中国近代高等教育的发展也具有深远的影响。其办学模式、学科设置、培养方式等确实起到了"为继起者规式"的典范作用，建成伊始就为各省争相效仿，1896 年两江总督刘坤一曾致电盛宣怀："闻公在津新设学堂，章程甚佳，即祈钞示全卷，以便将来仿办。"③ 之后所创学校均受到其不同程度的影响，如山西大学堂分为法律、工程、冶金、采矿四学门，所授学科即依照北洋大学堂而设。

该学堂在八国联军侵入天津时被迫停办，1902 年直隶总督袁世凯奏请学校复建，并根据新政有关章程，改名为"北洋大学堂"，1906 年开始专办本科教育，设"律例、矿务、制造"三科，成为清末仅有的三所国立大学堂之一。北洋大学堂聘美国教育家丁家立任总教习，对头等学堂的课程设置、内容安排、教材选用等都以美国哈佛、耶鲁等大学模式为标准，头等学堂毕业生可不经考试直接升入美国著名大学的研究院。④ 辛亥革命后大学堂易名"国立北洋大学"，1928 年改为国立北洋工学院，抗战期间与北平大学、北平师范大学、北平研究院组建成西安临时大学，即国立西北联合大学。1946 年恢复国立北洋大学，1951 年部分院系与津沽大学、河北工学院合并成立天津大学。

其次，"新政"时期河北高等教育初具规模，类型多样，体系较为完备，布局相对更加合理。1901 年 11 月，袁世凯继李鸿章之后就任直隶总督兼北洋通商大臣，自此到其 1907 年 9 月调任北京这段时间，袁世凯在直隶新办和复建了各类新式学堂。在新办学堂方面，

---

① 朱有瓛：《中国近代学制史料》第 1 辑下册，华东师范大学出版社 1986 年版，第492—494 页。

② 刘海峰、史静寰：《高等教育史》，高等教育出版社 2010 年版，第 110 页。

③ 北洋大学—天津大学校史编辑室：《北洋大学—天津大学校史》第一卷，天津大学出版社 1990 年版，第 23 页。

④ 王金霞：《河北与中国教育早期现代化》，博士学位论文，河北大学，2006 年，第125 页。

由于 1900 年天津受到列强入侵，之前创办于天津的各个学堂多数都被迫停办，河北高等教育遭受重创，袁世凯督直后，陆续创建了多所新式学堂。与此同时，2 所因列强入侵被迫停办的学堂得到复建，一所是上文所说的北洋大学堂；另一所是 1895 年创办的中国最早的铁路院校山海关铁路学堂，袁世凯在唐山选址复建，改名为唐山路矿学堂。这样经过短短几年时间，河北高等教育不但在新式学堂数量上发生了明显的变化，而且突破了军事性质的限制，新式学堂类型也有所增多，范围覆盖了工、农、医、师范、法政、军事等学科。

在教育体系上，清末河北境内已创办了一批初等和中等教育各层次学堂，"新政"前后又陆续创办了各类高等实业学堂和高等学堂，尤其是随着北洋大学堂的出现，不但使近代河北在国内率先形成了较为完善的高等教育体系，更使其成为我国第一个教育体系完全的省份。① 另外，办学范围也逐渐扩大，由于列强入侵造成之前的学堂严重受损，这时期学堂不再集中于天津一处，几所新建的农业、法政、师范、军事学堂设在省会保定，路矿学堂于矿产资源比较丰富的唐山选址复建，从整体上看，布局较之前更加合理。

再次，清末河北境内创办的数所学堂均为国内之最，教育质量也在国内领先。这时期河北的各类学堂多为同类学校中创建最早的，直隶高等农业学堂，改变了中国教育史上没有农业教育的落后状况，不但为直隶培养了一大批具备近代农业知识的科学技术人才，对后来中国农业教育的发展也具有十分重要的意义；② 直隶法政学堂，是清末最早的专门培养司法人才的学校，1910 年学堂规模扩大，教职员工由最初的 13 人增加到 63 人，学生总数达到 1392 人，成为当时全国规模最大的政法高等学校；③ 师范教育是一切教育的母体和基础，近代河北在国内最早单独设立师范学校直隶师范学堂，并于 1906 年创办了第一所女子师范学校北洋女子师范学堂，国学大师钱

---

① 王杰：《北洋大学堂与中国近代高等教育的缘起》，《高教探索》2008 年第 6 期，第 74—80 页。

② 王金霞：《河北与中国教育早期现代化》，博士学位论文，河北大学，2006 年，第 125—126 页。

③ 阎国华、安效珍：《河北教育史》第二卷，河北教育出版社 2003 年版，第 98 页。

基博认为"中国之有师范学堂自直隶始"①；保定军官学堂是近代第一所新式高等军事学堂，也是当时陆军最高学府，该学堂的创建填补了近代中国军事高等教育的空白。②

在教育质量上，这一时期最具代表性的为创办于1902年的直隶高等学堂。该学堂先后聘请丁家立和张伯苓兼任总教习，刘春霖任学监，所授学科均选用英文原版教材，"并明定为北洋大学堂之预备。学校毕业学生不必经过入学考试，即可直接升入北洋大学正科"③，到1913年并入北洋大学堂之前虽然仅办学15年，"却是清末著闻于北方的一个重要教育机构"④。

最后，近代河北率先形成了较为完善的高等教育管理制度。《清史稿》对晚清新式教育的发展有如下描述："学校新制之沿革，略分二期。同治初迄光绪辛丑（1901年）以前为无系统教育时期，辛丑（1901）以后迄宣统末（1911年）为有系统教育时期。"⑤清末"癸卯学制"颁布后在国家层面与范围内建立起统一的教育规范与制度体系，但相对而言，无论是在章程制定还是高等教育管理机构创办上，近代河北都比其他地区先行一步。袁世凯到任直隶总督不久，即着手制定各级各类办学章程，几年间陆续颁行了《北洋行营将弁学堂试办章程》、《直隶法政学堂试办章程》、《直隶师范学堂暂行章程》等一系列学堂章程，涵盖军事、师范、法政等各类学堂，这些章程对学校建制、修业年限、课程设置、教科书以及学校的各项规章制度都作了详明的规定。《直隶师范学堂暂行章程》颁布的时间是1902年8月8日，比清政府1902年8月15日制定的而实际并未推行的《钦定学堂章程》还要早7天；《直隶法政学堂试办章程》是

---

① 陈学恂：《中国近代教育史教学参考资料》上册，人民教育出版社1986年版，第643页。

② 王金霞：《河北与中国教育早期现代化》，博士学位论文，河北大学，2006年，第154页。

③ 朱有瓛：《中国近代学制史料》第2辑上册，华东师范大学出版社1987年版，第629页。

④ 同上书，第630页。

⑤ 赵尔巽：《清史稿》卷一百七（志八十二·选举二），中州古籍出版社1996年版，第755页。

全国最早关于办理法政学堂的规章制度，不仅为创建直隶法政类学校奠定了基础，而且为全国所仿效。①

在新式学堂管理机构设置上，袁世凯于 1903 年率先在保定设立省级教育管理机构学校司，下设专门教育、普通教育、编译三处，1905 年迁往天津后又改称学务处、提学司，掌管全省教育行政和对新式学堂的管理。这些机构的设立改变了以往新学堂没有固定专门管理机构的状况，也比学部较早提出对新式学堂的规范化管理。从 1902 年设立学校司到 1905 年府、州、县设劝学所，直隶省在国内首先建成了功能较为明确的两级教育行政管理体系，为新式教育发展提供了制度上的保障。"在技术、知识及人力资本等现代化动力因素难以在短期内取得突破性进展的情况下，教育制度因素在后发国家的教育现代化进程中，就不能不成为具有决定性意义的关键变量。能否顺利完成对旧的教育制度结构的创造性转化，建立既能适应教育现代化进程普遍的制度规范要求，能够容纳和促进教育现代化变迁，同时又适合本国国情以及教育现代化变迁的具体实践的现代教育制度结构，在很大程度上直接决定着后发国家的教育现代化命运，乃至整个社会现代化的命运。"② 对于当时河北在教育上的发展，后人亦评论说："厉行新政，惟日孜孜，造端宏大，凡将校之训练，训警之编制，司法之改良，教育之普及，皆创之直隶，中央及省转相效法。"③

第二节　分则减损：民国时期河北高等教育的曲折发展

尽管开局态势良好，但近代河北高等教育的后续发展挫折不断，发展历程甚至比其他很多地区更为曲折，这与辛亥革命后京津冀

---

① 阎国华、安效珍：《河北教育史》第二卷，河北教育出版社 2003 年版，第 48 页。

② 田正平、李江源：《教育制度变迁与中国教育现代化进程》，《华东师范大学学报》（教育科学版）2002 年第 1 期，第 44 页。

③ 徐文尉：《养寿园奏议辑要·跋》，载《沈云龙、袁世凯史料汇刊》，台北：文海出版社 1966 年版，第 885—886 页。

"三地分立"的区划关系新变化有着密切关系。民国时期京津冀区划关系变化包括两个方面，其一是京冀之间的畿辅关系不复存在。北洋政府初期（1914年）顺天府改名为"京兆地方"，"顺直兼辖区域"变为京兆地方自辖区域，直接隶属于中央政府，京兆尹由中央政府任命，其职权略同于省区行政长官；[①] 南京国民政府成立后，又废除京兆旧制，改北京为北平院辖市。其二是津冀脱离隶属关系，国民政府定都南京后，直隶遂改称河北省，省府初设天津，最终移至保定，20世纪30年代中期天津改隶国民政府行政院，与北平同成为院辖市。[②] 至此，清代京津冀"三合一"的区划关系被完全改变，近代河北高等教育的发展状况也因此受到极其不利的影响，出现"分则减损"的变故，即京津冀三地开始分离，河北失去辖有京津两地时的优势条件，不但导致各方面的发展受到制约，甚至遭受前所未有的重创。

一　北洋政府时期河北高等教育发展减缓

1912年中华民国成立，民主共和取代封建帝制，社会形态与政治制度发生根本改变，新设立的教育行政机构教育部以"自由、平等、博爱"的民主革命教育思想和资产阶级自由主义教育理论来指导教育改革，对封建性的旧教育进行现代化的改造，注重道德教育，以实利教育、军国民教育辅之，更以美感教育完成其道德。[③] 1912年9月至1913年8月，民国教育部先后公布了《学校系统令》、《大学令》、《专门学校令》、《师范学校令》、《大学规程》等系列学校规程，总合为更加完整的学制系统，即"壬子癸丑学制"，这是中国第一部具有现代因素的学校制度。该学制在学校名称、修业年限、设置条件、课程内容、办学条件等方面做出了新的规定，1917年《修正大学令》再次对学制进行改革，1922年《学校系统改革案》（"壬戌学制"）颁布，在借鉴美国教育制度的基础上确立了较为完善的制度体系。总体上来看，高等教育在抗日战争爆发之前的10年

---

① 尹钧科：《北京建置沿革史》，人民出版社2008年版，第207—208页。
② 朱文通、王小梅：《河北通史·民国上卷》，河北人民出版社2000年版，第122页。
③ 舒新城：《中国近代教育史资料》上册，人民教育出版社1980年版，第226页。

间迎来了新的发展机遇，但对于河北高等教育来说，如此诸多有利因素都难以扭转津冀区划关系变化所导致的不利局面。

（一）河北高等师范教育受到抑制

在这一时期，河北高等师范类学校被迫停办或受到升格限制。1912 年，在"中央临时教育会议"上，首任教育次长范源廉提出"划分高等师范学区案"，该提案拟定把全国划分为 6 个高等师范学区，分别以北京、南京、武昌、广州、成都和沈阳为本部，各设高等师范学校一所。① 区内其他各省原有优级师范学堂或并入其中，或降级改为普通师范学校。直隶省属于以北京为本部的大师范区，因区内有京师优级师范学堂改建而成的北京高等师范学校，致使近代最早的官立师范学堂直隶高等师范学校不得不被取消，从 1915 年起渐次停止招生，直至完全停办。

直隶女子师范学校的上升空间受到北京高校的限制。直隶省在清末创办了国内第一所单独设立的女子师范学校北洋女子师范学堂，该学堂在之后发展中相继易名为直隶女子师范学校（1913 年）、直隶第一女子师范学校（1916 年）、河北省立第一女子师范学校（1929 年），却一直因为北京女子高等师范学校的存在而无法升格，只能进行初等师资的培养。因此当这一时期四川（1912 年四川优级师范学堂改为四川高等师范学校）、广东（1912 年两广优级师范学堂改为广东高等师范学校）、湖北（1913 年设武昌高等师范学校）、江苏（1914 年筹办南京高等师范学校）② 等省份的高等师范教育因"划分高等师范学区"提案得以迅速发展时，河北的高等师范教育却出现或停办或升格受限的现象，发展受到极大的制约。从民国北洋政府师范学区划分后直到 1928 年国民政府初期，直隶省境内没有一所高等师范学校。

（二）河北高等军事教育渐趋衰落

自近代高等教育兴起以来，军事教育一直是地处兵家必争之地、负有畿辅重任的直隶省最为重视的一类教育，也是其最具有优势的

---

① 舒新城：《中国近代教育史料》上，人民教育出版社 1979 年版，第 309 页。

② 潘懋元、刘海峰编：《中国近代教育史资料汇编·高等教育》，上海教育出版社 1993 年版，第 680 页。

教育，从洋务运动时期到辛亥革命前，近代河北境内共创办各级各类军事学堂 25 所，形成了短训、速成、正规三类军事体系，层次、专业涉及军事教育各个领域，设施一流，管理完善，在当时河北最先进的学校就是军事学堂。① 直隶省的军事教育曾经培养出了大批对近代军政各界产生过重大影响的风云人物，包括前文所提及的总统、总理与诸省督军各个层次，蒋介石也是从保定的陆军速成学堂赴日留学的。但在辛亥革命后，随着当时陆军最高军事学府保定军官学堂被迁至北京，近代河北的高等军事教育自此开始受到极大影响。成立于 1906 年的保定军官学堂是时任直隶总督袁世凯亲自主持创办的，也是中国第一所新式高等军事学堂，这所学堂虽然没有设在京师，却在当时全国军事学教育中是地位最高的陆军学府。该学堂是袁世凯为了给自己控制的北洋军培养高级军事人才，严格按照陆军大学的规格来建造的，从学校管理、基础设施到课程、教材与教法等各个方面在当时都是国内最为先进的。当袁世凯窃取了辛亥革命成果后，该校也随即于 1912 年被迁往北京，改名为陆军大学，继续在全国高等军事教育中扮演着不可替代的角色。而在其原址上新建立的保定陆军军官学校，虽然在中国近代军事史上也具有较大的影响，但很明显与北京的陆军大学相比存在等级差别，所实施的并非最高军事教育，保定陆军军官学校的学生在毕业达到要求后才有资格到陆军大学进修深造。1923 年随着保定陆军军官学校因缺乏资金、设备及师资被迫停办，近代河北的军事教育完全衰落下来。

（三）河北公办高校数量减少，规模下降

中华民国成立后，失去畿辅地位和政治优势的直隶省没有了获取更多教育经费的便利条件，面对"辛亥革命以后，各省财政多感困难"② 的形势，北洋政府不得不大幅削减甚至断绝对一些高校的经费补助，或通过进行院校合并以减少各项经费开支，这导致河北境内高等学校的数量出现缩减，学生规模也随之逐渐下降。如直隶法政专门学校、直隶高等商业专门学校与北洋法政专门学校于 1914

---

① 阎国华、安效珍：《河北教育史》第二卷，河北教育出版社 2003 年版，第 116 页。

② 柳芳：《胡适教育文选》，开明出版社 1992 年版，第 156 页。

年合并，成立了直隶公立法政专门学校。院校合并再加上前文提及的师范类高校被迫停办和军事类院校迁出等原因，北洋政府结束前，河北境内公办高校数量由清末的 10 所减至 6 所（详见表 2—3）。并且在这几所高等院校中，由于北洋大学与唐山大学分别隶属于教育部和交通部，河北省属高校实际上只有 4 所，比辛亥革命前减少了一半。从在校生人数上来看，1916—1918 年度直隶地区专门大学校在校生人数共有 6644 人，在全国各省份中居于首位，比排名第二的湖北省高出 5052 人。① 但到了 1922—1923 年度，河北高校在校生人数减少到 1773 人，而同一时期江苏高校学生数为 4611 人。②

表 2—3　　　　　　　　北洋政府时期河北境内高等学校

学校名称	校址	备注
北洋大学	天津	原 1895 年天津中西学堂/1903 年北洋大学堂
直隶公立工业专门学校	天津	原 1902 年北洋工艺学院/1904 年直隶高等工业学堂
直隶法政专门学校	天津	由 1905 年直隶法政学堂、1906 年北洋法政学堂、1911 年直隶高等商业学堂合并而成
天津海军医学校	天津	原 1893 年北洋医学堂
河北大学	保定	由 1912 年直隶高师、1913 年直隶农业专门学校、1915 年直隶医学专门学校医专合并而成
交通部唐山大学	唐山	原 1908 年唐山路矿学堂/1913 年山海关铁路学堂

资料来源：周治华、钟毅：《河北教育大事记（1840—1990）》，河北人民出版社 1994 年版。

（四）河北高等教育学科结构失衡

民国政府教育部成立后不久，对部分高校进行了"院系调整"，在这一过程中，北洋大学法科转入北京大学，后者工科转入北洋大

---

① 舒新城：《中国近代教育史资料》上册（第二版），人民教育出版社 1981 年版，第 376 页。

② 《陶行知全集》第 1 卷，湖南教育出版社 1983 年版，第 311 页。

学，自此北洋大学开始专办工科。① 经过这次调整，导致当时直隶省境内的 6 所高等学校中有一半都属于工科院校，即北洋大学、交通部唐山大学和直隶公立工业专门学校，学科结构严重失衡，不利于区域高等教育均衡发展，尤其是对专办工科的北洋大学和唐山大学以后长远发展极为不利，造成这两所学校在以后升级中受到限制。1929 年 7 月，南京国民政府颁布了《大学组织法》和《专科学校组织法》，其中对高校的设置条件提出了明确的要求：大学分文、理、法、教育、农、工、商、医 8 个学院，凡具备 3 个学院以上者，始得成为大学；不合上项条件者，为独立学院②，得分两科；大学各学院或独立学院各科，得分若干学系；大学各学院及独立学院得设专修科。③规定还要求 3 个学院中必须包含理学院或农工医各学院其中之一，而不能随意选设。北洋大学因不足 3 个学院而没有达到新的标准，被降级定为独立学院，改称北洋工学院，设土木、矿冶、机械、电机 4 个系；唐山大学改为交通大学唐山土木工程学院，主要设土木和矿冶 2 个系。

二 南京国民政府时期河北高等教育遭受重创

1928 年，国民政府定都南京，自此到抗日战争爆发的 10 年间，从整个清代到南京国民政府初期，天津作为众多州府之一，一直归属直隶省管辖，也是该省高校最为集中的地区。1935 年天津改设为直辖市后，便与易名后的河北省脱离了行政隶属关系，这次津冀区划调整对河北高等教育发展带来了极为不利的影响，不但在短期内对其发展产生制约作用，更为日后高校管理埋下了难以消除的隐患。

（一）河北高校的非正常布局

在高等教育布局上，近代河北从最早的洋务学堂创办开始起，

① 方家峰：《中国近代高等工业教育研究》，博士学位论文，河北大学，2011 年，第 220 页。

② 民国时期的"独立学院"指的是未达到大学"三院九系"办学标准的本科院校，现在的"独立学院"是指普通高等本科院校与国家机构以外的社会组织或个人合作利用非国家财政性经费举办的实施本科学历教育为主的普通高等学校，两者含义不同。

③ 中国第二历史档案馆：《中华民国史档案资料汇编》（第五辑：教育），凤凰出版社 1991 年版，第 171—173 页。

就一直把天津作为首要的办学场所，天津因此成为河北高等教育机构最为集中的州府，但随着 20 世纪 30 年代津冀行政区划调整"分家"，河北高等教育布局出现前所未有的不合理结构。河北地区最初洋务运动时期的 4 所西式学堂，即北洋电报学堂、北洋水师学堂、北洋武备学堂和北洋医学堂全部建在当时的天津府城内；新政时期河北境内共有 10 所新办或复建的西式高等学堂，虽然新式学堂的创办扩大到保定和唐山等地，但校址在天津的仍然占有近一半比重，分别是北洋大学堂、北洋师范学堂、北洋法政学堂和北洋工艺学院；民国北洋政府结束前，河北 8 所院校中 5 所在天津，即北洋大学、直隶公立工业专门学校、天津海军医学校、南开大学和天津工商大学；及至 1935 年，河北高校出现非正常布局，表 2—4 为 1935 年行政区划调整后河北省境内公立高校情况。

表 2—4　　　　　　1935 年之后民国时期河北省属及境内高校

学校名称	更名时间	校址	隶属地（部门）
河北农业学院	1931	保定	河北省
河北医学院	1931	保定	河北省
唐山工程学院	1931	唐山	交通部
河北工业学院	1929	天津	河北省
河北法商学院	1929	天津	河北省
河北水产专科学校	1929	天津	河北省
河北女子师范学院	1930	天津	河北省

　　资料来源：周治华、钟毅：《河北教育大事记（1840—1990）》，河北人民出版社 1994 年版。

　　如上表所示，这时期河北共有 7 所公立高等院校，津冀行政区划调整两地隶属关系结束后，河北境内高校只剩下 3 所（设在保定的河北农业学院、河北医学院和位于唐山的唐山工程学院），因唐山工程学院隶属于交通部，河北省属高校实际上仅有 2 所，校址在天津的却有 4 所（河北工业学院、河北女子师范学院、河北法商学院、河北水产专科学校），这导致出现本省隶属高校多数都不在本行政辖区之内的特殊布局结构现象。

（二）河北社会办学力量减弱，私立高等教育处于停滞状态

社会办学力量来自性质不同的两个层面，即国内的民间团体或个人和国外的教会，民间团体或个人创办的民办高校大多是在辛亥革命时期北洋政府放宽对办学条件的限制后出现的；教会大学是随着列强的入侵传入中国的，在主观上带有殖民性，但在客观上却推动了我国近代高等教育的形成与发展，活跃了高等教育领域的国际文化交流活动，构筑了全新的高等教育办学理念，承担了转型社会对教育提出的部分职能与需求。[1] 在京津冀"三合一"时期，京津两地所创办的民办高校和教会大学都在近代河北境内，当时河北既有公办高等院校，也有私人所办的高校。民办高校主要以 1919 年教育家张伯苓和严修创建的南开大学为代表，该校办学经费除政府少许补贴外，其余全赖学费、校产收入和社会捐赠，所以办学规模一直较小，成立之初设文、理、商 3 科，首批招生 96 人。但南开大学坚持"贵精不贵多、重质不重量"的原则，以优越的学术环境、严谨的科学方法及崇尚务实的精神，为国家和民族培养了一批优秀人才，周恩来即为文科一期学生。[2] 教会在近代河北曾创办的高校，即为建于 1921 年的天津工商学院。该校原名津沽大学，是由天主教直隶东南教区的法国耶稣会士所创办的一所教会学校，也是天主教在中国北方开办的第一所大学，教会内部称为"天津圣心学院"，与南方的上海震旦大学遥相呼应。1923 年津沽大学首批招收 51 名预科生，1925 年设工、商两科，1933 年改名天津工商学院，1937 年设土木、建筑、会计财政、国际贸易共 4 个系。[3]

1935 年区划调整后，建在天津的这两个私立大学被划出河北省管辖范围，与河北便再无任何隶属关系，河北高等教育办学机构变

---

① 刘海峰、史静寰：《高等教育史》，高等教育出版社 2010 年版，第 151 页。

② 《历史沿革》，2013 年 12 月 28 日，南开大学网站（http://www.nankai.edu.cn/s/12/t/27/p/1/c/624/d/670/list.htm）。

③ 《河北大学史》编纂委员会：《河北大学史》，河北大学出版社 2001 年版，第 29 页。

成单一的公立性质，私立高等教育基本上处于停滞状态。表2—5为中华民国教育部《第二次中国教育年鉴》所统计的民国时期各省、直辖市私立高校分布情况。

表2—5　　民国时期各省（直辖市）私立高等学校分布情况　单位：所

省市	大学	独立学院	专科学校	总计
江苏		1	2	3
浙江		1		1
江西			1	1
湖北	2		2	4
湖南	1			1
四川	2	2		4
河南		1		1
陕西			3	3
福建	1	2		3
广东	5	3	2	10
广西			1	1
辽宁	1	1		2
南京	1	2	1	4
北平	3	4		7
上海	8	6	7	21
天津		2		2
山东	1			1
重庆		1	3	4
海南			1	1
合计	25	26	23	74

资料来源：中华民国教育部：《第二次中国教育年鉴（第二编）》，商务印书馆1948年版。

从该表中可以看出，到大陆解放前河北省境内没有一所私立高校。由于河北其他地区经济水平和社会发展程度与天津有不小的差距，单纯依靠社会投入难以支撑起一所高等院校，同时河北与京津两地相比在吸引外部资金上也处于劣势，所以私立高等教育在当时一直难以发展起来。而这一时期北京地区的各个教会学校通过合并或增加投入的方式逐渐壮大，如 1916 年美国美以美会的汇文书院、公理会的协和书院、长老会的华北协和神学院三所教会学校联合，在北京组建成立新的教会大学，1919 年定名为燕京大学，次年女公会的华北女子协和书院也并入其中；1912 年天主教在北京设立"辅仁社"，1927 年发展为由罗马教廷直接捐助的天主教大学，后改称私立北平辅仁大学；1917 年，美国洛克菲勒基金会捐资，以美国约翰霍普金斯大学医学院为蓝本，将北京协和医学堂改建为协和医学院，1921 年正式开学招生，该校开创了我国八年制临床医学专业和护理本科教育。①

（三）河北高等教育整体实力下降

随着津冀区划调整，河北境内高校数量减少，河北高等教育实力被严重削弱，急剧下降。在划出河北管辖范围的高校中对河北高等教育影响最大的当属北洋大学，尽管该校并不隶属于河北省府，但之前毕竟在河北境内，对河北高等教育发展来说具有极大的带动作用，而现在被划出辖区范围，对河北高等教育发展来说其影响是显而易见的。北洋大学被称为"东方康奈尔"，在当时是国内办学时间最长、师资力量最强、教育质量最高、社会声誉最好、国外评价最优的工科大学，并于 1935 年设立国内第一个工科研究所"国立北洋工学院工科研究所"，首开工科研究生培养之先河。研究所分采矿、冶金、应用地质三个专业，从各大学优秀工科毕业生中招生，2 年后论文通过答辩授予硕士学位。② 据 20 世纪 30 年代中期在美国爱荷华大学取得工程学博士学位的北洋大学校友刘德润回忆说："当时美国把中国的大学分为 A、B、C、D 四个等级，其中 A 级有四个，

① 刘静、高小惠：《双博士"剑指"医学科学家》，《中国卫生人才》2011 年第 3 期，第 50—51 页。

② 阎国华、安效珍：《河北教育史》第二卷，河北教育出版社 2003 年版，第 93 页。

北洋大学是 A 级第一位。"①

（四）河北对辖区外高等院校控制力减弱

津冀区划调整后，由于多数高等院校没有在河北省行政区域管辖范围之内，给其高等教育管理带来不便，造成河北对天津境内的4 所隶属高校的控制力在逐渐减弱。由于这几所院校原本就创办于天津，是天津本地高校，所以与地方政府关系比较密切，在天津成为直辖市后更是多受影响，长期异地办学，在交通与通信都很落后的民国时期，使河北省在对这几所高校的管理上往往鞭长莫及。如据《河北教育大事记》载，1949 年天津解放后，"原河北省设在天津的 5 所高等学校（河北工学院、河北医学院②、河北女子师范学院、河北法商学院、河北水产专科学校）由该市军事管制委员会接管"③，但是之后这些本属河北的院校并没有都交与河北省政府，"河北省立工学院，始由天津市代管，后移交中央人民政府教育部，1951 年并入天津大学。……至此，河北省原有六所省属高校，④ 省人民政府成立时只接收四所"⑤。由此可以看出，津冀区划调整给河北高等教育带来的影响是极其深远的。

"兴也京津，衰也京津"，从 19 世纪 80 年代洋务运动时期高等教育萌芽出现到 20 世纪 30 年代高等教育因日军侵华被破坏前，近代河北地区的高等教育就是在京津冀三地之间这种"福祸相依"的复杂关系中较早萌发又曲折地向前发展的，其间发生的多重变化现象往往出乎人们的意料，但深入分析却又不无道理。正如张亚群教授在论述河北师范大学校史时所言：清末以来，京、津、冀行政区划多有变动，对该地区学校特别是高等学校的分合、迁移产生直接影响，这是兴办于北京、天津的顺天府学堂、北洋女师范学堂何以

---

① 张晓唯：《北洋大学一百一十年祭》，《读书》2006 年第 6 期，第 17 页。

② 河北医学院 1947 年由保定迁到天津。

③ 周治华、钟毅：《河北教育大事记（1840—1990）》，河北人民出版社 1994 版，第209 页。

④ 河北法商学院于 1949 年 3 月撤销。

⑤ 周治华、钟毅：《河北教育大事记（1840—1990）》，河北人民出版社 1994 年版，第216 页。

成为今日河北师范大学最早渊源的重要原因。①

在教育系统中，高等教育与社会其他各系统关系更为直接与紧密，也因此较易受到其他社会系统变化的影响，我国近代高等教育的发展尤为如此。学者张斌贤曾说：由于高等教育是国家意志的产物，高等教育就很难真正按照自身的逻辑运行和发展，国家发展的需要和逻辑完全取代了高等教育自身的逻辑，国家发展过程中出现的任何变化、曲折，都会迅速和直接地作用于高等教育的发展进程，从而使高等教育难以保持平稳可持续的发展。② 对于河北高等教育发展来说，在众多外部影响因素之中，京津冀三地特殊的地缘和区划关系是最不可忽视的因素之一，"合则增益，分则减损"，这种关系变化涉及高等教育发展所必需的环境、资源等各个方面的问题，对河北高等教育发展具有直接的、巨大的作用：河北如果与京津两地联合协作就会促进其高等教育发展，反之分离对立则会带来不利影响。而且这一因素会一直存在下去并持续作用于河北高等教育的现在和未来发展，在一定程度上可以认为，处理好与京津两地的关系，也就解决了河北高等教育的发展难题，如果不能很好地把握这一点，其他问题也就会不期而至。

在新中国成立后河北高等教育体系初步建成不久的 1968 年，"分则减损"的历史一幕重现，河北省与天津市再次因区划调整出现了高校"分家"的现象。③ 这一次河北分得河北大学（即之前的天津工商学院）与河北工学院（现在的河北工业大学），并将前者从天津迁至古城保定，后者却仍留在天津市内，其他院校包括天津师范学院（现在的天津师范大学）、河北财经学院（现在的天津财经大学）、河北艺术师范学院（现在的天津美术学院）、河北外国语专科学校（现在的天津外国语大学）、天津音乐学院、天津体育学院、

---

① 张亚群、史秉强：《从顺天府学堂到顺天高等学堂——河北师范大学校史溯源》，《河北师范大学学报》（教育科学版）2002 年第 5 期，第 9—26 页。

② 张斌贤：《中外近代高等教育发展动力的比较》，《高等教育研究》1997 年第 6 期，第 83—87 页。

③ 1958 年 2 月 11 日第一届全国人民代表大会第五次会议根据国务院总理周恩来提出的议案，决定将天津由直辖市改为河北省辖市，自此天津划归河北省领导，直至 1967 年 12 月天津市革命委员会成立，两地再次分离。

天津医学院（现在的天津医科大学）7 所高校全部划归天津市。河北省高等院校数量又一次大幅减少，许多学科领域出现空白，高等教育又一次因区划关系变化遭受严重损失。改革开放后，三地区划没有再发生大的变动，河北省在经过最近 30 多年努力后终于重新确立了自己的高等教育体系。

第三章 河北高等教育发展现状

当前的河北高等教育发展概况是制定其未来发展战略的现实内部依据，只有及时了解最新发展状况，全面分析各方面问题，才有可能确定符合实际需要的发展战略。哲学上认为，发展，是指事物由小到大、由弱到强、由低级到高级的运动变化过程。关于高等教育发展，有广义与狭义两种理解，广义上来说，凡是发生在高等教育领域里的一切积极的变化，都可以视为发展，既包括量的增多，也包括质的提升，比如教育理念的转变、资源的获取、目标的实现等。狭义上来说，又有两种观点，传统的观点认为高等教育机构增多、总量扩大就是发展，这是追求速度与规模的外延式发展；现代观点则认为，高等教育要注重协调发展，这是一种强调内涵兼顾外延的发展方式。河北高等教育发展现状是其长期以来累积的结果，无论物质条件还是师资队伍、人才培养等方面都取得了一定成就，成为其今后进一步发展的重要基础。但是，自从20世纪60年代末期京津冀新的区划关系和辖区范围确定后，三地长期处于"各自为政"的状态，河北高等教育发展又因此受到影响，出现了各种问题，并逐步演变为进一步提升的隐患。明白问题所在才能做到有的放矢，依据京津冀一体化的需要和现代发展观，河北高等教育发展不能只关注规模与速度，问题的考察应从规模、结构、质量、效益四方面综合考虑：规模是发展的基本内容，没有规模就没有成效，但如果结构失衡，质量较低，规模越大，社会效益就越差，不是真正意义上的发展，因此区域一体化背景下河北高等教育发展问题的考察这四个方面缺一不可。

第一节 河北高等教育的发展成就

关于河北高等教育发展所取得的成就，河北省教育厅教育科学研究所的宗树兴博士在访谈时认为，河北高等教育具有百余年的历史，在较长的发展过程中不断累积，已取得了一定的成就，尤其是自从 20 世纪 90 年代末高校扩招以来，河北高等教育多项总量指标在大陆 31 个省份中都位居前列，从这一角度讲河北可以被称为是一个高等教育大省，这为其进一步发展奠定了必要的现实基础。

一 河北普通高等院校增长较快，数量较多

高等院校是承担高等教育任务的主要机构，了解高等教育的发展状况首先应从高等院校入手。本书中的普通高等院校指的是实施普通高等学历教育的全日制高等教育机构，数量统计时各大学、独立学院、高等专科院校及高等职业学校等机构均计入校数，但各高校的分校不计校数。图 3—1 是 1999—2012 年高校扩招十多年以来河北普通高等院校的发展变化情况。

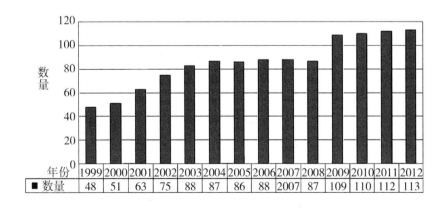

图 3—1 1999—2012 年河北普通高校发展状况（单位：所）

资料来源：河北省人民政府：《河北经济年鉴》，中国统计出版社 2000—2013 年版。

从上图来看，在 14 年的发展过程中，河北高等学校总体上呈不断增长的趋势，其中包括两个增长较快的时期。第一个时期是从扩招开始到 2004 年，高校数量由 48 所增加到 87 所，5 年间增长几近一倍，平均每年新增 8 所高校。这些新增院校主要是因为扩招的需要由部分专科、中专或职业学校升格而来，如邢台学院、邯郸学院、河北金融学院都是由原来的专科升为本科，河北外国语学院的前身则是之前的石家庄外语翻译职业学院。第二个时期是 2007—2008 年度，河北高校数量一年之间从 88 所攀升至 105 所，但这些新增高校并非当年创办的新建院校，而是由之前的独立学院从母体学校中"独立"出来之后所产生的增量。独立学院在创办之初因为依附于母体院校不能被单独统计为学校数量，2008 年教育部颁布《独立学院设置与管理办法》①后，其"独立"性质最终确定下来，始被计入校数。

据最新数据统计，2013 下河北省共有各类高校 118 所，高校数量与安徽、湖南两地并列全国第六，从绝对数量上来说，河北省高校拥有量已远超每省（直辖市、自治区）78.6 所的全国平均数。从各类高等院校数量来看，河北省普通本科高校、高职高专院校和独立学院发展状况均较为良好，表 3—1 为三类院校具体数量及其在全国同类高校中所占的比重。从该表中可以看到，河北省三类高校中有普通高等本科院校 40 所、高职高专院校 61 所、独立学院 17 所，在全国同类院校中所占比重依次为 4.6%、4.8% 和 5.9%，位次分别排在第 9、第 7 和第 4，总体上说处于 31 个省份中比较靠前的位置。

表 3—1　　　　　　2013 年河北各类高等院校数量及比重　　　　　单位：所

项目	普通本科	高职高专	独立学院	合计
河北	40	61	17	118
全国	879	1270	287	2436

---

①《独立学院设置与管理办法》，2008 年 2 月 23 日（http://www.gov.cn/flfg/2008-03/07/content_ 912242. htm）。

续表

项　目	普通本科	高职高专	独立学院	合计
比重（%）	4.6	4.8	5.9	4.8
位次	9	7	4	6

资料来源：《教育部批准的高等学校名单、新批准的学校名单（截至 2013 年 6 月 21 日）》，教育部网站（http://www.moe.gov.cn/publicfiles/business/htmlfiles/moe/moe_ 229/201306/153565.html）。

二　河北高校办学物质条件比较完善

高等教育发展需要诸多必备的办学条件，其中首要的是"硬件"物质基础。对此，教育部根据我国实际情况在 2004 年发布的《普通高等学校基本办学条件指标（试行）》[①] 中列出了具体的基本要求，其中物质条件主要包括教学用地、仪器设备、图书资料等方面。河北高等教育在近几年发展中，多项重要指标都有了不同程度的提高，具备了比较完善的办学条件。下面我们通过对文件发布以后部分年份的统计数据进行分析，来了解一下河北高等教育发展所具备的物质基础，详见表 3—2。

2005 年是教育部普通高校"办学条件"规定颁布的第二年，也是河北省"十五"（2001—2005 年）发展规划结束之年，因此为了能使办学条件得到保障，在之后的省"十一五"（2006—2010 年）和现在的"十二五"（2011—2015 年）规划纲要中，河北省都明确提出要优先发展教育、加大教育投入和加强基础设施建设。所以从表 3—2 中可以看出，经过"十一五"期间的发展，到"十二五"开局之年 2011 年，河北高等教育多项办学条件都得到了明显改善。在校园建设方面，6 年间学校占地、运动场地和校舍建筑面积分别增加了 11214864 平方米、1406988 平方米和 10213063 平方米，增幅为 20.7%、32.3% 和 49.5%；图书资料和教学用计算机分别新增 3712.61 万册和 112095 台，增幅都在 80% 以上；语音实验室和多媒

---

① 《普通高等学校基本办学条件指标（试行）》，2004 年 2 月 6 日（http://www.moe.gov.cn/publicfiles/business/ htmlfiles/moe/moe_ 1887/201006/xxgk_ 88606.html）。

体教室座位分别增加31294个和461547个，前者增幅为68.2%，后者则提高了124.6%；水涨船高，随着各项基础设施的扩充，河北高校固定资产值也从2165927.68万元急剧增长到4208325.74万元，增幅达到94.3%，而其中科研仪器设备资产翻了一番，增加了411786.03万元。

表3—2　　　　　　　　河北普通高等院校办学条件

项　目	2005 年	2011 年	增幅（％）
学校占地面积（平方米）	54064043	65278907	20.7
运动场地面积（平方米）	4357920	5764908	32.3
校舍建筑面积（平方米）	20629859	30842922	49.5
图书资料（万册）	4615.02	8327.63	80.5
教学用计算机（台）	137775	249870	81.4
语音实验室座位（个）	45868	77162	68.2
多媒体教室座位（个）	370353	831900	124.6
固定资产值（万元）	2165927.68	4208325.74	94.3
科研仪器设备资产（万元）	405265.31	817051.34	101.6

资料来源：教育部：《中国教育统计年鉴》，人民教育出版社2006、2012年版。

三　河北高校师资队伍建设总体上达到了全国平均水平

师资力量对高等教育发展至关重要，具有充足的、较高水平的教师队伍是高等教育稳步发展的基本保障，所以考察一个地区师资状况，既要看其数量，更要看其水平。教师数量是否充足主要是通过生师比来判定，高校师资水平高低的衡量则是看其具有高级职称教师的多寡这个重要的指标。

（一）河北高校教师数量达到了规定标准

生师比是指在校生数与专任教师数的比例，它可以反映出高校师资队伍总体状况和人力资源利用情况：如果生师比过高，意味着每一名专任教师所面对的学生数量较多，师资队伍人数较少；如果生师比过低，则表示教师人数充足，师资队伍相对较多，进而造成教师资源的浪费，影响办学效益。在《普通高等学校基本办学条件指标（试行）》中明确规定，各级各类院校（体育、艺术和医学类除外）的生师比均为 18：1。①

图 3—2 为河北省及全国平均普通高等院校生师比，从中可以看出，自 2008 年以来，河北普通高校生师比一直未超过 18：1 的标准，达到了教育部规定的"办学条件"的要求。并且在近年发展中，河北高校生师比也没有出现较低的情况，一直保持在 17 到 18 之间，至 2012 年已经与全国平均水平基本一致。由此可以认为河北在高校教师队伍建设上，既从数量上为河北高等教育发展提供了必要的保障，也没有造成教育资源的浪费。

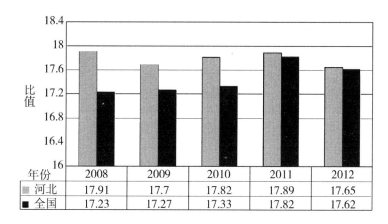

图 3—2　部分年份河北及全国平均普通高等院校生师比（单位:%）

注：教师人数比例＝1。

资料来源：国家统计局：《中国统计年鉴》，人民教育出版社 2009—2013 年版。

（二）师资水平与全国总体一致

表 3—3 为河北高校专任教师职称构成情况。从中可以看到，从 2006 年到 2010 年正高级、副高级和中级职称的人数都有不同程度的增长，分别增加了 2446 人、3438 人和 8368 人；初级职称和无职称的人数在减少，分别减少了 517 人和 394 人。从所占教师比重来看，正高和中级职称教师比例 2010 年比 2006 年分别提高了近 2 个

①《普通高等学校基本办学条件指标（试行）》，2004 年 2 月 6 日（http://www.moe.gov.cn/publicfiles/business/ htmlfiles/moe/moe_ 1887/201006/xxgk_ 88606. html）。

百分点和 7 个百分点，副高职称人数占比有稍微下降（降幅为 0.6%），正高和副高教师合计所占比重 2010 年达到 40.1%。

表 3—3　　2006—2010 年河北省普通高校专任教师职称构成　　单位：人

项　目		2006	2007	2008	2009	2010
正高级	人数	4937	5717	6227	6827	7383
	比例（%）	10.4	10.9	11.3	11.7	12.2
副高级	人数	13532	14919	15180	16061	16970
	比例（%）	28.5	28.4	27.5	27.5	27.9
中级	人数	13954	16092	17950	20171	22322
	比例（%）	29.4	30.7	32.6	34.6	36.7
初级	人数	10851	11569	11769	11108	10334
	比例（%）	22.9	22.0	21.3	19.0	17.0
无职称	人数	4154	4200	3999	4227	3760
	比例（%）	8.8	8.0	7.3	7.2	6.2

资料来源：教育部：《中国教育统计年鉴》，人民教育出版社 2007—2011 年版。

从与全国总体情况比较，2010 年全国具有正高职称的教师（148552 人）和副高职称的教师（377225 人）在教师总数（1343127 人）中所占比重分别为 11.1% 和 28.1%，河北省的这两项对应数据为 12.2% 和 27.9%，两者都与全国平均水平相当；从同类教师比重来看，河北省高校教师（60769 人）占全国教师总数的 4.5%，具有正高职称的教师（7383 人）和副高职称的教师（16970 人）在全国同类教师中的比重分别为 5.0% 和 4.5%，河北高校两类高级职称教师在数量上与教师总数较为协调。

按照《关于新时期加强高等学校教师队伍建设的意见》中关于教师职称所占比例的要求，教授、副教授岗位占专任教师编制总数在教学科研型高校一般为 45%—55%，教学为主的本科高校为 30%—40%，职业技术学院和高等专科学校为 15%—25%。[1] 从总体上来看，河北省高校高级职称教师比重基本上符合这一要求，达到

———————————

① 《关于新时期加强高等学校教师队伍建设的意见》，1999 年 8 月 16 日（http://www.moe.gov.cn/publicfiles/ business/htmlfiles/moe/moe_ 307/200511/12993.html）。

了全国平均水平。

四　人才培养数量持续增长

河北高等教育承担着为本地区和国家建设培养高等专业人才的社会责任，从洋务学堂的年均招收几十人，民国时期的几百人，到现在每年招收、毕业几十万人，河北高等教育一百多年来为国家建设和社会发展培养了大批人才，并且这一数量仍在不断增长。尤其是自高校扩招以来，河北高等教育所培养的人才总量快速持续上升，下面我们通过近年招生人数、在校生人数和毕业生人数变化情况来对此进行分析。

图3—3为1999年至2012年河北高校招生统计图。如图所示，1999年扩招以来，河北高校每年招生增长人数多以万计，2004年和2006年新增人数都超过了40000人，2008年之前一直呈快速增长态势，年均增长率达到17.9%。2009年之后，随着河北中等教育阶段入学人数不断降低，高等教育适龄人口数量在逐年减少，应届考生和社会考生人数都持续走低，再加上升学渠道多元化等因素，河北高考报名人数连续下降，高校招生人数才逐渐稳定，2011年之前4年平均增长率为1.9%。2012年招生人数342541人，比前一年略有下降，但仍在全国排名第七。

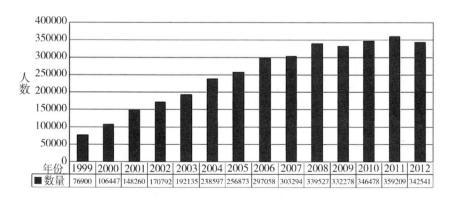

图3—3　1999—2012年河北高等教育招生人数状况（单位：人）

资料来源：河北省人民政府：《河北经济年鉴》，中国统计出版社2000—2013年版。

图3—4为扩招以来河北高等教育在校生变化情况。从图中可以看出，在校生人数随着招生人数的增长同步升高，与高校变化相同并且也存在两个数量激增时期。在1999年到2005年扩招的前7年，在校生人数从180700人迅速上升至789792人，增长了3倍多，年平均增长率为27.9%；2006年因国家宏观调控在校生小幅增长，但随之而来的高职院校大量创办，2008年又出现一个增长高峰，增长率达到了10.8%，当年河北高等教育在校生人数突破100万。近两年随着基础教育人数减少，河北高校的在校生人数才逐渐有所缓和，但2012年新增人数依然接近2万人，在校生总数达到1168796人，在31个省份中排名前七。

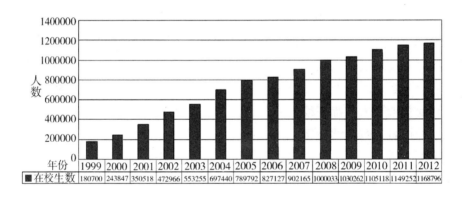

图3—4　1999—2012年河北高等教育在校生人数状况（单位：人）

资料来源：河北省人民政府：《河北经济年鉴》，中国统计出版社2000—2013年版。

图3—5是扩招以来河北高等教育每年毕业生人数情况。毕业生人数是高等教育每年为社会实际培养和输送人才的数量，是高等教育为经济社会发展所做贡献的重要标志之一。从总体上看，河北高校历年毕业生人数与招生数、在校生数呈线性关系，从扩招后2002年的第一届毕业生开始呈快速上升趋势，2008年后逐渐趋缓，但仍逐年增加，14年间平均增长率达到17.3%。2012年河北高等教育毕业生总数达到315800人，是1999年高校扩招时的8倍，在全国位居第六位。

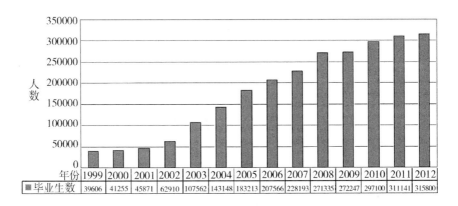

图 3—5　1999—2012 年河北高等教育毕业生人数状况（单位：人）

资料来源：河北省人民政府：《河北经济年鉴》，中国统计出版社 2000—2013 年版。

第二节　河北高等教育发展中的问题

河北高等教育在长期发展中取得了一定的成就，为今后发展积累了必备的物质条件和师资队伍基础，但在近些年的发展过程中也出现了各种问题，目前正严重制约着河北高等教育的健康发展和进一步提升，这些问题涉及河北高等教育发展的各个方面。下面我们主要从规模、结构、质量和效益四个维度入手，依据可量化、可操作性的原则，选取主要指标，对河北高等教育发展过程中所存在的问题进行探析，以为其战略的确定提供有价值的信息。

一　河北高等教育规模相对较小

高等教育规模是指一个国家或地区高等教育的总体容量，高等教育规模的衡量可以采用各种指标。从前文的高校总数、学生总数和教师总数等指标来看，河北高等教育绝对规模较大，在全国位居前列，由此可以判定河北已是一个高等教育大省。但正如访谈过程中有研究人员所说，河北要成为一个高等教育强省还有很长的一段路要走，即使仅从规模上看，也相对较小，远未能满足人们对高等教育的需求，还有待进一步发展扩充。如何理解高等教育大省规模却相对较小的问题，下面通过分析每百万人口高校数、每十万人口在校生数、高等教育毛入学率等指标，来了解一下河北高等教育规模上所存在的问题。表3—4是河北高等教育规模部分指标在全国的位次情况。

表3—4 　　　　　　河北高等教育规模部分指标在全国位次

地 区	每百万人口高校数（所）	位次	每十万人口在校生数（人）	位次	毛入学率（%）	位次
北京	4.30	1	5534	1	59.0	3
天津	3.89	2	4358	2	60.0	1
上海	2.81	3	3481	4	60.0	1
辽宁	2.55	4	2811	7	43.5	5
宁夏	2.47	5	2107	18	25.1	17
陕西	2.42	6	3525	3	31.0	9
福建	2.29	7	2301	12	25.0	18
湖北	2.11	8	3078	5	30.4	10
山西	2.08	9	2351	11	28.1	12
吉林	2.07	10	2889	6	35.0	7
黑龙江	2.06	11	2441	10	33.9	8
重庆	2.04	12	2734	9	30.0	11
安徽	1.97	13	2101	19	24.3	23
江西	1.95	14	2295	13	25.5	16
西藏	1.95	15	1508	29	23.4	26
江苏	1.93	16	2786	8	42.0	6
内蒙古	1.93	16	2042	23	23.1	27
海南	1.92	18	2218	16	24.0	24
浙江	1.86	19	2288	14	45.0	4
湖南	1.82	20	2087	20	25.0	18
新疆	1.75	21	1596	27	24.9	22
甘肃	1.63	22	2145	17	22.0	28
青海	1.57	23	1133	31	27.4	15
河北	1.55	24	2063	22	25.0	18
广西	1.49	25	1834	26	19.0	31
云南	1.42	26	1566	28	20.0	29
贵州	1.41	27	1392	30	20.0	29

续表

地区	每百万人口 高校数（所）	位次	每十万人口 在校生数（人）	位次	毛入学率 （%）	位次
山东	1.40	28	2238	15	28.0	13
广东	1.29	29	2082	21	28.0	13
河南	1.28	30	2012	25	23.7	25
四川	1.23	31	2037	24	25.0	18
全国	1.80		2335		26.5	

注：每百万人口高校数、每十万人口在校生数为 2012 年数据，毛入学率为 2010 年数据。

资料来源：1. 国家统计局：《中国统计年鉴 2013》，中国统计出版社 2013 年版。2. 各省市区"2010 年国民经济和社会发展统计公报"、"2010 年教育事业发展统计公报"及"国民经济和社会发展十二五规划"及相关新闻报道。

　　每百万人口高校数可以反映出本省高校相对拥有量，一般来说人口规模越大，高校拥有量也相应较多，反之亦然，两者成正比关系，而且只有达到合理的比例关系才能既可以提供较为充足的高等教育机会，同时也不会造成教育资源的浪费。在表 3—4 中，人口与学校数量均是 2012 年数据，河北省当年常住人口为 7288 万人，普通高等院校数量为 113 所，每百万人口拥有的高校数量为 1.55 所。从全国总体情况来看，2012 年全国每百万人口高校数为 1.80 所，河北要达到这一平均水平，还需要创办 18 所高校；从各省排名情况来看，河北这一指标在大陆 31 个省份中排名第 24 位，即倒数第六位，这与其人口总量全国前六的位次形成极大反差。由此可以看出，河北高校绝对数量虽然较多，但相对于人口总量来说仍明显不足。

　　每十万人口在校生数可以表示出当前高等教育人才培养的相对规模，该项指标越高，说明高等教育相对规模越大，相反则意味着越小。2012 年河北每十万人口在校生数为 2063 人，还没有达到 2335 人的全国平均水平，排名也较靠后，名列第 22 位。这说明虽然河北高等教育在校生绝对人数较多（2012 年为 1168976 人，排在全国第七位），但面对庞大的人口规模，依然非常有限。这一数据同时也反映出目前河北省所培养的高等专业人才，在总人口中所占比例较低，对经济社会发展来说是一个不利的制约因素。

高等教育毛入学率，是指高等学校注册生（即在校生）人数在适龄人口数中所占的比例，各省区高等教育毛入学率即为本省生源高等教育在学人数与省籍适龄人口数之比，适龄人口以国际通行的年龄段为标准，即涵盖18—22岁五个年龄段。高等教育毛入学率是衡量高等教育相对规模和教育机会的重要指标，同时反映着高等教育的发展水平，美国学者马丁·特罗根据毛入学率的高低，把高等教育划分为精英阶段（15%以下）、大众阶段（15%—50%）、普及阶段（50%以上）三个层次。[①] 2010年河北省"十一五"规划结束时，河北高等教育毛入学率为25%，排在第18位，已经进入大众化阶段，这也是高校扩招以来河北高等教育发展所取得的一大成就。但从全国来看，这一速度依然落后于全国平均水平26.5%，说明目前河北高等教育规模所能提供的教育机会还非常有限，还不能完全满足人们接受高等教育的需求。

二 河北高等教育结构不合理

高等教育结构，是指高等教育系统内部各要素的构成状态，可以分为宏观结构与微观结构，宏观结构指整个高等教育系统的构成，主要有层次结构、科类结构、形式结构、布局结构等；微观结构指高等学校内部的教育结构。[②] 本书以河北高等教育发展战略为研究对象，所以重点关注其宏观结构发展中存在的各种问题。

（一）河北高等教育科类结构失衡，与社会需求脱节

科类结构是指各科类之间学生人数的比例关系，它决定着高等教育所培养的各类人才的多寡，与社会分工及职业变化有着密切的关系，直接影响到社会各部门高等专业人才的构成。按照教育部《普通高等学校本科专业目录（2012年）》[③] 中的分类，目前我国本科层次教育共包括12个学科门类，即哲学、经济学、法学、教育

---

① 马丁·特罗：《从精英到大众再到普及高等教育的反思：二战后现代社会高等教育的形态与阶段》，徐丹、连进军译，《大学教育科学》2009年第3期，第5—24页。

② 潘懋元：《新编高等教育学》，北京师范大学出版社2003年版，第128、134页。

③ 《普通高等学校本科专业目录（2012年）》，2012年10月12日（http://www.moe.edu.cn/publicfiles/business/html files/moe/s3882/201210/143152.html）。

学、文学、历史学、理学、工学、农学、医学、管理学和艺术学。在专科层次，2004 年教育部制定发布了《普通高等学校高职高专教育指导性专业目录（试行）》①，专业划分、教学管理等以岗位群或行业为主，但 19 个专业大类与本科 12 个学科门类相衔接，形成对应关系。

表 3—5　　本科层次学科门类与专科层次专业大类对应关系

本科层次	专科层次	本科层次	专科层次
医　学	医药卫生类	管理学	旅游类，公共事业类，财经类
法　学	公安类，法律类	艺术学	艺术设计传媒类
教育学	文化教育类	工　学	交通运输类，生化与药品类，水利类，资源开发与测绘类，材料与能源类，土建类，制造类，电子信息类，环保、气象与安全类，轻纺食品类
农　学	农林牧渔类		

资料来源：根据教育部颁布的《普通高等学校本科专业目录（2012 年）》和《普通高等学校高职高专教育指导性专业目录（试行）》整理。

在本书中为便于比较分析，统一以本科层次的 12 个学科为基本分类，将专科层次的 19 个专业大类分别划归到相关学科类别中。各学科具体对应情况见表 3—5。另外，关于艺术学科，虽然 2012 年之前归于文学门类下，但其一直作为独立学科存在，为了能够更加真实地反映出不同性质学科的发展状况，故按照教育部最新学科分类标准对历年艺术学科进行单独统计；至于军事学科，因为目前只有研究生层次才设置，本、专科均无此分类，所以不在本书统计范围之内。

在经过分类整理后统计发现，河北高等教育学科结构存在严重失衡的问题，主要表现在各学科人数差距较大，与国民经济发展不完全相适应。

首先来看河北高等教育学科结构失衡状况，主要从其招生人数

---

① 《普通高等学校高职高专教育指导性专业目录（试行）》，2004 年 10 月 22 日（ht-tp：//www. moe. gov. cn/publicfiles/ business/htmlfiles/moe/s3877/201010/xxgk_ 110109. html）。

和在校生人数两方面来分析。表3—6为2008—2012年河北省高等教育各学科门类招生人数及比例。从表中5年情况来看，河北高等教育各学科招生人数及所占比重存在明显较大差异。其中工学的招生人数最多，每年都在10万人以上，所占比重也最大，2011年占比甚至接近40%；其次是管理学和医学，两个学科年均招生人数分别稳定在7万与3万多人，占比达到20%和10%以上；文学、教育学、艺术学年均招生都在2万人左右，经济学、法学、理学在1万人左右；历史学和哲学是历年招生中最少的两个学科，前者不到1000人，后者只有100多人，两者相加所占比重也不到0.3%。

表3—6 2008—2012年河北省高等教育各学科门类招生数及比例

单位：人

项 目		2008	2009	2010	2011	2012
工学	人数	127967	122605	130055	144669	135189
	比例（%）	36.70	35.85	36.56	39.01	38.13
管理学	人数	70847	71354	76845	78061	76687
	比例（%）	20.32	20.87	21.60	21.05	21.63
医学	人数	35193	35619	38085	38963	36696
	比例（%）	10.09	10.42	10.70	10.51	10.35
文学	人数	25143	24337	22758	14439	15132
	比例（%）	7.21	7.12	6.40	3.89	4.27
教育学	人数	20585	17154	16873	27798	26159
	比例（%）	5.90	5.02	4.74	7.49	7.38
艺术学	人数	18896	20190	21447	23989	21775
	比例（%）	5.42	5.90	6.03	6.47	6.14
经济学	人数	15541	16193	17045	10981	10644
	比例（%）	4.56	4.74	4.79	2.96	3.00
理学	人数	14039	14532	14732	14776	15012
	比例（%）	4.03	4.25	4.14	3.98	4.23
法学	人数	12155	11677	10069	9136	8965
	比例（%）	3.49	3.41	2.83	2.46	2.53
农学	人数	7361	7232	6863	6988	7386
	比例（%）	2.11	2.11	1.93	1.88	2.08

续表

项　目		2008	2009	2010	2011	2012
历史学	人数	804	931	867	972	812
	比例（%）	0.23	0.27	0.24	0.26	0.23
哲　学	人数	147	139	134	124	106
	比例（%）	0.04	0.04	0.04	0.03	0.03

资料来源：河北省人民政府：《河北经济年鉴》，中国统计出版社 2009—2013 年版。

　　5 年间河北高等教育各学科招生人数及所占比重变化情况也有所不同，从招生人数增减幅度看，2012 年比 2008 年招生人数增加的学科有工学、管理学、医学、教育学、艺术学、理学、农学和历史学，其中增幅最大的前三个学科依次是教育学（增加 5574 人，增长 27.1%）、艺术学（增加 2879 人，增长 15.2%）和管理学（增加 5840 人，增长 8.2%）；其他四个学科招生人数都有所减少，其中文学（减少 10011 人，降低 39.8%）、经济学（减少 4897 人，降低 31.5%）和法学（减少 3190 人，降低 26.2%）招生人数变化比较明显。从各学科招生人数所占比重上看，自 2008 年以来总体呈增长趋势的有工学、管理学、教育学、医学、艺术学和理学，其中比重提高最大的为教育学（增幅为 1.48%）；文学、经济学、法学、农学、哲学等学科招生人数所占比重则均有不同程度的下降，其中降幅最大的是文学，5 年间连续 3 年走低，到 2012 年（比重为 4.27%）已比 2008 年（比重为 7.21%）下降了近 3 个百分点。

　　从在校生情况来看，河北高等教育各学科人数及所占比重与招生人数情况类似，都存在极大差异。表 3—7 为 2008 到 2012 年河北省高等教育各学科在校生人数及所占比重。从表中可以看出，5 年中工学、管理学一直都是人数最多的两个学科，之后按照 2012 年数据来排列依次是医学（131604 人）、教育学（79790 人）、艺术学（73042 人）、理学（54354 人）、文学（54256 人）、经济学（39463 人）、法学（31662 人）和农学（22902 人），历史学和哲学则依然为人数最少的两个学科。从各学科在校生所占比重变化情况来看，5 年间总体呈增长趋势的为工学、管理学、教育学、医学和艺术学，其中工学比重提高幅度最大，提高了近 2 个百分点；经济学、法学和文学所占比重呈下降趋势，文学在校生人数比重下降最为明显，接近 3 个百分点。

表 3—7　2008—2012 年河北省高等教育各学科在校生人数及比例

单位：人

项　目		2008	2009	2010	2011	2012
工 学	人数	375151	387782	415690	459019	464246
	比例（%）	36.60	36.69	36.68	38.80	38.55
管理学	人数	196463	204549	232255	240105	249534
	比例（%）	19.17	19.35	20.50	20.30	20.72
医 学	人数	108952	115065	120552	127360	131604
	比例（%）	10.63	10.89	10.64	10.77	10.93
文 学	人数	74908	77224	79466	53145	54256
	比例（%）	7.31	7.31	7.01	4.49	4.50
教育学	人数	59552	52305	51796	81498	79790
	比例（%）	5.81	4.95	4.57	6.89	6.62
艺术学	人数	50431	55485	63653	70143	73042
	比例（%）	4.92	5.25	5.62	5.93	6.06
理 学	人数	46883	49866	52721	53941	54354
	比例（%）	4.57	4.72	4.65	4.56	4.51
经济学	人数	46844	50783	54477	38631	39463
	比例（%）	4.57	4.80	4.81	3.27	3.28
法 学	人数	40037	37747	36876	33362	31662
	比例（%）	3.91	3.57	3.25	2.82	2.63
农 学	人数	22789	22831	22239	22144	22902
	比例（%）	2.22	2.16	1.96	1.87	1.90
历史学	人数	2635	2890	3022	3232	3149
	比例（%）	0.26	0.27	0.27	0.27	0.26
哲 学	人数	426	444	447	423	377
	比例（%）	0.04	0.04	0.04	0.04	0.03

资料来源：河北省人民政府：《河北经济年鉴》，中国统计出版社 2009—2013 年版。

从在校生人数增减幅度上看，河北高校中 2012 年比 2008 年人数增多的学科包括工学、管理学、医学、教育学、艺术学、理学、农学和历史学，其中增幅最大的前三个学科依次是艺术学（增加

22611 人，增长 44.8%）、教育学（增加 20238 人，增长 34.0%）和管理学（增加 53071，增长 27.0%）；其他四个学科的在校生人数有不同程度的减少，其中文学（减少 20652 人，降低 27.6%）、法学（减少 8375 人，降低 20.9%）和经济学（减少 7381 人，降低 15.8%）变化比较明显。

其次来对河北高等教育结构与经济发展的适应情况进行分析。高等教育科类结构决定着各类人才的培养规模，科类结构是否合理主要看其与区域社会需求的契合度如何，[①] 这里的社会需求是指产业结构调整对劳动力所提出的要求，契合度即为高等教育培养的专业人才与产业结构需要的劳动力之间供求关系的平衡程度。产业结构在我国一般按三次产业划分为三类，第一产业是农业，包括种植业、林业、牧业和渔业；第二产业为工业，包括采掘业、制造业、电力、煤气、建筑业；第三产业即除第一、第二产业以外的其他行业，主要包括流通部门和服务部门中的各种行业。[②] 表 3—8 为 2008 年到 2012 年河北省三次产业就业人员数量及构成变化情况。

表 3—8　2008—2012 年河北省三次产业就业人员数量及构成

单位：万人

项　目		2008	2009	2010	2011	2012
第一产业	就业人数	1481.37	1479.22	1464.21	1439.63	1426.27
	比例（%）	39.76	39.00	37.88	36.33	34.91
第二产业	就业人数	1170.06	1203.36	1250.85	1319.83	1400.79
	比例（%）	31.41	31.73	32.36	33.31	34.28
第三产业	就业人数	1074.23	1109.91	1150.08	1202.96	1258.68
	比例（%）	28.83	29.27	29.76	30.36	30.81

资料来源：河北省人民政府：《河北经济年鉴》，中国统计出版社 2009—2013 年版。

根据表 3—8 的数据可以认为，河北省高等教育学科结构与产业结构并不完全相适应。作为农业大省，河北第一产业从业人员最多，

① 刘国瑞：《区域高等教育可持续发展论纲》，辽宁人民出版社 2006 年版，第 202 页。
② 杨德勇、张宏艳：《产业结构研究导论》，知识产权出版社 2008 年版，第 5 页。

尽管近年略有下降，但一直保持在 1400 万人以上，目前所占比重依然最多，达到 1/3 强，但河北高等教育农学招生人数及比例、在校生人数及比例四项数据都曾连年减少，2012 年在校生人数所占比重不到总数的 2%，只有 20000 余人，与 1400 多万的就业人员相比可谓"微乎其微"。河北省第二产业发展迅速，就业人数 5 年间增加了 230.73 万人，增幅为 19.7%，所占比重上升近 3 个百分点，现在已占到 34.28%，与其直接相关的工学类在校生比例为 38.55%，两者比较接近，但在具体专业设置中存在与实际需求脱节的结构性失衡问题，这也是导致工学类招生波动较大的原因之一。第三产业行业众多，种类庞杂，近年来也有较快增长，2012 年（1258.68 万人）较 2008 年（1074.23 万人）增加 184.45 万人，增长了 17.2%，目前从业人员已占近 1/3 的比例，一些新兴行业如信息传输、商务服务、现代物流等发展迅速，尤其是随着工业的发展，生产服务性行业在第三产业中的比重越来越大，二、三产业正逐渐融合发展，这些领域的人才需求将进一步增加，但目前一些相关学科如经济学、法学等却出现人数下降趋势。

（二）区域结构严重不均衡

高等教育区域结构是指一定范围内各级各类高等教育机构的分布情况，它既指区域高等教育在一定时期内相对稳定的构成状态，又能通过连续几年数据的分析反映出发展中的动态变化过程。引起高等教育区域结构发生变化的原因有多种，常见的有高校新建、合并、迁移、撤销等。如前所述，河北高等教育区域布局在历史上曾经几次调整，既有跨行政区域的大范围变动，也有各市区内小范围的局部微调。在近年高等教育大众化发展过程中，河北各地区仍不断有新建院校出现，或者原有院校因各种情况停办，各市区高校数量增减不定，高等教育区域结构依然在持续变化中。就目前情况来看，河北高等教育在区域结构上的问题主要表现为各地区高等教育的不均衡发展。下面以河北省辖市行政区域为单位，对近年来河北省高等教育区域结构的发展演变进行分析，具体数据见表 3—9。

表 3—9　　　　2009—2013 年河北高等教育区域布局变化　　　单位：所

校 址	2009	2010	2011	2012	2013
石家庄	39	39	40	42	44
保定	14	14	14	14	16
廊坊	10	11	12	12	12
唐山	10	9	9	9	9
沧州	7	7	7	7	8
秦皇岛	6	6	6	6	6
张家口	4	4	4	4	5
承德	4	5	5	5	5
邯郸	7	7	7	6	5
邢台	4	4	4	4	4
衡水	2	2	2	2	2
天津	2	2	2	2	2
总计	109	110	112	113	118

资料来源：1. 河北省人民政府：《河北经济年鉴》，中国统计出版社 2009—2013 年版。2.《教育部批准的高等学校名单、新批准的学校名单（截至 2013 年 6 月 21 日）》，教育部网站（http：//www. moe. gov. cn/publicfiles/business/htmlfiles/moe/moe_ 229/201306/153565. html）。

该表为 2009 年到 2013 年河北高等教育区域布局变化情况。正如该表所显示，自 2009 年以来，河北省新增高校 9 所，但各省辖市高等教育发展状况不同，其中 6 市的高校数量有不同程度的增长，具体增幅情况是：石家庄 5 所，保定 2 所，廊坊 2 所，沧州、张家口、承德三市各 1 所；2 个市的高校数量有所下降，分别是唐山减少 1 所（原有河北理工大学与华北煤炭医学院合并成立河北联合大学），邯郸减少 2 所（河北劳动关系职业学院搬迁至石家庄，石家庄外国语职业学院 2013 年被责令整改）；秦皇岛、邢台、衡水 3 个市的高校数量没有变化。

下面我们根据 2013 年数据绘制河北省各市高校拥有量比例图（见图 3—6），以对河北高等教育区域布局的最新状态进行分析。2013 年河北省 11 个省辖市共有普通高等院校 118 所，平均每市高校拥有量为 10.7 所，结合图 3—6 中的比例数据，我们可以把河北省 11 市分为三种类型：高校密集区、较为集中区与相对稀疏区。

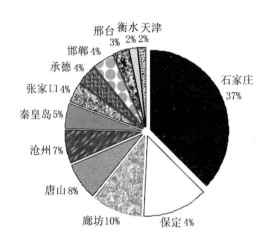

图 3—6　2013 年河北省各省辖市高校所占比例

资料来源：1. 河北省人民政府：《河北经济年鉴》，中国统计出版社 2009—2013 年版。2. 《教育部批准的高等学校名单、新批准的学校名单（截至 2013 年 6 月 21 日）》，教育部网站（http：//www. moe. gov. cn/publicfiles/business/htmlfiles/moe/moe ＿ 229/201306/153565. html）。

高校密集区即为石家庄市，该市以全省 10.7% 的面积、17.5% 的人口和 16.9% 的地区 GDP，拥有 37% 的高等院校，各级各类高校共计 44 所，成为河北省高校密度最大的区域；较为集中区包括保定和廊坊，两市高校拥有量（各为 16 所和 12 所）略高于平均数，所占比例分别为 14% 和 10%；其他 8 个市属于相对稀疏区，当然这些地区的高校数量也有一定差异，比如唐山的高校数量（9 所）接近市均拥有量，而数量最少的衡水只有 2 所（新升本科的衡水学院和专科层次的衡水职业技术学院），但这些地区的高校拥有量都未达到全省平均水平，相较于前两类区域来说总体上密度较小。

通过以上数据可以看出，河北省高等教育区域布局呈现中心凸出、周边骤降的状态，具有严重的不均衡性。高校密集的石家庄"一市独大"，成为河北高等教育的中心和凸出高地，不但高校数量占有绝对优势，甚至对有些类型的高等教育资源在一定程度上构成了"垄断"，如河北省现在重点建设的骨干大学有10所，其中的一半（河北师范大学、河北经贸大学、河北科技大学、河北医科大学、石家庄铁道大学）都位于石家庄，18所民办院校中有14所创办或后迁至该市。这一"高地"的周边地区，高等学校的数量出现明显的落差，即使在高校较为集中的保定与廊坊两市，高校数量之和（28所）尚不及石家庄一市，稀疏区域8市的高校总和（46所）才与之相当。

高等教育区域布局结构的变化和形成涉及许多因素，通常包括区域高等教育历史基础、经济社会发展水平及相关高等教育政策等。虽然石家庄的高等教育发展历史与保定、唐山等地比较相对较短，但因为其有省会城市的政治优势，又是本省的经济、文化、信息中心和交通枢纽，自然成为高等院校汇聚之处。而邯郸、衡水等地高等教育基础较为薄弱，经济社会条件有限，因此高等教育发展相对缓慢。对于区域经济社会发展来说，高校数量过多与过少都不是正常现象，如果一地的高校拥有量超过一定限度，则会导致办学空间不足，各种资源负担过重，不利于区域高等教育的长远发展；高校数量过少，人才培养的数量与规格都有限，难以满足人们对接受高等教育的需求和经济社会发展对多样化人才的需要。因此，在调整高等教育区域布局时，既要考虑到经济、政治、文化基础良好地区能为高等教育发展所提供的必要条件，同时也要看到高等教育对于落后地区的重要性，这些地区经济社会的发展同样需要有充足的智力支撑。

（三）层次结构仍需优化

河北高等教育层次结构包括专科教育、本科教育与研究生教育三个层次。专科层次教育的学习年限现在多为3年，包括高等专科教育和高等职业教育两类，即通常所说的高职高专教育，主要以实用技能型人才为培养目标，专业设置与经济社会发展需求联系紧密，课程内容注重实践性。本科层次教育学制一般为 4 年，所培养的人才既要掌握系统的基本理论和基础知识，又要具有从事本专业实际工作所需的必备基本技能及初步的科研能力。研究生层次教育包括硕士研究生和博士研究生两个亚层次，修业年限均为 3—4 年，作为高层次专门人才，取得硕士学位者应达到掌握扎实的理论基础和较强科研能力的要求，博士研究生毕业要具有坚实宽厚的理论基础、高深的专业知识以及独立从事科学研究的能力。

自 2008 年以来，河北省高等教育层次结构已经发生了明显的变化，由金字塔形逐渐转变为纺锤形。2010 年之前，处于三角形底部的专科层次总体数量最大，其次是中间的本科层次教育，顶部的研究生层次人数最少；2010 年之后，本科生的招生人数所占比例与专科生相差无几，在校生人数已超过专科生，而专科层次招生和在校生比例均在不断下降，总体规模呈减小态势。详细数据见图 3—7 和图 3—8。

图 3—7 为 2008 年至 2012 年河北高等教育各层次招生人数变化情况。从招生人数方面来看，2008 年河北省专科、本科、研究生三个层次的招生人数分别为 204735 人、134792 人和 9234 人，占当年招生总数的比例依次为 58.7%、38.6% 和 2.6%，之后历年的专科层次招生人数虽忽高忽低，但招生规模总体上在不断缩减，本科和研究生两个层次的招生人数在逐年增加。至 2012 年，三层次的招生人数分别为 175632 人、166719 人和 12338 人，对应比例为 49.5%、47.0% 和 3.5%。由此看出，河北高等教育专科层次招生数基本上呈下降趋势，本科与研究生层次则逐渐上升，2012 年专科与本科层次招生人数已经非常接近，相差不到 1 万人。从增减幅度来看，增幅最大的为研究生层次，2012 年比 2008 年招生人数上升了 33.6%；其次是本科层次，增幅为 23.7%；专科生则下降了 14.2%。

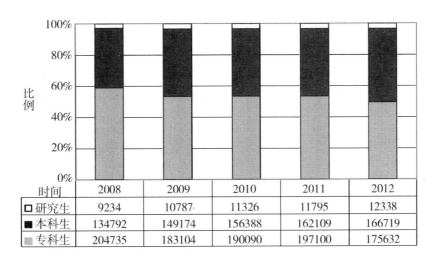

时间	2008	2009	2010	2011	2012
□研究生	9234	10787	11326	11795	12338
■本科生	134792	149174	156388	162109	166719
▨专科生	204735	183104	190090	197100	175632

图3—7 2008—2012年河北省高等教育各层次招生人数及比例（单位：人）

资料来源：河北省人民政府：《河北经济年鉴》，中国统计出版社2009—2013年版。

图3—8为2008年到2012年河北省各层次高等教育在校生人数情况。如图中数据显示，河北省高等教育各层次在校生人数在5年间都有不同程度的增加，其中研究生在校生人数仍然增长最快，增幅为42.3%，其次是本科生35.9%，专科生只增长了0.8%。各层次在校生规模方面，2008年河北省专科、本科、研究生三层次在校生人数分别是542036人、457997人和25261人，所占在校生总数比例依次为52.9%、44.7%和2.5%，随着专科招生人数不断下降和其他两个层次招生人数的增加，到2011年本科生在校生人数已超过专科层次，之后差距继续扩大，至2012年专科、本科、研究生在校生分别是546167人、622629人和35934人，对应比例为45.3%、51.7%和3.0%。经过长期的努力，河北高等教育层次结构终于完成了从金字塔形到纺锤形的演变。

高等教育层次结构决定着各种规格人才培养的规模与比例，合理的层次结构，将会为社会提供数量适中的各种人才，能较好地解决其中的供给与需求关系，对高等教育本身和经济社会发展都有促进作用；如果层次结构失衡，人才培养与社会需求脱节，一方面会导致某一层次人才过剩，竞争加剧进而出现就业难现象，另一方面则会因"适销

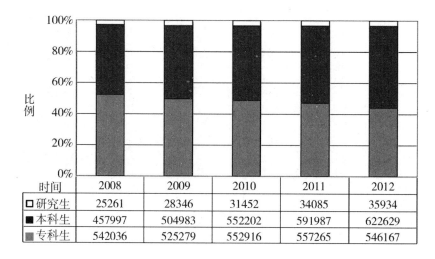

时间	2008	2009	2010	2011	2012
□ 研究生	25261	28346	31452	34085	35934
■ 本科生	457997	504983	552202	591987	622629
▨ 专科生	542036	525279	552916	557265	546167

图 3—8　2008—2012 年河北省高等教育各层次

在校生人数及比例（单位：人）

资料来源：河北省人民政府：《河北经济年鉴》，中国统计出版社 2009—2013 年版。

不对路"存在部分用人单位无合适人才可招的情况，最终结果是高等教育与经济发展"两败俱伤"。河北高等教育层次结构应为金字塔形、纺锤形还是其他形状，不是高等教育系统自身所能决定的，2003 年《世界教育报告》曾以人均收入为依据把发达国家工业化进程划分为四个阶段，并对人力结构特征、高等教育结构层次和人才培养模式进行分析：人均收入 300 美元以下时为第一个阶段，国家处于轻工业化时期，人力结构为劳动密集型，高等教育以技工、中专和大专为主，培养实用型人才；人均收入在 300—1500 美元时国家进入重工业化阶段，高等教育以职技、大专和本科为主，培养实用型、职业型和技术型人才；人均收入在 1500—10000 美元时，国家进入高度工业化时期，需要大量技术型、知识型人才，高等教育以本科和硕士为主；当人均收入达到 10000 美元以上时，经济社会进入高技术附加值时期，高等教育包括本科、硕士、博士等层次，主要培养知识型、研究型人才。①

---

① 参见金利娟、刘星期、曹丹丹《教育浪费与高等教育改革实证研究》，《统计教育》2006 年第 1 期，第 13—17 页。

根据《中国统计年鉴 2013》可知，河北省 2012 年人均收入为 36584 元，约为 5800 美元，① 处于高度工业化加速发展阶段，应重点发展本科和研究生层次高等教育。从目前情况来看，河北各层次高等教育在全国同层次教育中所占比例存在一定差异，专科占比为 5.7%，本科为 4.4%，研究生为 2.1%，专科所占比重与河北省人口、经济规模（分别为全国的 5.4% 和 5.1%）基本一致，本科所占比重偏小，研究生层次差距较大。因此，虽然河北省现在的本科招生数和在校生数总体规模已超过专科，研究生发展也较为迅速，但由于基数较小，尚不能完全满足河北作为人口与经济大省的未来发展需求，高等教育层次结构还需要进一步优化。

（四）河北高等教育形式结构未达到最佳状态

根据高校办学主体的不同，高等教育形式结构可分为公办与民办两种类型，前者是由政府财政拨款，后者则是利用非国家财政性经费。其中民办高等教育中又包括两类性质不完全相同的院校，即具有独立建制的民办普通高等学校和并未完全"独立"的独立学院。因此，本书把 2008 年以来的河北普通高等院校在形式结构上按办学主体分为两种三类：两种分别为公办性质高校和民办性质高校，三类包括公办高校、独立建制的民办高校（下称"民办高校"）和具有民办性质的独立学院。河北高等教育形式结构在发展中存在的问题主要有以下两方面：

1. 独立学院转制效果不佳影响河北民办高等教育整体发展

独立学院作为公办高校与国家机构以外的社会组织或个人合作举办的高等教育机构，由于申请者是公办高校，从这一层面来说这类院校原属"公办民助"而非"民办公助"，但从决定学校性质的关键因素办学经费层面来看，独立学院的办学经费不是来自国家财政拨款而是利用民办机制通过各种方式筹集，学费标准及相关管理也都是参照民办院校的有关规定，所以 2008 年《独立学院设置与管理办法》中强调了独立学院的民办性质，并为其规定了 5 年过渡期

---

① 《中国统计年鉴 2013》，2014 年 1 月 23 日（http://www.stats.gov.cn/tjsj/ndsj/2013/indexch.htm）。

（2008—2013 年）后的几种"出路"：继续以独立学院形式存在、转办为完全的独立建制民办高校、撤销或合并到其他民办院校。因此从 2008 年开始，独立学院在高等教育统计中开始被计入民办院校数量。但实际上这些独立学院并没有完全与之前的母体高校脱离关系，从教育部 2013 年 5 月份公布的高校名单中可以看出，在这过渡期的最后一年，原有的 300 多所独立学院中有 287 所仍以依附于母体高校的"独立学院"的形式存在，改设为完全独立建制民办普通高校的数量极少。①

从河北省情况来看，该省 2008 年共有独立学院 18 所，在 5 年过渡期中只有北京化工大学北方学院一所院校改制为独立建制的民办高校（即现在的燕京理工学院），其他 17 所仍然依附于母体高校，没有完全"独立"出来。目前河北省独立学院的拥有量在全国各省市区中位居第四，排在湖北（26 所）、江苏（25 所）、浙江（22 所）之后，数量较为可观。然而，数量如此之多的高等教育机构在定性与实际办学行为中存在明显的不一致问题，将对河北民办高等教育整体发展带来影响，因为尽管独立学院也是利用社会资本举办高等教育的一种方式，但它借助母体院校的声誉与其他独立建制的民办院校进行竞争，这其中具有极大的不公平性，对后者的生存空间构成了严重威胁，非常不利于民办高等教育整体与长远发展。表 3—10 为 2008—2013 年河北公办与民办性质高校数量变化情况。

从表 3—10 中可以看出，2008 年以来河北的公办和民办高等教育都有不同程度的发展，但后者明显落后于前者，仅从学校数量上来说，几年间河北公办院校由 73 所增加到 83 所，新增 10 所，增长了 13.7%；民办性质的院校总量增加到 35 所，只增加了 3 所，增长幅度为 9.4%。而且公办高校是呈持续增长态势，民办高校数量则从 2009 年起连续 4 年都没有变化，2013 年 2 所新增高校中，有 1 所（即燕京理工学院）是从独立学院专设而来的，从中可以看出河北民

---

① 《2013 年具有普通高等学历教育招生资格的高等学校名单（截至 2013 年 5 月 3 日）》，2013 年 5 月 3 日，教育部网站（http：//www. moe. gov. cn/publicfiles/business/html-files/moe/moe_ 122/201305/151636. html）。

办高校发展之不易。

表3—10　　　　2008—2013年河北公办与民办性质高校数量　　　单位：所

年份 类别		2008	2009	2010	2011	2012	2013
公办性质		73	75	76	78	79	83
民办性质	民办高校	14	16	16	16	16	18
	独立学院	18	18	18	18	18	17
总　计		105	109	110	112	113	118

资料来源：1. 河北省人民政府：《河北经济年鉴》，中国统计出版社2009—2013年版。2.《教育部批准的高等学校名单、新批准的学校名单（截至2013年6月21日）》，教育部网站（http：//www. moe. gov. cn/publicfiles/business/htmlfiles/moe/moe_ 229/201306/153565. html）。

2. 河北民办高校所占比重相对偏低，部分院校规模较小

表3—11为2013年河北与全国各类性质高等教育对比情况。根据教育部2013年5月和6月公布的高校名单，[①] 目前全国共有各类高等院校2485所，其中公办院校1774所、独立学院287所、民办高校424所。从所占比重来看，全国公办与民办性质高等院校所占比例分别为71.4%与28.6%，河北省两者的比例为70.3%与29.7%；全国民办高校与独立学院占高校总数的比例分别为17.1%与11.5%，河北省两项的比例为15.3%与14.4%。虽然河北民办性质高校所占比例29.7%稍高于全国总体水平28.6%，但独立建制民办高校数量在全省高校中的比例仅为15.3%，低于全国总体水平17.1%，而独立学院所占比重14.4%则高于全国平均水平11.5%。

从同类院校所占比重来看，2013年河北高等院校总数、公办性质高校、民办性质高校、民办高校、独立学院各类高校在全国同类院校中所占的比重依次为4.7%、4.7%、4.9%、4.2%和5.9%，其

———————

① 《2013年具有普通高等学历教育招生资格的高等学校名单（截至2013年5月3日）》，2013年5月13日（http：//www. moe. gov. cn/publicfiles/business/htmlfiles/moe/moe_ 122/201305/151636. html）；《教育部批准的高等学校名单、新批准的学校名单（截至2013年6月21日）》，2013年6月21日（http：//www. moe. gov. cn/publicfiles/business/htmlfiles/moe/moe_ 229/201306/153565. html）。

中民办高校比重最低，独立学院比重依然最高。

表3—11   2013年河北与全国各类性质高等教育比较   单位：所

地区	总计	公办性质		民办性质					
		数量	比重（%）	数量	比重（%）	民办高校		独立学院	
						数量	比重（%）	数量	比重（%）
全国	2485	1774	71.4	711	28.6	424	17.1	287	11.5
河北	118	83	70.3	35	29.7	18	15.3	17	14.4
比重（%）	4.7	4.7		4.9		4.2		5.9	

资料来源：《教育部批准的高等学校名单、新批准的学校名单（截至2013年6月21日）》，教育部网站（http://www.moe.gov.cn/publicfiles/business/htmlfiles/moe/moe_229/201306/153565.html）。

从学校规模上来说，部分河北民办高校在校生人数较少。2011年全国民办高校总数为389所，共有在校生2376239人，[①] 据此可知当年全国民办高校平均在校生人数为6109人。表3—12为2011—2012年度河北省16所民办高校在校生人数，从该表中可以看出，各校之间人数差距较大，其中7所高校的在校生人数低于全国平均水平，规模相对较小，即石家庄工商职业学院（5000人）、石家庄人民医学高等专科学校（5000人）、石家庄科技职业学院（4000人）、廊坊东方职业技术学院（3860人）和人数最少的石家庄城市经济职业学院（约3000人）。

表3—12   2011—2012年度河北省民办高校在校生人数   单位：人

学 校	在校生	学 校	在校生
河北传媒学院	15000	石家庄城市职业学院	8000
河北美术学院	8000	石家庄财经职业学院	8000
河北科技学院	8000	石家庄工商职业学院	5000

① 教育部：《中国教育统计年鉴2011》，人民教育出版社2013年版，第4页。

学 校	在校生	学 校	在校生
河北外国语学院	10000	石家庄理工职业学院	12000
石家庄医学高等专科学校	12000	石家庄科技信息职业学院	7000
石家庄人民医学高等专科学校	5000	石家庄经济职业学院	5500
石家庄工程职业学院	5300	石家庄科技职业学院	4000
石家庄城市经济职业学院	3000	廊坊东方职业技术学院	3860

资料来源：河北省教育厅。

三 河北高等教育质量较低

高等教育质量指的是高等教育水平高低和效果优劣的程度，教育质量如何主要看培养对象是否达到了高校规定的培养标准与要求，通常用高校毕业率的高低来表示。但由于我国高等教育实行"严进宽出"的原则，一般情况下学生在校修业完成后基本都可以顺利毕业，即应视为达到了高校规定的"培养目标"，符合"教育质量"的要求，所以以高校毕业率作为标准不符合"国情"；再者，"毕业"实际上为最低标准，也难以看出高低之差别。鉴于此，本书没有以毕业率作为参考数据，而是选取学科和博士学位点两个主要指标来分析河北高等教育质量问题。学科是高等学校进行教学、科研的基本单位，学科建设直接关系到高校的育人质量，学科水平一定程度上决定着教育质量的高低；博士点代表着高等教育的最高水准，博士点建设情况能够反映出高校人才培养的最高质量。

（一）河北高等教育学科水平总体偏低

美国著名教育家伯顿·R. 克拉克（Burton Clark）说："高等教育是用一门门的'学科'将知识联系起来的，学科是高等教育组织最重要的组织基础。分析高等学校的实际办学情况，要从学科开始。"[1] 高校学科水平高低优劣需要在比较中才能见分晓，所以为了能对河北省高校的学科水平有个比较客观的认识，我们采用国家权威部门最新发布的相关数据，将河北与其他省份高校的学科进行横向比较分析。

2012 年教育部学位与研究生教育发展中心对具有研究生培养和学位授予资格的一级学科进行第四次整体水平评估，指标体系包括"师

---

[1] 伯顿·R. 克拉克：《大学的功用》，浙江教育出版社 2003 年版，第 76 页。

资队伍、科学研究水平、人才培养质量和学科声誉"四个一级指标，全国共有 391 个单位的 4235 个学科申请参评。河北省有 5 所普通高校参与此次评估，均为省属重点建设的骨干大学，共涉及 60 个学科，其中包括河北大学 21 个学科、河北农业大学 18 个学科、燕山大学 9 个学科、河北师范大学 8 个学科、河北科技大学 4 个学科。详细数据见表 3—13。

表 3—13　　　　2012 年河北省部分高校学科参与评估结果　　　单位：位次

学校	学科	得分	位次	学校	学科	得分	位次
河北大学	新闻传播学	73	16/48	河北农业大学	作物学	73	16/35
	中国语言文学	72	32/85		园艺学	73	10/22
	中国史	72	22/58		植物保护	71	12/22
	光学工程	71	20/38		农业资源与环境	70	9/17
	化学	70	29/82		畜牧学	70	17/26
	教育学	70	20/59		生物学	69	16/100
	哲学	69	30/57		林学	69	10/22
	理论经济学	69	26/55		农林经济管理	69	17/29
	生物学	69	16/100		农业工程	68	17/25
	管理科学与工程	69	47/102		食品科学与工程	68	27/51
	美术学	69	27/48		风景园林学	68	23/38
	法学	67	44/86		兽医学	67	15/23
	图书情报与档案管理	67	16/28		生态学	66	47/78
	护理学	67	33/39		化学	65	68/82
	音乐与舞蹈学	67	24/38		计算机科学与技术	64	77/120
	设计学	67	49/54		水利工程	64	24/27
	世界史	66	38/48		城乡规划学	63	30/32
	生态学	66	47/78		草学	63	20/20
	考古学	65	32/35	河北科技大学	化学工程与技术	67	33/68
	临床医学	65	36/50		管理科学与工程	67	60/102
	戏剧与影视学	64	19/22		控制科学与工程	66	54/83
燕山大学	机械工程	80	14/102		环境科学与工程	66	46/82
	材料科学与工程	75	23/98	河北师范大学	生态学	73	23/78
	控制科学与工程	73	27/83		中国史	72	22/58
	仪器科学与技术	70	15/33		考古学	71	13/35
	公共管理	70	24/60		世界史	71	26/48
	计算机科学与技术	68	46/120		数学	70	36/102
	软件工程	68	42/106		生物学	70	8/100
	电子科学与技术	68	28/50		物理学	69	32/87
	土木工程	65	46/69		统计学	68	45/87

资料来源：根据教育部学位与研究生教育发展中心发布的"2012 年学科评估结果"整理。网址：http://www.cdgdc.edu.cn/xwyyjsjyxx/xxsbdxz/。

首先从表中参评学科的得分情况来看，河北各高校多数学科得分较低，整体状况不很乐观。在河北高校的 60 个参评学科中，分数最高的为燕山大学机械工程学科，得分为 80 分；得分在 70—75 分的有 21 个学科，占到全部学科 1/3 的比例；其他占比近 2/3 的 38 个学科得分都在 60—69 分，其中分数最低的为河北农业大学的草学和城乡规划学，两个学科都为 63 分，刚过"及格线"。从各学校总体上来看，河北大学 21 个学科和河北农业大学 18 个学科平均得分都是 68 分，河北师范大学 8 个学科和燕山大学 9 个学科平均得分都为 71 分，河北科技大学 4 个学科平均得分 67 分，5 所大学总平均分为 69 分，整体情况欠佳。

其次从排名上看，河北省大部分学科排名都在中等或比较靠后的位次。河北 60 个学科中，在本学科所有参评单位排名位于前 1/3 的有 8 个学科，按照排位名次分别是最高的河北师范大学生物学（100 个单位中排名第 8）、燕山大学机械工程（102 个单位中排名第 14）、河北农业大学生物学（100 个单位中排名第 16）、燕山大学材料科学与工程（98 个单位中排名第 23）、河北师范大学生态学（78 个单位中排名第 23）、燕山大学控制科学与工程（83 个单位中排名第 27）、河北大学新闻传播学（48 个单位中排名第 16）；位次在本学科后 1/3 的有 12 个学科，包括燕山大学的土木工程（69 个单位中排名第 46），河北大学的临床医学（50 个单位中排名第 36）、世界史（48 个单位中排名第 38）、护理学（39 个单位中排名第 33）、戏剧与影视（22 个单位中排名第 19）、设计学（54 个单位中排名第 49）、考古学（35 个单位中排名第 32），河北农业大学的化学（82 个单位中排名第 68）、农业工程（25 个单位中排名第 17）、水利工程（27 个单位中排名第 24）、城乡规划学（32 个单位中排名第 30）和草学（20 个单位中排名最后）；其他 40 个学科都排在本学科的中间位次。也就是说，在河北 5 所高校参评的 60 个学科中，只有 13% 的学科比较具有优势，近 70% 的学科还需要进一步提高，20% 的学科需要加大建设力度。

（二）河北高校博士学位点数量较少

关于高校学位点建设，2008 年国务院颁行《博士、硕士学位授权点审核办法改革方案》①后，政府主管部门仅审核一级学科的学位授予权，各学位授予单位可在一级学科授权下自主设置二级学科，并放权省级学位委员会对硕士学位点授权进行全面审核，这就意味着硕士学位点及博士、硕士学位授权二级学科在各高校及省（直辖市、自治区）之间难以再有可比性，因此本书选取学位点建设中的博士学位授予权一级学科进行比较。

表3—14为2012年河北省普通高校博士学位授权一级学科数量及在全国所有高校中的排名。从表中可以看到，2012年河北省拥有博士点的高校共有6所，博士学位一级授权学科45个，其中最多的为燕山大学11个，在2012年235个具有博士授权高校中仅排第71位，其他高校排名相对更低。从与全国总体情况比较来看，2012年全国平均每省拥有博士授权的高校数量为7.6个，河北省没有达到这一水平。

表3—14　2012年河北省普通高校博士学位授权一级学科数及排名

单位：个

学　校	博士学位一级授权学科	排　名
燕山大学	11	71
河北师范大学	8	89
河北农业大学	8	89
河北大学	7	100
河北工业大学	7	100
河北医科大学	4	159

资料来源：根据各高校博士学位一级学科数统计而成。

四　河北高等教育总体效益不高

"效益"一词来源于经济领域，意为投入与产出之比，因此高等

---

① 《博士、硕士学位授权审核办法改革方案》，2008年1月14日（http://www.cdgdc.edu.cn/xwyyjsjyxx/zlpj/pgpsd txx/ 266262. shtml）。

教育效益即是指高等教育投入所带来的效果和利益，主要体现在高等教育"产出"上，即所培养的专业人才是否能满足经济社会发展的需求。在高等教育的产业属性明确后，尤其是在高等教育产业化过程中，高等教育效益受到前所未有的重视。但不同的是，经济效益可以用货币这个单一指标来衡量，高等教育效益的衡量则具有一定的复杂性，因为高等教育的投入和产出都难以全部转换成货币的形式，尤其是在产出上，所得到的不是代表货币数量的产品，而主要是不可交易的"人才"。人才价值几何，是否大于人才培养过程中所耗费的各种可计量性投入，以后的"价值"提升与学校教育投入之间的关系如何定量，另外还有高等教育投入所产生的非经济效益如何计数，这些都是很难确定的。因此，尽管高等教育效益问题倍受关注，但目前尚未有一套完全的、成熟的指标体系，本书根据高校所具有的三大职能，在高等学校教学、科学研究和人才培养等方面，分别选取生均规模、科研人力与经费投入、科研产出、高校科技成果转化率及社会所拥有的高等教育人才数量等几项指标，来尝试对河北省高等教育效益进行分析。

（一）教学总体效益较低

在校生校均规模表示的是高等教育的规模效益，当然，至于学校规模多大才算合理，这很难用统一的标准去衡量，比如在世界著名大学中，既有本科生不足千名的加州理工学院，也有容纳近 4 万人的莫斯科国立大学。[①] 在不同国家和地区，高校规模大小还需要考虑到具体的国情、省情等因素。我国是世界上人口最多的国家，在满足人们接受高等教育需求上压力较大，这就要求高等教育发展既要保证人才培养的质量，还要最大限度利用现有资源提供更多教育机会，尤其是在人口较多、经济相对落后、教育投入非常有限的省区，更要质量与数量兼顾，以达到"质量效益"和"规模效益"同时实现的目的。因此从这个角度可以认为，在教育质量有保障的前提下，高校规模越大效益越高。表 3—15 为 2008 年到 2012 年在校生校均规模位居我国前十位的省区。

---

① 《世界大学学术排名》，2014 年 2 月 20 日（http：//www.shanghairanking.cn）。

表 3—15　　　　2008—2012 年在校生校均规模全国前十省区　　　单位：人

2008		2009		2010		2011		2012	
地区	人数	地区	人数	地区	人数	地区	人数	地区	人数
河南	13300	河南	13826	河南	13614	河南	12196	河南	12991
山东	12272	山东	12642	山东	12358	四川	11992	四川	12360
江苏	10771	四川	11260	四川	11806	广东	11397	山东	12194
四川	10111	江苏	11171	江苏	10996	山东	11271	广东	11801
湖北	10041	广东	10672	广东	10890	江苏	10637	湖北	11361
广东	9731	湖北	10408	湖北	10807	湖北	10553	陕西	11277
重庆	9574	陕西	10042	陕西	10308	河北	10261	江苏	10922
陕西	9541	重庆	9683	河北	10046	陕西	9844	重庆	10393
河北	9524	吉林	9654	重庆	9862	吉林	9539	河北	10343
江西	9319	河北	9451	吉林	9721	重庆	9463	甘肃	10263
全国	8679	全国	9086	全国	9298	全国	9582	全国	9792

资料来源：1. 教育部：《中国教育统计年鉴》，人民教育出版社 2009—2011 年版。2. 国家统计局：《中国统计年鉴》，中国统计出版社 2012—2013 年版。

　　从该表中可以看出，5 年间河北省高等教育校均规模基本上排在第 7 到第 10 位之间，在大陆 31 个省区中处于前三分之一的位置，但相对于其他效益较高省份来说，还存在一定的差距，如 2009 年河北省校均规模（9451 人）与河南省（13826）相差达到 4375 人，即使排位最好的 2011 年也有近 2000 人的差距；与全国总体情况相比，河北省高等教育校均规模高于全国平均水平，但从发展趋势来看，河北校均规模从 2008 年的 9524 人增加到 2012 年的 10343 人，增加了 819 人，增幅为 8.6%，而同时期全国平均增长 1113 人，增幅为 12.8%。由此可以认为，河北省高等教育校均规模还有一定的发展空间，尤其是对于普通本科院校来说，其校均规模远远低于全国平均水平，详细数据见图 3—9 河北普通高等本科院校在校生校均规模。

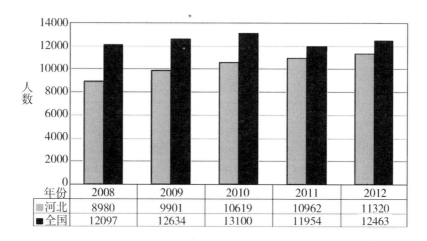

图 3—9　2008—2012 年河北普通高等本科院校在校生校均规模（单位：人）

资料来源：教育部：《中国教育统计年鉴》，人民教育出版社 2009—2011 年版。

在图 3—9 中可以看到，河北普通本科高校 2008 年校均规模为 8980 人，比全国平均水平 12097 人少 3117 人，之后河北普通本科高校在校生平均人数逐年提高，2012 年的 11320 人比 2008 年的 8980 人增长了 26.1%，与全国平均水平的差距基本上是呈缩小趋势，但直到 2012 年两者仍相差 1100 多人。这说明长期以来河北普通高校本科阶段的高等教育效益较低，教育资源利用率不高，这对于经济较为落后、教育投入非常有限的河北省来说，是今后发展高等教育中应特别关注的一个问题。

（二）科研活动效益较低

在科研活动中，本书选取科技投入与产出的各项主要指标，通过对河北省科技投入与产出分别在全国总量中所占比重进行比较分析。在科技投入中，由于科技经费与产出没有必然的联系，不能以投入经费所占比重的多少来与产出效益的高低进行比较，所以我们主要以科技人力作为衡量指标，科技人力指的是统计年度内所有从事科学研究的工作人员及相关服务人员，人力投入一般与产出之间成正比关系。在科技产出中，通常包括以下四种形式：公开出版或发表的科技著作和学术论文，专利申请与专利授权两项合计数量，国家级项目（主要指"973"计划、科技攻关计划、"863"计划、自然基金项目）及同层次的项目。表3—16 为 2008—2012 年河北省高校科技投入与产出情况。

表 3—16　2008—2012 年河北省高校科技投入与产出数量及所占比重

项	目		2008	2009	2010	2011	2012
科技投入	科技人力 （人）	河北	25534	27535	29163	29936	30379
		全国	727616	751795	796327	812650	835802
		比重（%）	3.51	3.66	3.66	3.68	3.63
科技产出	著作 （部）	河北	336	298	350	334	332
		全国	10477	11568	13898	11871	11090
		比重（%）	3.21	2.58	2.51	2.81	2.99
	论文 （篇）	河北	18252	19293	20765	21900	22838
		全国	610662	660713	703538	744474	786812
		比重（%）	2.99	2.92	2.95	2.94	2.90
	专利 （项）	河北	649	871	1079	1482	1844
		全国	43971	58028	78807	103822	138393
		比重（%）	1.48	1.50	1.37	1.43	1.33
	国际级项目 （项）	河北	31	16	31	39	50
		全国	1993	2407	3135	5465	4623
		比重（%）	1.56	0.66	0.99	0.71	1.18

资料来源：教育部：《中国高等学校科技统计资料汇编》，高等教育出版社 2009—2013 年版。

如该表所示，河北高校科技人力投入较多，增长较快。从 2008 年到 2012 年河北省在科技人力上的投入逐年增加，5 年间从 25534 人增加到 30379 人，增加了 4845 人，增幅为 19.0%，而同时期全国科技人力增幅为 14.9%，河北在科技人力投入上的发展快于全国总体速度。从平均值来看，根据该表计算可得河北科技人力投入 5 年平均人数为 28509 人，全国 31 个省份的平均数为 25317 人，河北科技人力投入高于全国平均水平。从所占比重看，河北在全国科技人力总数中的比重最高为 2011 年的 3.68%，最低为 2008 年的 3.51%，5 年平均占比为 3.63%，高于全国平均水平 3.23%。河北省作为高等教育大省，科技人力资源投入较多。

与以上科技投入相比，河北科技产出较少且不稳定。在科技著作上，最多年份2010年为350部，2009年最少为298部，5年平均出版330部，低于380部的全国平均水平。论文发表方面，河北省2012年22838篇比2008年18252篇增加了4586篇，增幅为25.13%，低于全国总体水平28.85%；河北高校5年平均发表论文20610篇，少于全国平均数量22621篇。从专利申请与专利授权上看，河北高校2012年比2008年增加专利共1195项，增幅达到184.13%，但仍与全国214.74%的增幅有较大差距；河北高校5年平均申请与获取专利授权1185项，不及全国平均水平2729项的一半。在国际级项目方面，河北高校5年平均获得33项，远远低于114项的全国平均数。最后从比重上来看，河北各项科技产出在全国总数中5年平均比重依次为：著作2.82%，论文2.94%，专利1.42%，国际级项目1.02%，所有比重都低于科技人力投入的3.63%。

通过以上分析可以认为，虽然河北省高校科技活动投入较多，但各项产出较少，尤其是具有直接应用价值和高水准的科技成果更少，高等教育科技活动效益还很低。

（三）人才培养效益较差

高等教育最根本的任务是为国家建设和社会发展培养所需要的专业人才，这其中包括两方面要求，即人才数量和人才素质，衡量一地区高等教育人才培养效益如何，两方面都要考虑，只求数量不要素质是一种错误的发展观。虽然现在人才流动限制减少，一省区内的人才不一定都由本省区高校培养，但对于地方院校来说，招生和就业主要是面向本地区范围之内，所以社会人才状况在一定程度上可以反映出本省高等教育效益如何。2006年，《中国人才发展报告》曾发布了大陆31个省市区人才竞争力分析报告，[1] 其中关于河北省的人才状况，详见表3—17。

---

① 潘晨光：《中国人才发展报告 No. 3》，社会科学文献出版社2006年版，第144—145页。

表 3—17 河北省人才竞争力状况

指标	人才规模		人才素质		科技产出	
	高校 毕业生	教学人员	研究生占 毕业生比例	大专以上人才 占总人口比例	人才科技 成果产出	人才科研 成果转化率
得分	0.709	0.52	0.073	0.269	0.17	0.066
排名	7	10	25	18	17	25

资料来源：潘晨光：《中国人才发展报告 No.3》，社会科学文献出版社 2006 年版。

在该表"人才规模"一项中，两个指标"高校毕业生"和"教学人员"的得分分别为 0.709 和 0.52，在全国的排名为第 7 和第 10 位，与前文本书中关于河北省高等教育规模的结果相近，从总量上来说为社会培养了一定规模的人才。但在"人才素质"方面，两项指标"研究生占高校毕业生比例"和"大专以上人才占本省总人口比例"，得分仅为 0.073 和 0.269，排名分别是第 25 和第 18，位次较低。而在"科技产出"项中，包括高校和其他机构在内的"人才科技成果产出"和"科研成果转化率"也都很低，排名与人才素质两项指标相当，这一结果同时也与上文中提及的"专利"申请和授权较少相印证。

无论是高校教学、科研还是为社会输送人才，都是力图以最小的投入换得最大的产出，来获取最大的效益，因为具有一定的规模才能有效益的产生，但这种规模效益必须要有质量保障做前提，否则规模越大不合格的"产出"越多，导致的资源浪费越严重，效益反而越差。所以要想获取更大的高等教育效益，高等教育结构与质量等各种因素都与之有密切关系，无论是结构调整、质量提升，都是为在规模扩大的过程中以更小的资源投入获得更大产出效益。

综合以上分析可以认为，经过长期的累积，河北省高等教育发展具备了一定的规模基础，但对于庞大的人口基数来说，所提供的教育机会依然非常有限，还没有完全满足人们对高等教育的需求。教育结构中无论是科类结构、层次结构、区域布局还是形式结构也都还不能完全适应国民经济发展的要求，所存在的各种问题严重制约着河北高等教育的健康发展，影响到其质量和效益的提升。而目前较低的教育质量和效益导致河北高等教育很难吸引到更多的教育资源，对于其未来的规模扩充、结构调整来说，也是一个不利因素。

第四章　河北高等教育发展困境探因

全面探究问题原因，深入剖析困境根源，才能"对症下药"，做出正确的发展谋划。目前河北省高等教育在发展中存在各种问题，包括规模相对有限、结构不尽合理、质量较低、效益不高等多个方面，引起这些问题出现的"致病之因"诸多，本书不可能一一详述，只能择其要者论之，重点围绕影响较大、较为根本的几个主要因素进行分析，其中涉及高等教育发展观念、教育投入、高水平人才与重点平台资源等层面，而这些因素均与"京津"存在直接或间接的关系。

第一节　河北高等教育发展观念落后

在访谈中问及"制约河北高等教育发展的主要因素是什么"时，几乎所有被访人员都认为"发展观念落后"是其中的首要原因。在河北省有一句话广为流传——东部区位、中部经济、西部观念，一针见血地刺中了河北发展的要害。河北省东临渤海，在487公里的海岸线上自北向南依次分布着秦皇岛港、唐山京唐港、曹妃甸港和沧州黄骅港等港区，作为西北、东北、华北的"三北"交界点，具有"东出西联"的枢纽作用，但由于在计划经济时期河北省被定位于"服务京津"，不但各方面发展受到诸多限制，导致经济实力较弱，水平较低，而且长期以来形成的传统保守观念制约着河北在经济社会转型期的发展。目前河北的定位仍止于"为京津服务"，甚至处于"依赖京津"的被动局面，缺乏借力京津主动谋求外向发展的意识。可以说，对于现代社会的河北人来说，这种顽固的内陆心态及由此产生的思想桎梏依然没有发生根本的转变。高等教育领域的这种落后观念主要体现在以下几方面。

一　河北高等教育服务意识较弱

高等教育承担着为社会发展培养专业人才的任务，结构调整要最大程度上适应经济社会发展的需求，但河北高等教育对此认识不足，高校服务区域经济的意识欠缺，这同时也是造成河北高等教育区域特色不强的原因之一。如河北虽为农业大省，但在高等教育学科结构中，40所本科院校中只有1所农业高校河北农业大学，61所高职高专和17所独立学院中没有一所涉农院校，即使依托河北农业大学的独立学院现代科技学院也是以其他学科类专业为主，涉农专业只有园林、园艺、草业科学、动物科学等寥寥几个，[①] 这就导致前文所出现的农学类学生数量和比重明显偏小的现象。在未来规划中，沿海经济带将是河北地区新的经济增长点，而与其相关的学科专业，在河北各个高校中很少涉及，2012年河北5所高校参与教育部学位与研究生教育发展中心第四次学科水平评估的60个学科中，无一与此有关。区域高等教育不能落地生根，各方面发展将失去依托，河北高等教育如果不能着眼于地方需求，未来失去的将不只是发展方向，甚至是自身存在的价值。

二　河北高等教育的区域交流与合作较少

这里所说的区域即为河北省所在的京津冀区域，这个区域内北京、天津两地拥有丰富的优质高等教育资源，三地高等教育在历史上又具有密切的关系，理应成为相对落后的河北在发展高等教育时首选的合作对象，然而现实状况并非如此。在访谈中问到"京津冀区域高等教育一体化面临哪些障碍"及"在推动京津冀高等教育交流与合作中采取了哪些措施"时，被访人员认为，由于长期以来行

---

① 《2013年现代科技学院专业设置一览表》，2013年9月15日（http://xianke.hebau.edu.cn/kjxy/zsxx/we/zysz/zysz.htm）。

政区划藩篱的存在和发展程度的巨大落差，河北与京津两市在高等教育领域的交流一直都很有限，河北各个高校也似乎都有"自知之明"，不想在京津名校面前"自讨没趣"，宁愿艰难地"自力更生"，也不愿主动寻求帮助。这种情况并非出现在部分院校，而是一种普遍现象，笔者对此也深有体会。笔者曾在河北某高校攻读教育学硕士学位，该校是河北省属重点院校，教育学专业在学界也具有一定的影响力，但在笔者求学的 3 年间没有见到一位京津高校的本专业学者前来讲学，这其中当然有各种原因，但一定程度上也能反映出河北与京津高校间沟通较少的问题。区域交流不是默许进入或被动等待，而是主动出击、积极进取，尤其是当面对优势一方时，应摆正心态，以诚相待，即使屡吃"闭门羹"，也要有锲而不舍的精神，"心诚则灵"，必有所获，而不能出师不利就气馁。正如宗树兴博士在访谈时所说，"不要怕丑，多照镜子"，既然河北高等教育落后是客观现实，就更应该加强与京津的交往，合作才能出效益。

三　河北高等教育对外开放及参与程度不够

在现代信息化社会与国际化发展环境中，最大程度对外开放和积极参与国际教育交流可以有机会获取更多发展资源，面向外部开拓更大发展空间，从而在日益剧烈的竞争中把握主动、保持优势。近年来尽管河北不少高校都提出要开放办学，甚至宣称与诸多国家的高校建立了各种合作关系，但很多仅限于礼节性走访或浅层次交流，实质性的合作还很欠缺。在国际学术会议方面，参与程度也非常有限。表 4—1 为 2010 到 2012 年河北省各高校参与国际科技交流数量及在大陆 31 个省市区中所排位次。

表 4—1　2010—2012 年河北省高校国际科技交流数量及位次

项目		合作研究		国际学术会议			
		外派（人次）	接受（人次）	出席（人次）	论文（篇）	报告（篇）	主办（次）
2010	数量	667	499	1685	1667	257	25
	位次	19	20	19	16	16	20

续表

项目		合作研究		国际学术会议			
		外派（人次）	接受（人次）	出席（人次）	论文（篇）	报告（篇）	主办（次）
2011	数量	726	446	1766	1785	230	22
	位次	19	22	19	18	18	19
2012	数量	786	574	1898	2113	320	20
	位次	18	23	19	17	16	22

资料来源：教育部：《高等学校科技统计资料汇编》，高等教育出版社 2011—2013 年版。

从该表中可以看出，在"合作研究"一项中河北高校 2010 年至 2012 年三年来的外派人次分别为 667 人次、726 人次和 786 人次，在 31 个省市区中排名相对较低，处于 18 或 19 位，2012 年比 2010 年增加了 17.8%，同时期全国总计外派人次从 35005 人次增加到 41500 人次，增长幅度为 18.6%，河北也低于全国总体水平；接受人次相对更少，3 年总计 1519 人次，相当于北京地区高校 2012 年一年所接受人次（5652 人次）的 1/4，在全国的位次也更低，排在第 20 到第 23 位。

在国际学术会议方面，河北高校出席人次 2012 年（1898 人次）比 2010 年（1685 人次）增加了 213 人次，增长幅度为 12.6%，与全国总体增长水平 19% 有不小的差距，排在第 19 位；河北高校所提交的会议交流论文数量由 1667 篇增加到 2113 篇，增幅 26.8%，仍小于 29.5% 的全国水平，且 2011 年和 2012 年排名却都比 2010 年有所下降；三年中河北高校在国际学术会议上作特邀报告最多的是 2012 年 320 篇，远远低于当年全国 31 省区的平均水平 494 篇；在主办国际学术会议方面，2012 年全国高校共主办 2539 次，比 2010 年增加了 310 次，增幅为 13.9%，而河北高校所主办的国际学术会议却逐年减少，三年减幅达 20%，在全国排名也从 20 位下降至 22 位。从以上这些数据可以认为，河北高校在与国外的合作研究和国际会议的参与上处于全国中等偏后的水平，开放和参与度较低。①

第二节　河北高等教育投入不足

高等教育投入即指国家用于发展高等教育的经费，是高等教育发展的前提条件，高等教育投入的高低直接体现在教育经费的多少上，对于目前河北高等教育的发展来说，投入不足是一个严重的制约因素。虽然历史上有西南联合大学在简陋、艰苦的条件中创造出了令世人赞叹的卓著成就，然而今非昔比，现在的社会环境中充足的经费资源不一定能创造出一流大学，但没有这些的确难以创造奇迹，高等教育任何一步的发展都离不开必要的投入。如 2001 年，教育部开展对 25 所本科院校教学工作随机性水平评估，为迎接评估 25 所高校增加投入 5.46 亿元，平均每所学校追加 2184.5 万元，其中上级财政追加拨款 17613 万元（占 32.26%），学校贷款 20186 万元（占 36.97%），学校自筹 16814 万元（占 30.79%），追加资金主要用于购置仪器设备与图书资料。② 再依师资队伍建设为例，高水平师资代表着高水平的教学质量和科研水平，是提高教育质量的必要条件，而现在高校招贤纳士，是需要有一定"本钱"的，并且人才等级不同，"价码"各异，著名学者、教授、副教授、博士、硕士等都是明码标价，这对经济不发达地区的高等教育发展来说，是一种难以承受却又不得不应对的压力。河北高等教育虽然在长期的发展中累积了一定的物质基础，但远未能满足发展的需求，投入不足、经费较低的状况一直没有得到有效改善。

一　河北经济实力较弱导致教育投入较少

长期以来，河北省由于受到京津的影响和限制，经济发展相对

---

① 文中涉及全国及其他省市区的数据皆来自教育部《高等学校科技统计资料汇编》（2010—2012 年）或根据其中相关数据计算所得。

② 阎金童、唐德海、何茂勋：《高等教育发展战略研究》，广西师范大学出版社 2002 年版，第 180 页。

缓慢，经济实力较弱，面对规模庞大的高等教育，难以提供更多的教育投入。下面我们来了解一下河北省的财政经济状况，由于国民经济发展在短时期内变化不会太大，但往往在不同规划周期之间会表现出明显的差异，所以我们从"十五"、"十一五"和"十二五"三个国民经济发展规划期中分别选定不同年份，对反映总体规模的总量指标和表示实力强度的人均指标进行分析，来看一下河北省经济发展程度。详见表4—2。

表4—2	河北省国民经济和财政状况					单位：元	
项目	2005		2008		2011	
	数量	位次	数量	位次	数量	位次
地区生产总值（亿元）	10096.11	6	16011.97	6	24515.76	6
人均生产总值	14782	11	22986	12	33969	14
财政收入（亿元）	515.7	9	947.59	10	1737.77	9
人均财政收入	755.05	18	1360.3	19	2407.71	23
人均财政支出	1433.62	23	2701.22	29	4901.13	30
城镇居民家庭人均可支配收入	9107.09	16	13441.1	14	18292.23	18
农村居民家庭人均纯收入	3481.64	10	4795.46	12	7119.69	12

资料来源：1. 财政部：《中国财政年鉴》，中国财政杂志社2006—2012年版。2. 国家统计局：《中国统计年鉴》，中国统计出版社2006—2012年版。

从经济总量来看，河北省地区生产总值自"十五"期间到"十二五"初期一直位居全国第六，达到了一定的规模，但从2011年生产总值三次产业结构比例（11.9∶53.5∶34.6）来看，河北经济以工业为主，其中钢铁为主导产业和第一大支柱产业，主营业务收入占全省工业总收入的27.80%，其工业增加值占比为23.26%，随着国家加大对京津冀区域环境治理与能源消耗控制的力度，钢铁产业必然会受到影响，目前河北省多个地区的钢铁企业都被严令要求限电、限产，这意味着未来一段时期河北经济将出现增长缓慢甚至减退的情况；从人均地区生产总值看，尽管从 2005 年的 14782 元增长到 2011 年的 33969 元，增幅达到 130%，但河北在全国的位次却连年下降，至 2011 年已后退了 3 位；在财政收入上，河北省的财政收入在国民生产总值中所占比重一直都很低，三个年份的比重分别为9.06%、9.86% 和 10.87%，在全国 31 个省市区中排序倒数第二或第三，所以财政收入总量也受其影响，排位比生产总值降低 3 到 4位次，人均财政收入也在 6 年间从第 18 位降到了第 23 位，人均财政支出下降幅度更大，从第 23 位跌到了倒数第二位；从居民收入看，三个年份中城镇居民家庭人均可支配收入位于第 14 到第 18 位，农村居民家庭人均纯收入排序相对较高，在第 10 到第 12 位之间，但与全国平均水平相比，2011 年全国两个指标分别为 21809.78 元和 6977.29 元，农村居民家庭人均纯收入 7119.69 元稍高于全国平均水平，城镇居民家庭人均可支配收入 18292.23 元则与全国平均水平有较大差距。①

由此可以认为，从目前总量或规模指标来看，河北省国民经济和财政总收入都较为靠前，是一个经济和财政大省，但未来一段时期增速将可能有所减缓；从人均经济总量和居民收入来看，河北省属于中等水平；从人均财政收支与可用财力来看，河北省几乎排在最后的位置，是一个财力较弱的省份。可以想象，凭借这样的经济基础，支撑现在如此庞大的高等教育规模是何其不易，必然导致高等教育投入也远远低于全国平均水平。

二 河北普通高等教育经费支出比重降低

经费支出是实际可利用经费多少的重要指标，河北省在这种脆弱的经济和财政状况下，为了保证高等教育发展，在教育经费的分配上曾采取向高等教育倾斜的政策，但随着教育事业平衡发展的需

---

① 文中涉及全国及其他省市区的数据皆来自《中国财政年鉴》、《中国统计年鉴》（2006—2012 年）或根据其中相关数据计算所得。

要，现在普通高等教育经费支出比重有所降低。如表 4—3 所示，
2005 年河北省财政支出共 6687500 万元，其中教育经费支出
1705374 万元，占比为 25.50%，而普通高等教育经费支出为
765038 万元，在教育经费支出中占比达到 44.86%；至 2008 年，教
育经费支出虽然增长至 3769819 万元，但在财政支出总数 18816700
万元中的比重下降了 5 个百分点，普通高等教育经费支出也在教育
经费支出中下降了近 10 个百分点，不过仍占 1/3 强；2011 年各项
指标继续下降，教育经费支出 6521100 万元在财政支出 35373900 万
元中占比减至 18.43%，普通高等教育经费支出 1779091 万元也降到
27.28%，已经不及总经费的 1/3。

表 4—3　　　　　　　　河北省各项经费支出　　　　　单位：万元

项　目	2005	2008	2011
财政支出	6687500	18816700	35373900
教育经费支出	1705374	3769819	6521100
普通高等教育经费支出	765038	1317958	1779091

　　资料来源：1. 财政部：《中国财政年鉴》，中国财政杂志社 2006—2012 年版。2. 教育部：
《中国教育经费统计年鉴》，中国统计出版社 2006—2012 年版。

　　由于高等教育经费比重的降低，直接影响到生均教育经费的支
出，在表 4—4 中可以看到，2007 年到 2011 年之间河北省普通高校
生均教育经费支出虽然绝对数值总体上呈增长趋势，从 11166.45 元
增加到 15906.57 元，增加了 42.44%，但仍未赶上全国普通高校生
均教育经费支出 51.67% 的增长幅度，2007 年河北与全国在这一指
标上的差距为 5153.5 元，到 2011 年差距扩大到 8846.57 元；从在
全国 31 个省市区排序上看，2007 年河北普通高校生均教育经费支
出排在第 23 位，2008 年稍有提升，但随即又后退了 3 位，2011 年
已降至第 28 位。

表4—4　　　　2007—2011年普通高校生均教育经费支出　　　单位：元

项　目		2007	2008	2009	2010	2011
河北	数量	11166.45	13507.74	12726.08	13960.62	15906.57
	位次	23	21	24	24	28
全　国		16319.95	17972.13	18646.97	20497.92	24753.14
相　差		5153.5	4464.39	5920.89	6537.3	8846.57

资料来源：教育部：《中国教育经费统计年鉴》，中国统计出版社2008—2012年版。

三　河北高等教育经费中社会投入部分较少

目前河北高等教育经费收入主要由五部分构成，即国家财政性教育经费（包括财政预算内教育经费、教育事业费拨款、科研拨款、基本建设拨款及其他属于财政预算内的经费等）、事业收入（包括学杂费、住宿费、教学收入、科研收入及其他按照有关规定向学生收取的费用为主）、民办学校举办者投入、社会捐赠及其他收入，其中民办学校举办者的投入和社会捐赠属于社会投入部分。潘懋元教授在对世界上部分国家高等教育大众化模式进行比较研究后认为："（这些国家）无论一开始采用什么方式发展高等教育，最后都走到了或多或少借重民间资金的道路上来。……解决高等教育规模扩张所导致的经费不足问题的根本途径就在于此。……要持续发展高等教育，满足人民日益强烈的接受高等教育的需求，还必须进一步发展民办高等教育，以解决经费难题。"[1]但从现在情况来看，河北高等教育经费中社会投入非常有限。表4—5为2007年至2011年河北省普通高等教育经费收入构成情况。

如该表所示，河北高等教育经费各构成部分所占比重差距极大，国家财政性教育经费与事业收入是经费的主体，2007年两项合计占比为89.09%，之后几年基本上呈上升趋势，至2011年已占全部高等教育经费的96.58%。与此形成巨大反差的是来自社会的各项投

① 潘懋元、罗丹：《多国高等教育大众化模式比较研究》，《高等教育研究》2007年第3期，第1—8页。

入，不但占比较小，而且很不稳定。其中民办高校举办者投入一项除2009年之外，其他年份占比总计也不到1%，最少的2010年只有0.11%，5年平均比重为0.40%，而同时期全国民办高校举办者投入总体占比最高为2007年的0.88%，最低为2011年的0.48%，5年平均为0.66%，河北民办高校投入比重没有达到全国总体水平。关于社会捐赠，其在河北高等教育经费中所占比重更少，2010年最多才占比0.18%，最少年份2008年与2009年只有0.02%，5年平均占比仅为0.08%，这时期全国高等教育经费中社会捐赠所占比重在0.54%到0.75%之间，平均比重为0.63%，无论从各年的情况看还是进行平均值比较，河北高等教育经费中社会捐赠部分所占比重都远远低于全国总体水平。①

表4—5 2007—2011年河北省普通高等教育经费收入构成　　单位：千元

项 目	2007	比重（%）	2008	比重（%）	2009	比重（%）	2010	比重（%）	2011	比重（%）
国家财政性经费	3483096	33.45	4968344	37.11	5107516	36.44	6869872	44.26	9294688	50.48
事业收入	5793143	55.64	6792376	50.73	7382457	52.67	7920875	51.03	8488756	46.1
民办高校投入	14800	0.14	20290	0.15	195369	1.39	16437	0.11	37500	0.2
社会捐赠	15239	0.15	3033	0.02	2442	0.02	27182	0.18	4907	0.03
其他收入	1105595	10.62	1605890	11.99	1328543	9.48	687328	4.43	586654	3.19
合计	10411873	100	13389933	100	14016327	100	15521694	100	18412505	100

资料来源：教育部：《中国教育经费统计年鉴》，中国统计出版社2008—2012年版。

---

① 文中全国经费比重依据《中国教育经费统计年鉴》（2008—2012年）相关数据计算所得。

综上所述，现在河北高等教育发展在投入上面临两难境地，导致经费难以满足发展需要。一方面现有经费主体增长空间有限。在河北高等教育经费收入构成中，还是以国家财政性教育经费为主，但河北相对落后的经济水平和有限的财力对于规模庞大的高等教育来说已不堪重负，部分指标未能达到国家平均水平；同时从教育性质上讲，高等教育已不属于义务教育，个人应分担较多教育经费份额，但河北经济发展较为缓慢，人均可支配收入从总体上看还是很低，收费上学后所转嫁到家庭或个人上的教育经费2011年已占到总经费的46.1%，很难再继续扩大。另一方面，更多社会资源未被充分利用，包括民办高等教育举办者投入和各渠道捐赠在内的社会力量所占比重极小，而且提高较慢，未能在河北高等教育发展中起到应有的作用。通过以上分析可以看出，河北高等教育长期以来基本上是"一条腿"蹒跚着前行，教育投入不足的状况一直没有得到改善。

第三节 河北高等教育发展中优秀人才稀缺

高等教育的任务是为社会培养专业人才，但其自身发展同样需要大量的优秀人才，高等教育质量提升更是离不开高水平人才的参与。由于河北省经济实力较弱，难以提供更多的教育投入用于引进优秀师资，同时与近邻京津两地相比对优秀人才的吸引力较弱，不但其他地区人才不屑于到河北各高校就业，即使本省原有人才也不断流向京津两地。由此导致前文提及的目前河北省高等教育师资队伍从整体上说只达到了全国平均水平，与高等教育发达省份相比还存在非常大的差距，优秀人才不足成为制约河北省高等教育进一步发展的主要因素之一。

一 河北高校高层次人才数量较少

此处所说的高层次人才是指具有博士学历的优秀人才，表4—6为2006年到2010年河北省普通高等学校专任教师的学历构成情况。

表 4—6　　2006—2010 年河北省普通高校专任教师学历构成　单位：人

项　目		2006	2007	2008	2009	2010
博士	人数	2635	3279	3841	4530	5257
	比例（%）	5.5	6.3	7.0	7.8	8.7
硕士	人数	12419	14450	16211	17944	19517
	比例（%）	26.2	27.5	29.4	30.7	32.1
本科	人数	31192	33395	33735	34769	34977
	比例（%）	65.8	63.6	61.2	59.5	57.5
专科及以下	人数	1182	1373	1338	1151	1018
	比例（%）	2.5	2.6	2.4	2.0	1.7

资料来源：教育部：《中国教育统计年鉴》，人民教育出版社 2006—2010 年版。

　　长期以来，河北高校高层次人才缺乏，所占比重较小，尤其是高校扩招以后，急需大批具有高学历的教师来充实教师队伍，以提高教学水平和人才培养质量。在该表中可以看出，从 2006 年到 2010 年河北省具有博士和硕士学历的教师均呈逐年上升趋势，其中博士学历教师 2010 年的 5257 人比 2006 年的 2635 人增长了近一倍，增幅达到 99.5%，硕士学历教师新增 7098 人，5 年间增长了 57.2%，两类教师所占比例由 31.7% 上升至 40.8%。如此大幅的增长，说明目前河北高等教育发展中高层次人才仍处于"刚性需求"状态。同时期，本科和专科及以下学历教师所占比例在逐渐下降，本科学历教师减少了近 4000 人，下降幅度为 12.1%，专科及以下学历教师仍有 1000 多人，但两者所占比重仍接近 60%，依然较多。

　　表 4—7 为河北省博士学历教师在教师总数中所占比例与全国平均水平的比较。尽管 5 年间河北省具有博士学历教师的人数翻了一番，但在教师中所占比例仍然较低，而且与全国平均水平相比，差距越来越大，2006 年相差 4.6 个百分点，到 2010 年差距扩大到 6.2 个百分点。从同类教师比较来看，2010 年河北省高校教师人数为 60769 人，在各省区中位居第 7，占全国教师总数 1343127 人的

4.5%；但博士学历教师只有 5257 人，排在第 15 位，在全国博士学历教师总数 200337 人中只占 2.6%。

表4—7　2006—2010 年河北省博士学历教师在教师总数中所占比重

单位:%

项目	2006	2007	2008	2009	2010
全国	10.1	11.2	12.3	13.6	14.9
河北	5.5	6.3	7.0	7.8	8.7
相差	4.6	4.9	5.3	5.8	6.2

资料来源：教育部：《中国教育统计年鉴》，人民教育出版社 2006—2010 年版。

根据教育部《关于新时期加强高等学校教师队伍建设的意见》，具有研究生学历教师的比例，教学科研型高校应达到 80% 以上（其中具有博士学位教师比例达到 30% 以上），教学为主的本科高等学校达到 60% 以上，职业技术学院和高等专科学校须在 30% 以上。①河北省高等学校多是以教学为主的本科高校和高职高专院校，现在研究生学历教师主要集中在本科高校，专科院校以本科学历为主，与上述要求还有一定距离。尤其是代表高校教师水平的博士学历教师甚至还未达到全国平均水平，在河北省教师中的比例及在全国同类教师中的比例都很低，这与河北省高等教育大省的地位很不相符。

另外尤为值得注意的是，在河北省现有高校教师中，具有较深造诣和较高威望的领军人物、知名学者和学科带头人数量偏少，这些层次的人才在一定意义上标志着一所学校学术水平的高低。高层次学科带头人越多，学术水平越高；反之，则学术水平越低。如到 2013 年为止河北省仅有院士 6 人（河北大学印象初，石家庄铁道大学杜彦良，河北师范大学孙大业，河北医科大学丛斌、吴以岭、李春岩），"长江学者"特聘教授 6 人（燕山大学田永君、刘日平、高发明、关新平、张湘义，河北工业大学殷福星），国家"青年千人计划" 1 人（燕山大学蒋里），尚不及一所国家重点大学所拥有的人才

---

① 《关于新时期加强高等学校教师队伍建设的意见》，1999 年 8 月 16 日（http://www.moe.gov.cn/publicfiles/business /htmlfiles/moe/moe_ 307/200511/12993.html）。

数量（如厦门大学有两院院士 11 人，"长江学者"特聘教授 15 人，"青年千人计划" 10 人。）

二　人才流失严重

人才流失是长期以来影响河北高等教育健康发展的重要原因。从河北省教育厅得到的数据表明，2002—2006 年河北省 10 所骨干高校研究生学历教师流失 300 多人，年均流失人才 60 人，而 2006—2010 年 20 所高校流失人数达到 605 人，年均流失人才 121 人，后者比前者统计的学校数量增加一倍，流失人数也翻了一番；从流失人才的学历看，在最新的统计数据 605 人中，具有硕、博学历的教师共有 300 多人，占流失教师总数的一半多；从流出院校来看，人才流失最为严重的是河北省属重点高校，包括河北工业大学、河北农业大学、河北大学和燕山大学等，主要集中于工学和人文社会学科；从年龄段来看，30—50 岁的教师流失最多，占总量的 57%，因此导致河北各高校中 35—50 岁教师数量相对不足。而在流向方面，虽无法了解那些流失教师的具体去向，不能进行准确的统计，但在访谈中被访人员无论是教育行政人员还是高校教师，都一致认为京津是河北人才首要和主要的流入地，几乎每个被访人员都能说出几位从河北高校流向京津的之前同事或认识的朋友。

河北高等教育基础薄弱，高层次人才数量原本就不多，加之每年大批人员流失，对河北高等教育发展来说无疑是雪上加霜，为了稳定教师队伍和吸引更多优秀人才，河北省采取了各种措施。从人才流失的原因来看，涉及生活、工作、子女上学等各方面的因素，其中经济利益的驱使和良好学术氛围的需求是较为主要的原因，对此，河北实施了一系列人才优惠政策，包括"燕赵学者计划"（遴选 5—10 个特聘岗位，面向全国公开招聘，聘期 3 年，每人每年资助科研经费 50 万元）、"杰出人才工程"（设立 10 个特聘教授岗位、50 个首席教授岗位和 40 个主讲教授岗位，遴选学科带头人）、"名师工程"（培养全国名师 10 名、河北省高校名师 100 名）、"优秀人才计划"（培养 600 名中青年骨干教师）及开辟引进院士或长江学者等高层次人才的"绿色通道"。这些措施对河北省高等教育师资队伍建设起到了一定的作用，但从总体上说效果还是非常有限，毕竟很难在较短时间内建设出数量可观、结构合理、相对稳定的高水平学术梯队。因此从目前状况来看，河北高等教育发展依然面临着人才流失多和引进难的问题。

第四节　河北高校中国家"重点"建设平台严重匮乏

由于人口众多，教育规模庞大，还属于"发展中"的我国一直处于"穷国办大教育"的状态，为了提高办学效益，国家设立了各种平台集中有限的教育资源，来优先保障部分高校及学科的发展。现有"重点"建设平台主要包括重点大学、重点学科、重点实验室及各类研究中心等，这些平台代表着一种育人模式、教育理念和资源整合的方式，可以从不同方面促进高等教育的质量建设，最大程度激发学生的潜力，快速提升其能力和素质，是提高人才培养质量和学术水平不可缺少的决定性因素。

在国家层面的高校重点建设平台资源分布上，京津冀区域被认为是最为丰富的地区，该区域聚集了全国1/3强的设有研究生院的普通高校、1/4强的"211工程"院校和"985工程"院校、1/5强的研究生教育规模，各类平台资源所占比例均远超其他同类区域，但实际上这些优质教育资源基本上都只属于京津两地，河北省所占有的比重微小到可以忽略不计。在京津冀"优质高等教育资源最为丰富区域"的光环下，是被忽视的河北高校国家重点建设平台资源匮乏近乎"贫瘠"的状态，这已经成为制约河北省高等教育人才培养质量和水平进一步提升的瓶颈。

一　河北省境内没有一所完整的全国重点大学

"全国重点大学"在不同时期所指代的对象和涉及的范围也不相同，总体来看河北省的国家重点大学数量呈下降趋势，截至目前其境内没有一所完整的这类性质的大学。20世纪50年代新中国成立不久，国家通过《中共中央关于在高等学校中指定一批重点学校的

决定》①，确定了 16 所国家重点支持建设的"全国重点大学"，之后
又陆续追加，至 1981 年共有 99 所全国重点大学，河北省境内的河
北电力学院（即现在的华北电力大学）和石家庄铁道学院两所高校
入围。1985 年属于全国重点大学之列的东北重型机械学院开始迁至
河北秦皇岛市，并于 1997 年完成整体搬迁，更名为"燕山大学"，
至此河北省境内有 3 所全国重点。然而其时这批"全国重点大学"
已有名无实了，因为自 20 世纪 90 年代中后期开始，经国务院批准
教育部先后启动了"211 工程"和"985 工程"高校建设规划，
"211 工程"旨在集中有限资金，重点建设一批基础条件较好的学校
和重点学科，带动其他学校，从而提高我国高等教育的人才培养质
量、科研水平和办学效益；"985 工程"大学现已成为新时期"全国
重点大学"的代称，该工程以建设世界一流大学和国际知名的高水
平研究型大学为目标，集中资源，突出重点，体现特色，发挥优势，
力图实现高等教育跨越式发展。全国先后共有 112 所高校被列为两
项工程计划，平均每省 3.6 所；若分别计算，"211 工程"高校共 73
所，省均 2.4 所；"985 工程"大学 39 所，省均 1.3 所（如果按其
实际涉及的 18 省份计算，省均为 2.2 所）。图 4—1 为 112 所高校在
全国 31 个省份中的分布情况。

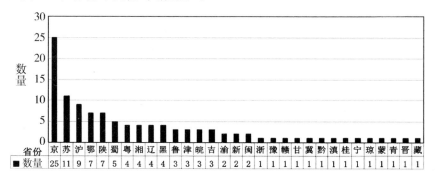

省份	京	苏	沪	鄂	陕	蜀	粤	湘	辽	黑	鲁	津	皖	吉	渝	新	闽	浙	豫	赣	甘	冀	黔	滇	桂	宁	琼	蒙	青	晋	藏
■数量	25	11	9	7	7	5	4	4	4	4	3	3	3	3	2	2	2	1	1	1	1	1	1	1	1	1	1	1	1	1	1

图 4—1　"211 工程"与"985 工程"高校区域分布情况（单位：所）

资料来源：根据各省份重点高校数量统计所得。

---

① 《中共中央关于印发教育工作的十个文件的通知》（http://cpc. people. com. cn/GB/
64184/64186/ 66666/4493334. html）。

在"211工程"大学评选过程中，河北省辖区内原有的3所全国重点大学只有华北电力大学入围，辖区外位于天津的河北工业大学也被纳入该项工程规划内，但由于华北电力大学现已将校部迁往北京，只保留保定校区，因此认为与河北有关的"211工程"高校有1.5所，省内0.5所，省外1所，占"211工程"高校总数比重为2.1%。至于"985工程"重点大学，可以说也有0.5所与河北省稍有关联，即东北大学秦皇岛分校，该校原为冶金工业部北方冶金地质"721"大学，后整建制并入东北大学，成为该校秦皇岛分校，并承担东北大学"211工程"和"985工程"建设子项目。2011年教育部表示两项高校建设工程大门已经关闭，以后不会再增加新成员，对于河北省来说这意味着进入境内没有一所完整的"全国重点大学"时期。

二 河北省国家重点学科发展较慢

国家重点学科是国家根据发展战略与重大需求，择优确定并重点建设的培养创新人才、开展科学研究的重要基地，在高等教育学科体系中居于骨干和引领地位。[①] 国家重点学科有助于带动高等教育整体水平的提高和教育质量的提升，对高层次创新人才的培养与创新能力的开发、培育来说具有极其重要的作用和意义。河北省高校中国家重点学科数量极少，发展较慢，对高等教育发展难以起到带动作用。教育部曾在1988年、2002年和2006年先后三次对国家重点学科进行评选，第一次河北省高校无学科入选，第二次3个学科入选，第三次共有6个学科入围，至此河北省高校中国家重点学科包括1个一级学科国家重点学科——燕山大学机械工程，5个二级学科国家重点学科——燕山大学材料学、河北工业大学电机与电器及材料物理与化学、河北医科大学中西医结合基础、河北师范大学细胞生物学。河北高校重点学科从无到有，说明河北省在重点学科建设上取得了一定成绩，但与其他高等教育发达省份相比差距悬殊，

---

① 《国家重点学科建设与管理暂行办法》，2008年2月5日（http: //www. gov. cn/ztzl/kjfzgh/content_ 883871. htm）。

也远低于全国平均水平，2006 年国家重点学科共评选出一级学科286 个，平均每省 9.2 个，二级学科 677 个，平均每省 21.8 个。从所占比重上看，河北省两级学科重点学科在全国同类学科总数中所占比重仅分别为 0.3% 和 0.7%。另外，河北省 6 个国家重点学科很不均衡，主要集中在工学（4 个）、理学（1 个）和医学（1 个）上，文史及社会学科没有国家重点学科。①

三　国家层面的重点实验室和研究中心数量极少

国家层面设立的重点实验室主要包括三种类型，即国家重点实验室、科技部与地方共建的重点实验室、教育部与地方共建的重点实验室，后两类又被统称为省部共建国家重点实验室。图 4—2 是全国及河北省高校中三类重点实验室的拥有量对比图。

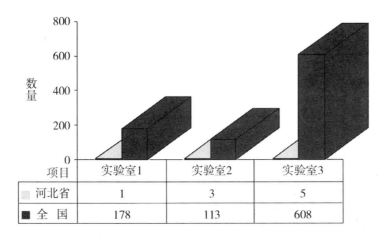

项目	实验室1	实验室2	实验室3
河北省	1	3	5
全　国	178	113	608

图 4—2　河北省高校及全国重点实验室拥有量（单位：个）

注：实验室 1 为国家重点实验室，实验室 2 为科技部参建的省部共建实验室，实验室 3 为教育部参建的省部共建实验室。

资料来源：中国学位与研究生教育信息网：学位与研究生教育数据中心（http://www.chinadegrees.cn/xwyyjsjyxx/xwsytjxx/）。

---

① 《国家重点学科评选》，2013 年 11 月 12 日，中国学位与研究生教育信息网（http://www.chinadegrees.cn/xwyyjsjy xx/zlpj/zdxkps/zdxk/）。

国家重点实验室是国家组织高水平科学研究、聚集和培养优秀科研人才、开展高层次学术交流的重要基地，自 20 世纪 80 年代国家重点实验室计划启动以来，吸引、凝聚了大批国内外优秀人才，在培养具有更高科学素质和科研能力的科研后备人员上发挥了不可替代的重要作用。图 4—3 为 2011 年全国高校类实验室区域分布情况。结合图 4—2 和图 4—3 所示情况可以看出，至 2011 年全国共有高校类国家重点实验室 178 个（共建高校分别统计），涉及 23 个省份，平均每省 7.7 个。河北省境内国家重点实验室只有 1 个，即燕山大学亚稳材料制备技术与科学国家重点实验室，仅占总数的0.6%。该实验室是 2006 年被科技部批准建设的材料类实验室，成立以来相继承担了"973"项目、"863"项目、国家杰出青年科学基金、国家自然科学基金重点项目等大批研究与开发任务，尤其是2009 年燕山大学以该实验室为依托，作为首席单位，联合清华大学、中科院物理所等六家单位共同承担了"973"科研项目"空间飞行器长寿命关键构件制备与服役中的基础问题"，这是河北省高校首次以"973"项目首席单位承担国家重大研究课题。

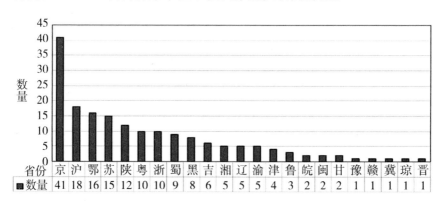

图4—3　2011 年全国高校类国家重点实验室区域分布（单位：个）

资料来源：《国家重点实验室名单》，教育部网站（http://www.moe.edu.cn/public-files/business/htmlfiles/moe/s3715/201006/89122.html）。

省部共建国家重点实验室作为国家创新体系的重要组成部分，是由科技部、教育部与地方各省区共同建设的，其目的旨在提高地方基础研究水平和区域科技创新能力，也是地方进行高水平研究、培养高层次人才及开展学术交流的重要基地和平台。从图4—2中可以看到，科技部自2002年以来在全国先后分批建设了113个省部共建实验室，河北省目前拥有3个，即河北工业大学"电磁场与电器可靠性重点实验室"、石家庄铁道大学"交通工程结构力学行为演变与控制重点实验室"、河北科技大学"药用分子化学重点实验室"，没有达到全国每省3.6个的平均水平，所占比重仅为2.7%。教育部与河北省共建的教育部重点实验室共有5个，即燕山大学先进锻压形成技术与科学实验室、河北医科大学神经与血管生物学实验室、河北大学药物化学与分子诊断实验室、河北联合大学现代冶金技术实验室、石家庄铁道大学道路与铁路工程安全保障实验室，在全国600多个教育部参建的重点实验室中占比只有0.8%，与全国每省19.4%的平均水平有很大差距。

研究中心包括两类，即国家工程技术研究中心和启动不久的"2011协同创新中心"。国家工程技术研究中心作为依托于科研院所、高等院校或企业的技术研究开发平台，是国家重大创新基地和国家创新体系的重要组成部分，其目标旨在提升国家科技发展水平、培养一流工程技术人才、研发一流工程化成果、建设先进工程化条件，实现人才、技术和经济运行的良性循环，对于我国科技人才的培养模式改革具有促进作用。[①] 图4—4为2012年国家工程技术研究中心地域分布情况。

据统计，截至2012年年底，全国共有各类国家工程技术研究中心327个（包含分中心在内为340个），分布于29个省（直辖市、自治区），其中依托高校所成立的中心有92个。在河北省内，共有国家工程中心4个，依托高校设立的中心有3个，分别是河北农业大学国家北方山区农业工程技术研究中心、燕山大学国家冷轧板带装备及工艺工程技术研究中心和河北工业大学国家技术创新方法与实施工具工程技术研究中心。从数量上看，河北高校类工程中心低

---

① 《国家工程技术研究中心》，2013年12月28日（http://www.cnerc.gov.cn/index/centers/index.aspx）。

于每省 3.2 个的平均数，在比重上仅占总数的 0.9%，在全国大学类研究中心中的比重为 3.3%。与京津两地 75 个研究中心及其 22.9% 的比重相比，河北省更是存在很大差距。

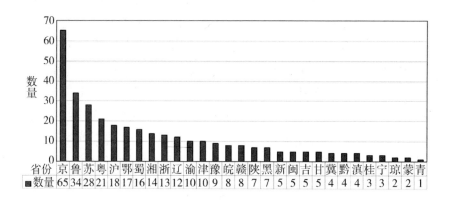

图 4—4　2012 年国家工程技术研究中心地域分布（单位：个）

数据来源：国家工程技术研究中心信息网（http://www.cnerc.gov.cn/index/ndbg/list_ detail.aspx? column＝distribute&year＝2012）。

表 4—8 为 2012 年度首批认定的国家级 "2011 协同创新中心" 名单。2011 协同创新中心是国家实施 "高等学校创新能力提升计划"（简称 "2011 计划"）的途径和平台，该计划是继国家 "985 工程" 和 "211 工程" 之后高等教育事业发展上体现国家意志的全新重大战略举措，目的在于加快高校机制体制改革，转变高校创新方式，培养拔尖创新人才，创造重大标志性成果，以充分发挥高等教育作为科技第一生产力和人才第一资源重要结合点的独特作用，为国家创新发展做出更大贡献。协同创新中心作为实施 "2011 计划" 的载体，是以某高等学校为主要牵头单位，其他高校、科研院所、行业企业或地方政府为协同单位共同组成的联合创新体，这些创新中心分为面向科学前沿、文化传承创新、行业产业和区域发展四种类型，将发展成为具有国际重大影响的学术高地、行业产业共性技术的研发基地、区域创新发展的引领阵地和文化传承创新的主

力阵营。① 2012 年首批认定了 14 个国家级协同创新中心，河北 118 所高校无一参与其中。而其中 9 个中心的牵头或协同单位都涉及京津高校，包括北京大学、清华大学、中国人民大学、北京航空航天大学、天津大学、南开大学等高校。

表 4—8　　2012 年度"2011 协同创新中心"认定公示名单

序号	中心名称	主要协同单位	类型
1	量子物质科学协同创新中心	北京大学、清华大学、中科院物理所	前沿
2	中国南海研究协同创新中心	南京大学、中国南海研究院、海军指挥学院、中国人民大学、四川大学、中国社科院边疆史地中心、中科院地理资源所	文化
3	宇航科学与技术协同创新中心	哈尔滨工业大学、中航科技集团	行业
4	先进航空发动机协同创新中心	北京航空航天大学、中航工业集团	行业
5	生物治疗协同创新中心	四川大学、清华大学、中国医学科学院、南开大学	前沿
6	河南粮食作物协同创新中心	河南农业大学、河南工业大学、河南省农科院	区域
7	轨道交通安全协同创新中心	北京交通大学、西南交通大学、中南大学	行业
8	天津化学化工协同创新中心	天津大学、南开大学	前沿
9	司法文明协同创新中心	中国政法大学、吉林大学、武汉大学	文化
10	有色金属先进结构材料与制造协同创新中心	中南大学、北京航空航天大学、中国铝业公司、中国商飞公司	行业
11	长三角绿色制药协同创新中心	浙江工业大学、浙江大学、上海医药工业研究院、浙江食品药品检验研究院、浙江医学科学院、药物制剂国家工程研究中心	区域

① 《教育部、财政部关于实施高等学校创新能力提升计划的意见》。2013 年 3 月 15 日（http：//www.moe.gov.cn/public files/business/htmlfiles/moe/A16_ zcwj/201204/134371.html）。

续表

序号	中心名称	主要协同单位	类型
12	苏州纳米科技协同创新中心	苏州大学、苏州工业园区	区域
13	江苏先进生物与化学制造协同创新中心	南京工业大学、清华大学、浙江大学、南京邮电大学、中科院过程工程研究所	区域
14	量子信息与量子科技前沿协同创新中心	中国科技大学、南京大学、中科院上海技物所、中科院半导体所、国防科技大学	前沿

资料来源：《关于 2012 年度 "2011 协同创新中心" 认定结果的公示》，教育部网站（http://www.moe.gov.cn/publicfiles/business/htmlfiles/moe/s5745/201304/150424.html）。

综上所述，观念落后、经费不足、优秀人才稀缺、资源平台匮乏等原因导致河北高等教育发展在规模、结构、质量、效益等各方面都面临着种种问题，致使其陷入重重困境之中。这些问题与困境不但严重制约着河北高等教育的健康发展，而且仅靠自身难以在短时期之内克服和摆脱。区域发展不可能在封闭空间中独善其身，各地在资源、要素、信息、能量的交换与交流中才能求得生存，高等教育作为社会系统之一，同样不能故步自封。层层重压之下的河北高等教育要想尽快突出重围，在自身努力的同时还有必要借助一定的外力。从百年历史中我们知道，把握好河北与京津之间的关系，已成为河北高等教育发展的关键，目前正在推进中的京津冀区域一体化，是河北高等教育寻求突破的难得机遇。

第五章 河北高等教育未来发展的理论依据

面对自身难以解决的种种问题与困境，河北高等教育未来如何发展，发展战略如何制定，正如美国著名教育战略家乔治·凯勒（George Keller）所说："战略是聚焦于外部的，要求运用一种环境考察的方式。"[①] 对于某一地区的高等教育来说，该地区所处区域发展环境的变化是其高等教育进行战略调整的重要因素。目前河北高等教育所面临的区域发展环境中，变化最为显著、影响最为重大的即为京津冀区域一体化发展，它将对河北高等教育产生积极的促进作用，为其摆脱困境、谋求突破提供难得的发展机遇。

第一节 河北高等教育区域发展环境的一体化概况

河北省所处的京津冀区域是全国经济社会发展基础最好的区域之一。首先是拥有较为丰富的人力资源，该区域占国土总面积2.3%的21.6万平方公里范围内，2011年年末户籍人口在全国总人口中占比为7.1%，达到9515多万人，常住人口则超过1亿多人，人口密度达到每平方公里近500人，远远大于140人的全国平均值，密集的人口虽然是区域发展的压力，但同时也是宝贵的人力资源；其次是经济总量较大，2011年该区域生产总值（GDP）为57348.29

[①] 乔治·凯勒：《大学战略与规划——美国高等教育管理革命》（中译版序），别敦荣译，中国海洋大学出版社2005年版，第1页。

亿元，占全国 GDP 总量的 11.1%；① 再次是借助首都地区的政治、文化中心区位之利，京津冀区域软环境建设与其他地区相比具有明显的优势。然而，尽管拥有如此良好的基础和条件，长期以来横亘于两市一省之间难以逾越的行政界线阻隔了相互的深层次交往，三地长期处于"形聚神散"的状态，京津冀区域整体发展受到严重制约。遵循区域经济社会发展的基本规律，彻底突破行政壁垒的重重束缚，大力推动区域一体化进程，已成为京津冀未来发展的迫切要求与必然趋势。

一　河北高等教育区域发展环境的一体化性质与特征

现在河北高等教育所面临的京津冀区域环境能不能被称为一体化，关键要看其是否具有一体化发展的主要性质。下面我们根据相互依赖与复合相互依赖、融合性与排他性等一体化理论，来对京津冀区域关系的性质和特征进行分析。

（一）河北高等教育区域发展环境的一体化性质

1. 相互依赖性与复合相互依赖

一体化从本质上说是对各方或各行为体之间"关系"的描述，相互依赖是这种关系所具有的最根本属性。20 世纪 60 年代，美国学者理查德·库珀（Richard N. Cooper）提出了相互依赖理论，从经济学的角度来论证各国（或地区）一体化发展中所存在的相互依赖关系，认为一个国家（或地区）的经济活动对另一国家（或地区）的经济活动具有相互的作用和影响。相互依赖理论强调行为体之间的依赖是互相的，而不是单向地输出影响，但各行为体相互依赖的程度也是不同的，并且这种依赖程度会随着各种因素和条件的改变而发生变化。20 世纪 70 年代，复合相互依赖理论的代表人物美国学者罗伯特·基欧汉（Robert O. Keohane）与小约瑟夫·奈（Joseph S. Nye，Jr.），从政治学的角度在国家层面重新定义相互依赖，认为依赖是为外力所支配或受其巨大影响的一种状态，世界政治中的

---

① 以上数据根据国家统计局网站所公布的"国家数据"计算得来，网址：http://data. stats. gov. cn/index。

相互依赖，就是指以国家之间或不同国家的各行为体之间相互影响为特征的情形。① 推及地区之间，同样存在互相影响的依赖关系。而之所以称其为复合相互依赖，是因为这种关系涉及各个领域和层次，行为体也呈现多样化。从领域来看，相互依赖不仅存在于经济领域，在政治、文化等领域也存在普遍的联系与互动，也就是说其既可以产生于物质现象，也可以产生于社会现象。从层次上看，行为体包括各类跨界集团和组织，既有国家、政府性质的，也有社会性质的；既有宏观层面，也有微观层面，多样化的行为体意味着相互依赖程度的加深。相互依赖范围扩大、层次加深，使区域之间构成了一个多渠道、复合型关系，而不只是单一联系，这有利于区域协调与合作的实现。下面根据复合相互依赖理论提出的主要观点，来分析河北高等教育区域发展环境中京津冀三地之间的关系。

其一，京津冀两市一省之间是一种互为利害的依存发展关系。相互依赖作为一种地区间跨界交往关系，表现为商品、人员和信息等要素在各地之间的流动，但相互交往联系并不等于相互依赖，如果一种交往对行为体来说并不是必须存在的，或者说一方终止这种关系后不会对行为体造成任何影响，则这种联系就不能称为相互依赖，相互依赖关系的确立须以行为体付出代价的相互影响为前提。美国加州大学伯克利分校终身荣誉教授肯尼思·沃尔兹（Kenneth Neal Waltz）认为，相互依赖关系是一种需要花很大的代价才能得以解除的相互关系，因为从本质上说这是一种积极的关系，如果这种关系受到损害，各方都将遭受损失。② 所以说只有当一种交往关系发展为需要有关各方都付出代价的相互影响时，才可以认为构成了相互依赖。行为体之间的交往关系对相互依赖的影响取决于与之相关的代价或成本，为这种关系所付出的代价越大，各方相互依赖的程度越深。

相互依赖的产生需要各地之间存在异质性的资源禀赋与社会发

---

① 罗伯特·基欧汉、约瑟夫·奈：《权力与相互依赖》（第四版），门洪华译，北京大学出版社 2012 年版，第 4 期。

② Richard Rosecrance, "Arthur Stein. Interdependence: Myth and Reality", *World Politics*, Vol. 26, No. 1, 1973, pp. 1–27.

展需求，异质性即差异性与不均匀性，既包含性质的不同，也涉及数量的差别。一体化区域内，各地区虽然具有地缘关系，但自然形成的资源禀赋及发展条件并不完全相同，在类型与数量上都可能存在差异，这是区域一体化存在的资源基础与重要支撑，也是各地交往互动的基本要求。但单纯的差异并不能称为互补性，只有当一方所有正是另一方所需，即存在异质性的社会发展需求时，才发生互补性，从而构成依赖关系。异质性的社会发展需求主要指各行政区域长期发展与历史积淀下来的固有差别，行政区域是根据各地社会管理、经济联系、地理条件等因素的不同特点划分而形成的，原本就存在差异化发展的历史基础，只是由于后来片面追求经济利益等情况，才出现同质化发展的倾向，这既违反了社会发展规律，也有悖于与资源基础一致的自然发展规律。现在随着科学发展意识的增强与发展观念的转变，基于自身优势的异质性、个性化需求成为各地的发展方向与目标。异质性的资源禀赋与发展需求，构成了各地发展的自然基础与社会基础，意味着各地在发展内容、重点与方式上都有所不同，各方可以根据自身的定位，依托所拥有的现实与潜在的比较优势，谋求形成各自的创新能力与竞争力。在此基础上，联合发展中也将避免同质化的竞争与发展，逐步达到最优化的分工与协作，由此形成优势互补的合作与竞争，是一种在合作中竞争、竞争中合作的态势，是实现区域共同发展的有效途径。

在京津冀区域，京津两市经过之前几十年的大力发展，经济水平和城市化进程迅速提升，现已转向以工商业和服务业为发展重点，总体来说，目前北京已进入了后工业化阶段，天津处于工业化阶段的后期，而河北省仍然在工业化阶段的中期。[①] 但河北作为农业大省，有着悠久的历史和深厚的基础，现代农业方面也达到了相当高的水平，特别是当京津向二、三产业倾斜后，两地农业则相对较弱，河北就成为该区域重要的"米袋子"和"菜篮子"。早在2008年的时候，河北的农副食品在京津地区市场上已占到了很高的比例，蔬

---

① 祝尔娟：《京津冀都市圈理论与实践的新进展》，中国经济出版社2010年版，第110页。

菜、生猪、活牛、活羊、果品的占有率分别达到 40%、50%、40%、25 % 和 40 % 左右。① 同时，京津很多企业到河北各地设立农产品深加工基地或原料基地，也带来了河北发展所需要的资金和技术，对河北当地发展起到了极大的促进作用。现在河北与京津两市之间已经建立起稳定的发展关系，任何一方的终止都会使区域整体长远发展受到影响，业已形成的这种相互依赖关系是很难再改变的，在未来发展中只会得到不断改善和加强。河北省"十二五"规划战略重点之一，就是要推动区域经济协调发展，建设环首都绿色经济圈，在紧邻北京、交通便利、基础较好、潜力较大的县（区市）重点突破，以点带面，逐步把环首都地区打造成为经济发达的新兴产业圈、绿色有机的现代农业圈、独具魅力的休闲度假圈、环境优美的生态环保圈和舒适怡人的宜居生活圈，② 未来京津冀的进一步融合发展是必然的趋势。

其二，京津冀三地在相互依赖中是非对等的关系，河北具有较强的敏感性和脆弱性。美国学者罗伯特·吉尔平认为，相互并不总是意味着完全平等，由于行为体之间资源分配的不平衡是不可避免的，相互依赖在实质上往往是非对称性的，经常是一种"相互的但又不平等的依附关系"③。但正是这种不对称状态，才最有可能为行为体之间的交往提供推动力，对相互依赖的形成起支配作用。非对称性的相互依赖意味着存在一方依附于另一方的可能性，导致依赖性较小的一方会将相互依赖关系作为一个筹码，与依赖性较大的一方在某些问题上进行讨价还价，或影响其他问题。④ 依赖性大小一般情况下与资源多寡存在反比关系，资源丰富者依赖性较小，资源贫瘠者依赖性较大，不过这种资源优势并不一定能保证前者必然会在

---

① 何海军、杜丽菲、郭小兰：《京津冀经济一体化过程中的问题分析》，《北方经济》2008 年第 7 期，第 57—59 页。

② 《河北省国民经济和社会发展第十二个五年规划纲要》，2011 年 3 月 21 日（http：//hebei. hebnews. cn/2011-03/21/ content_ 1771843_ 13. htm）。

③ 罗伯特·吉尔平：《国际关系政治经济学》，杨宇光译，经济科学出版社 1989 年版，第 24 页。

④ Robert O. Keohane, Joseph S. Nye, Jr., Power and Interdependence：World Politics in Transition, Boston：Little Brown and Company, 1977, p. 9.

结果的控制方面也占据优势，因为毕竟在各方的谈判过程中涉及众多因素，况且资源优势上的潜能未必能够完全转化为影响力。从另一角度说，依赖性较大的一方虽然在初始资源分配中处于劣势，但并不一定不能在非对称相互依赖中获益。当然非对称相互依赖只是一种通常情况，并不排除行为体之间均等依赖的存在。在现实世界中，对称相互依赖和"绝对的依赖"一般都很少见，大多数情况是介于两者之间。①

这种非对称性可以通过依赖关系中的敏感性和脆弱性表示出来。敏感性指的是行为体做出反应的程度，衡量的是一方对他方有代价的变化进行应对的速度和所付出的代价，对于行为体来说，外部变化造成的直接影响通常首先表现为敏感性相互依赖。脆弱性可以定义为行为体因外部事件所强加的代价而受损失的程度，脆弱性相互依赖的衡量标准，是一段时期后行为体为有效适应变化了的环境做出调整应付的代价。② 相互依赖各方由于自身禀赋的不同，对于同一变化的敏感性和脆弱性是有差异的，一般来说敏感性与各方的依赖程度呈正相关关系，脆弱性则与行为体应对变化的能力等诸多因素有关，如在多长时间内能获得替代选择。

京津冀区域中，也存在各种非对称性的依赖关系，影响着区域发展的未来趋势和各地的定位。在物质、空间方面，与京津相比河北具有较为丰富的资源，长期以来为京津提供了充足的"后勤"保障，在未来发展中京津城市拥堵问题的解决仍然离不开河北广阔的地域，从这一角度讲京津对河北的依赖较大。但在科技、资金、信息等方面，河北与京津有很大差距，首先北京是全国首都，具有无可比拟的政治优势；其次，京津是全国重点高校的聚集地，拥有最为丰富的智力资源；再次，京津具有强大的资本和信息资源，至2013 年年底世界 500 强企业中有 280 家在京投资，48 家企业总部落

---

① 刘颖：《相互依赖、软权力与美国霸权：小约瑟夫·奈的世界政治思想研究》，中国社会科学出版社 2010 年版，第 64 页。

② 罗伯特·基欧汉、约瑟夫·奈：《权力与相互依赖》（第四版），门洪华译，北京大学出版社 2012 年版，第 12—13 页。

户北京，数量位居世界第一，被称为 500 强企业"总部之都"。① 从以上角度说，河北对京津具有较大依赖性，而且随着发展程度的提高，这些层面的依赖性还会继续增加。另外，由于河北省担负着"为京津服务"的政治任务，因此长期以来形成了"以京津为中心"的模式，一定程度上说河北在发展中是"依附"于京津。可以说，京津对河北的物资依赖，是河北必须提供的"政治性"服务，正因如此，京津方面对这种依赖关系并不"感恩"，因此在三地关系中河北处于极其被动的地位，各方面发展都需"唯京津马首是瞻"，致使其对区域变化具有较强的敏感性和脆弱性，不但往往对区域关系变化付出较大代价，而且需要花费更长时间来调整适应这种变化所带来的影响。

其三，京津冀之间相互依赖关系并不一定会导致互利合作，各方的意愿和相关政策是必不可少的条件。相互依赖论者认为，相互依赖是合作与互利的前提条件，但互利与合作不是其必然的结果，实现需要一定的条件。相互依赖关系的确立总是与代价联系在一起的，并且无法保证付出的代价会带来预期的收益，所以相互依赖关系中利益问题的核心是追求最大限度的利益和如何分配利益，而产生的也只能是相对收益，不一定是绝对收益。换言之，相互依赖并不意味着"非零和"，不是以互利为本质特征的，互利也不能成为相互依赖的必然结果。对于合作，由于存在利益的分配问题，各方之间的冲突与竞争仍然是不可避免的，只不过形式会有所不同，再加上相互依赖关系本身固有的脆弱性，各行为体为应对这一情况都会努力加强自己的独立性，所以相互依赖并不意味着必然会出现合作。相互依赖只是为各方合作与互利提供了一种必要的前提，引发合作与互利的可能性是否能够实现，还有赖于各种相关因素博弈的结果。对于京津冀地区来说，具有决定性作用的因素包括两个，即主观方面各方的合作意愿和客观方面国家相关政策的支持。

在京津冀区域，三地长期以来形成了相互依赖的发展关系，但

---

① 孙超逸：《北京成世界 500 强企业"总部之都"》，《北京日报》2014 年 2 月 20 日第 1 版。

一直难以建立长久稳定的合作互利关系，京津主观意愿缺乏是其中最为根本的原因之一。首先从北京和天津的关系来看，两市发展水平相近，一直处于强强相争的态势，认识不到一体化的必要性，只是进行随机的合作，难以成为紧密互利合作伙伴。其次从河北与京津关系来看，相比较而言，河北与两市总体发展程度有较大差距，尽管落后的河北有合作的愿望，希望通过从京津引入技术、资金、人才和经验等要素资源以实现跨越式发展，但较发达的京津地区为了自身短期的利益，一直是"高调表态，低调行动"，"只听雷声响，不见雨点落"，合作的效果非常有限，有时京津为了本地局部的发展甚至以牺牲河北的利益为代价。可以看出，在京津冀区域，无论是发展差距较大的地区之间还是水平相近的地区之间，都存在建立合作关系的主观阻力因素。因此在未来发展中，京津冀能否建立长期稳定的一体化关系，关键要看作为优势一方的京津的态度。合作意愿的缺失，即使以行政命令方式启动一体化进程，强制建立合作关系，也难以出现满意的结果，达到预期的目的。

在客观方面，京津冀区域内建立跨界合作关系，离不开必要的国家相关政策的大力支持。该区域范围内包括一个首都、两个直辖市、三个省级行政区域，是全部中央机构的所在地，在经济上被认为是中国经济发展的第三极，因此很大程度上对整个国家的社会发展、经济格局具有举足轻重的作用，区域发展不只是两市一省或该区域自身的利益问题，还关乎国家总体发展战略的成败得失，必须要得到国家相关政策的允许和支持。另外，在我国目前集权制管理体制下，地方发展的自主权非常有限，跨界合作发展中的一些行为，如去除各种区域间的行政壁垒、创建新的制度与机构、跨区产业转移等，没有上层政策的支持也是不可能实现的。

2. 融合性与排他性

融合性与排他性是一体化的固有属性，这是由其多元化的区域主体所决定的。一体化之意即为把各个部分结为一个整体，① 因此各

————————

① 伊特韦尔：《新帕尔格雷夫经济学大辞典》（第二卷），经济科学出版社 1992 年版，第 45 页。

部分之间必定具有一定的差异，区域主体呈现多元化、多样性，这是建立区域相互依赖关系的互补基础与分工协作的前提，是各地区保持优势发展、获得持久动力的根本。多元融为一体的过程中，原本分散的各个部分在差异中寻求同一性，逐渐结合为一个共同的利益整体，强调的是发展内容的协调、利益的趋同及目的的统一，体现的是区域主体对多样性共生与融合的追求。然而不同的事物聚集在一起时除了可能构成前文所述的互补性之外，另一种可能就是产生自我保护并且排斥其他事物的本能反应，区域主体间的差异性此时也就成为排他性的"基因"。各区域主体在接触交往中的这种"本能"反应，表现为努力充分表达自己的利益主张，最大程度抵制其他主体提出的不利于己方的要求，争取在利益分配中占据主动，主导区域发展方向。这种排他行为并非完全是消极的，因为正是这种在交往中表达出的"排他性"，使得区域主体认识到彼此的需求和底线，在此前提下协商谈判，寻求适用于各方的最佳合作方式与途径，实现融合的目的。排他性是绝对的，只要有融合的需求，排他性行为就会发生，为可能的融合过程准备条件；融合性是相对的，但也是连续进行的，当一定程度的融合完成后，新的融合需求会继续出现，新的排他性行为也会随之产生。在这种不断的排他和融合过程中，区域一体化的程度逐渐加深，体现出多元一体、和而不同的辩证关系。排他性与融合性的对立统一，正是一体化区域关系与以排他性为主的一般区域关系的根本不同。

京津冀区域中，河北与京津两地的差异性是非常明显的，它们各自都以自我利益为中心，有不同的利益诉求：河北希望能借助京津的技术、资金、信息等优势来提升自己的发展层次和程度，还期望利用区域平台享受京津所有的优惠政策，得到更公平的对待和更多的发展机遇，从中获取更大的利益，而不甘心只扮演"服务生"的角色；在京津两市看来，其自身是中国经济社会发展的领头羊，担负着国家战略的发展重任，两地发展状况关乎国家利益，河北省应该为此做好"服务"，其地方利益只能退于其次，三地"一体化"会使京津背上沉重的包袱，拖慢其发展的速度。这些利益矛盾导致京津冀各方在区域交往中都产生本能的"排他性"反应，各地间难以建立深层次关系。然而随着发展中交通拥堵、人口膨胀、环境污染等各种"城市病"的出现，京津意识到没有河北腹地的支撑，两市的健康发展也难以持续。因此京津冀区域必须要作为一个共同体存在，在各方利益协调的基础上产生三地共同的区域整体利益，区域发展始呈现融合的趋势。

（二）河北高等教育区域发展环境的一体化特征

目前河北高等教育面临的京津冀区域一体化发展较为缓慢，尽管具有一体化性质，但一体化程度较低，甚至在某些方面还难以被称为一体化。"初始之物，其形必丑"，虽然京津冀区域一体化现状还不尽如人意，但只要发展方向不变，一体化必定会日益深入和完善。

1. 京津冀区域一体化是经济社会全方位的改革，目前的重点在经济与行政领域

社会是一个完整的大系统，某一子系统的变化必然引起其他子系统的反应，继而导致整个系统发生变化，所以重大社会变革必须是全面的，而非局部的，京津冀一体化也是如此。在历史上，"一体化"最初是用来描述经济领域现象的，区域一体化长期以来也仅指"区域经济一体化"。据美国学者麦彻洛普（Machlup Frits）考证，一体化原本指的是企业之间通过卡特尔、托拉斯以及其他方式形成的联合，1931 年瑞典经济学家伊莱·赫克歇尔（Eli Hechscher）借用该词从宏观经济学层面提出了"政策一体化"，德国经济学家哈勃特·盖蒂克（Herbert Gaedicke）和冯·尤恩（Von Eynern）于 1933 年著文《欧洲生产和经济一体化》，文中提出"经济一体化"的概念，以此来描述欧洲各国之间存在的贸易关系。[1] 在 1949 年的欧洲经济合作组织大会上，美国经济合作署署长保罗·霍夫曼（Paul Hoffmann）首次从官方的角度对经济一体化进行了阐述。[2] 1961 年，贝拉·巴拉萨（Bela Balassa）从过程与状态两方面给出了"经济一

---

[1] Machlup Frits, *The History of Thought on Economic Integration*, London: The MacMillan Press Ltd., 1977, pp. 4-5.

[2] 戴念龄:《关于国际经济一体化理论的几个问题》,《世界经济研究》1999 年第 4 期, 第 4—7 页。

体化"较为权威的定义，认为"经济一体化既是一个过程又是一种状态。作为过程，经济一体化包含着旨在消除不同国家、不同经济体之间歧视的种种措施；作为状态，经济一体化表示各国民经济之间不存在各种形式的歧视"①。第一届诺贝尔经济学奖获得者丁伯根（Jan Tinbergen）认为，区域经济一体化是以区域为基础，提高区域内的要素流动，达到资源的有效配置和利用，所以应关注一体化区域内广义的政策优化问题。他根据促进一体化的政策措施与制度行为的性质、作用及其力度的不同提出了"消极一体化"与"积极一体化"概念，消极一体化是指各国在经济活动中除去妨碍商品和要素跨界流动的限制和歧视，积极一体化意为建立保障区域市场运行、推动经济一体化发展的新的制度、政策及机构。②

英国学者罗伯逊（Peter Robson）根据经济活动范围将一体化分为三个层次：国家经济一体化——一个国家领土范围内跨地区的经济一体化；国际经济一体化——一个国际区域内跨国经济一体化；世界经济一体化——全球规模的经济一体化。③ 前两类属于区域经济范畴，一般称为国内区域经济一体化和国际区域经济一体化，第三类就是通常所说的全球经济一体化或经济全球化。对于国际区域经济一体化与全球经济一体化的关系，有观点认为前者是后者的过渡步骤和必要阶段，后者是经济一体化最高阶段，④ 但在实质上两者有很大差异，不仅所涉及的成员国数量多少、涵盖范围大小都不同，而且是分别由不同的动力所推动的过程与现象。简单地说，全球一体化是世界各国为优化国际生存环境而建立在人类共同利益之上，从而也是有利于成员国实现各自利益的、所有国家共同参与的一体化发展过程和出现的结果；而区域一体化则是由主观上追求自我利

---

① Bela Balassa, *The Theory of Economic Integration*, Illinois, USA：Richard D. Irwin, Inc., 1961, p. 1.

② Tinbergen, J., *International Economic Integration*, 2nd ed. Amsterdam：Elsevier, 1965, p. 12.

③ Peter Robson, *The economic of international integration*, London, George Allen & Unwin, 1980.

④ 邱嘉锋：《经济全球化与相关概念辨析》，《世界经济与政治论坛》2001 年第 3 期，第 12—16 页。

益的一些国家，达成区域共同体的发展过程和成果，其中很大一部分动力来自赢得和保持相对于区域外国际行为体的优势地位的目的上，具有对外的向度。① 虽然全球一体化和国际区域经济一体化长期以来一直在同步进行，对世界经济发展及经济关系产生了重大影响，但在目前来看，由于国际关系的复杂性，全球一体化遭遇严重阻碍，如致力于全球经济一体化的世界贸易组织（WTO）多哈回合贸易谈判就是因为各方利益分歧巨大难以协调而陷入僵局。相对来说区域一体化则更具有现实意义，在一定区域范围内打破国界限制，成为更多国家的一种理性选择。一般情况下，国际区域经济一体化根据贸易壁垒取消程度，组织成员国让渡部分民族国家主权，由集体行使部分经济主权，制定共同经济行为准则，调节和干预区域经济发展，达到实现区域共同发展的目标。20 世纪 50 年代以来，国际区域经济一体化发展迅速，跨国经济共同体、共同市场、贸易区和跨国联盟等各种一体化形式相继出现，一些超国家的组织和管理机构在各区域建立。

与国际区域经济一体化相比较而言，主权国家内部的区域经济一体化一般来说不存在主权、关税、货币等问题，但由于国情不同其内涵也有差异。根据我国区域经济发展情况，北京大学杨开忠教授认为："区域经济一体化不同于一般的区域协作，它是区域经济的结合，但并非是指区域与区域之间一次性的联合行为，而是指在地域分工及其伴生的区际利益分配过程中，一些区域为了共同的利益而趋势性地协调行动的行为过程和组织。作为一种地域经济过程，其本质在于资源配置在不断增长的空间范围内的调整与重组；作为一种地域经济组织形式，它是由经济利益连结而成的区域经济共同体，是劳动地域分工体系中的一个相对独立的环节。"② 张明龙认为，所谓区域经济一体化，是指按照自然地域的内在联系（包含经济、社会、文化等诸多因素），通过区域分工与协作，达到生产要素在区域内的完全自由流动，从而实现区域经济整体协调发展的动态

---

① 金安：《欧洲一体化的政治分析》，学林出版社 2004 年版，第 7 页。
② 杨开忠：《中国区域发展研究》，海洋出版社 1989 年版，第 127—128 页。

过程和相应的高度一体化局面。区域经济一体化是状态与过程、手段与目的的统一。① 由此可以看出，我国区域经济一体化，关键是加强各行政区域间的分工与协作，去除不适应经济发展的各种经济与非经济壁垒，从制度和政策上保障资源共享，促进区域整体利益的实现。京津冀区域经济一体化是在 20 世纪 80 年代实行改革开放后提出来的。当时随着经济发展的需要和经济体制改革的深入，需要打破原有传统体制下条块分割、地区分割的各种障碍和限制，加强各行政区间的相互协作与合理分工，推动跨地区横向经济联合与协作的形势，以实现区域经济协调发展。京津冀区域经济一体化，由物资调配、企业协作、联合经营到跨地区企业发展，经济合作的方式逐渐多样化，范围逐渐扩大，层次日益提高。

随着区域一体化的进一步发展，原有概念已经不能完全涵盖区域一体化的全部内涵，一体化不仅发生在经济领域，在社会其他领域也出现同性质现象。20 世纪 50 年代，美国社会与政治学家卡尔·多伊奇（Karl W. Deutsch）从政治学的角度对一体化进行理论研究，认为一体化是一种政治行为体之间的相互作用方式，通常意味着由部分组成整体，即将原来相互分离的单位转变成为一个紧密系统的复合体，在这种关系或状态中它们相互依存并共同产生出它们单独时所不具备的系统性能；政治一体化是政治行为者或政治单位的政治行为的结合；在政治中，一体化是一种关系，其中政治行为者、单位或组成部分的行为是受制约的，即不同于它们没有结合在一起的情况。② 政治是一定阶级或社会集团夺取、建立、巩固国家政权所进行的活动，③ 利昂·林德伯格（Leon N. Lindberg）把一体化概括为国家政治行为转变的过程，认为政治一体化就是各国放弃独立推行对外政策和关键的国内政策的愿望和能力，转而谋求做出联合决定或把决策活动委托给新的中央机构的过程，是说服若干不同

---

① 张明龙：《中国区域经济前沿研究》，中国经济出版社 2006 年版，第 479 页。

② 多伊奇：《国际关系分析》，周启朋译，世界知识出版社 1992 年版，第 267 页。

③ 中国百科大辞典编委会：《中国百科大辞典》，华夏出版社 1990 年版，第 162 页。

背景的国内政治行为体将其期望和政治活动转向一个新的中心的过程。① 区域政治一体化是针对国家间关系来说的，是以国家为主体的国际行为体的跨国互动关系，属于国际政治问题范畴，而在一主权国家范围内，不存在政治上的分歧和主权让渡，需要解决的是"区域行政一体化"问题。

　　行政作为政治系统的执行子系统，是指国家权力的执行机关运用组织、领导、计划、人事、协调、监督、财务等手段管理除立法与司法以外的国家和社会公共事务的过程。② 行政权力的执行机关被称作行政主体，包括中央和地方各级政府及其职能部门，各行政主体运用行政权力管理本区域内的公共事务与各项活动。在这个过程中，行政主体需要根据各自辖区情况制定与各类社会活动相关的政策、制度和法规等活动规则，以创造和维护区域发展的秩序和环境，区域不同则活动规则就不完全一致。在区域间发生的各种活动除了遵循自身的规律外，还必须遵守这些带有不同程度强制性的活动规则。如果这些规则要求符合各类活动的发展需要，就将对活动产生促进作用；相反，如果规则不利于活动的进行，则会起到阻碍作用，成为影响区域发展进程的"行政壁垒"。区域行政一体化，就是指不同行政区域的行政主体进行联合与协作，统一行为规则来管理区域内公共事务促进区域发展的过程。需要说明的是，区域行政一体化是在保持现有行政区划格局的前提下进行的，是一体化区域内行政权力的协调与统一，而不是调整区划设置、改变原有行政主体管辖范围或变更行政区域界线，是各行政主体间的合作而不是行政区的合并。

　　从目前情况来看，京津冀区域经济活动已经达到了一定程度，但一体化进程依然受到诸多体制、机制的束缚，不利于资源自由流动、优化配置，并且，区域共享的一些限制尚未去除，一体化继续深入的主要障碍即地区间的行政壁垒依然存在，因此区域行政一体

---

　　① Leon N. Lindberg, "Political Integration: Definitions and Hypotheses", Bremt F. Nelsen & Alexander C-G. Stubb, *The European Union: Readings on the Theory and Practice of European Integration*, Lynne Rienner, 1994, pp. 102-103.

　　② 中国百科大辞典编委会：《中国百科大辞典》，华夏出版社 1990 年版，第 281 页。

化是下一步的"攻坚任务"。京津冀区域行政一体化之所以艰难，一是因为该区域行政关系较为复杂，涉及中央与地方、首都与直辖市、直辖市与省级行政区等各种利益相关者，行政权力的协调向来是最为敏感和难度最大的问题之一；二是由于行政改革包括内容较广，政策、制度、法规、条例等规则的适用范围都需要进行调整，在社会中产生的影响较大；三是因行政行为带有一定的强制性，如果社会成员的观念意识问题尚未及时解决，贸然改变原有社会秩序和发展环境，容易引起民众的抵触，所以行政改革需要更多的时间进行充分的准备。

2. 京津冀区域发展遵循着"学习—外溢—效忠转移"的一体化过程

对于一体化发展过程的研究，有两个最具权威的理论，一个是被认为最具有解释力的功能主义，[①] 另一个即新功能主义。功能主义首创者英国学者戴维·米特兰尼（David Mitrany）认为，人类本质上是合作和理性的，有解决共同面对问题的兴趣，现代社会各行为体（即国家或地区）间存在的大量非政治性任务或技术性问题，有赖于专家们的合作并建立相关合作组织机构。他提出"分枝理论"，认为某一技术领域的合作会引起其他技术领域的类似反应，这样的合作或一体化便可以导致"分枝"现象，逐渐扩大到更多领域和部门，在此基础上实现行为体间的全面合作或一体化，比如共同市场建立后，就会推动运输、银行、保险等方面进行合作。新功能主义理论是在对一体化实践的考察和早期功能主义理论的思考基础上发展起来的，有欧洲学者甚至认为："对很多人来说，'一体化理论'和'新功能主义'实际是同义词。新功能主义一直是20世纪后半期欧洲一体化研究必不可少的组成部分……不管我们喜欢与否，如果不面对新功能主义，我们就无法思考有关的欧洲一体化分析。"[②] 经济与政治的相对区分、多元主义行为体、超管辖权制度及共同体构成

---

① 邓宗豪：《欧洲一体化进程：历史、现状与启示》，四川大学出版社2011年版，第25页。

② Ben Rosamond，*Theories of European Integration*，London：Macmillan Press LTD，2000，p. 50.

了新功能主义的理论假设与逻辑内容，在此基础上，新功能主义代表人物厄恩斯特·哈斯（Ernst B. Haas）提出了"学习—外溢—效忠转移"的一体化过程解释模式。截至现在，京津冀区域一体化也基本遵循这一模式。

在新功能主义理论中，"学习"是一种商讨和劝说，通过集体商讨改变行为体的偏好，劝说另一方以不同方式看待利益。[①]当部门组织意识到一体化会获取更有价值的利益时，便会在与其他部门组织的交往中不断"学习"，采取改变原有观念与态度、调整行为方式及制订行动方案等措施，以使实践符合一体化的要求。京津两地在经过几十年的快速发展后，被大城市所具有的通病所困扰，逐渐认识到区域腹地同步发展的重要性。因此京津冀区域的发展观念有所转变，长期进展迟缓的一体化进程正在呈现加速发展。

"外溢"是新功能主义的一个核心概念，用以描述区域一体化的过程与机制。一体化在一个组织或部门实现后，便会产生外溢现象。小约瑟夫·奈从政治学给外溢所下的定义为：由功能上的相互依赖或目标上的内在联系所产生的不平衡而迫使政治行为者们重新定义他们共同目标的某种形势。[②]由此我们可以知道，如果只在某一领域实行一体化，会造成相关领域间的不平衡形势，从而引起同样性质的变化从先行一体化领域向其他领域"溢出"，这种连锁式的反应使一体化范围逐渐扩大。外溢一般从具体的功能性组织或职能性部门开始，继而向其他组织和部门"溢出"，并逐渐影响到领域内所有组织和部门，然后再向其他领域蔓延，最终实现整个社会各领域的一体化。如欧洲一体化的发展进程，首先是经济领域重工业部门里煤钢问题开始一体化，之后向农业、关税和贸易等部门扩展，继而"溢出"经济领域，"溢"向政治、教育等其他社会领域，逐步推进整个欧洲社会的一体化。但是一体化的外溢过程会出现各种可能性，意大利学者菲利普·施密特（Philippe C. Schmitter）根据一体化覆

---

① 伍贻康：《多元一体——欧洲区域共治模式探析》，上海社会科学院出版社 2009 年版，第 290 页。

② Robert O. Keohane, Stanley Hoffmann, etc. , *The New European Community Decisionmaking and Institu- tional Change*, Boulder, Colorado: Westview Press, 1991, p. 19.

盖范围与决策能力两个变量，把外溢分为四种状况：返溢、强化、环溢和紧缩，相应的一体化程度也有差异。通常情况下的外溢意味着一体化范围扩充，共同体的决策能力增强；相反，如果一体化范围与组织影响力同时收缩到原有状态被称为返溢；强化，代表一体化组织的决策自主权得到加强，但覆盖领域没有扩展；环溢，即一体化组织的范围扩大，但决策能力没有变化；紧缩指的是一体化组织权威被削弱，内部成员联合仲裁水平提高。[①] 京津冀区域一体化同样始于经济领域，但与欧洲一体化不同的是，最早出现合作关系的是农业部门，接着是轻工业部门，随后更多的生产劳动密集型产品的部门开始了联合经营或跨区发展。目前京津冀一体化尽管仍然主要是经济活动，但覆盖了更大的范围，交通、旅游、金融、物流等部门的一体化程度在不断提高，而且在外溢影响下，劳务、环保、科技等方面的一体化也有所发展。随着京津冀一体化的推进，一体化会"溢"向越来越多的部门和领域，直至"溢满"整个京津冀区域空间。

"效忠"原本是政治范畴的概念，后被借用迁移到其他领域中，效忠转移即指分属不同辖区的行为体在区域一体化中将"忠诚"转移到拥有较高管辖权的共同体中心的过程，它是一体化实现的重要标志之一。在一体化发展过程中，行为体追求的不只是本辖区的利益，而是扩展到整个区域，其活动的价值以一体化区域的发展状况来评判。随着这种意识转变的发生及其在活动中的不断强化，尤其是当这种变化从经济领域外溢到政治领域时，行为体的价值观念和信仰体系在更大的区域范围内得到确立。态度决定行为，行为体心理认识上趋向同一，区域才会获得稳定持久的动力，实现由内到外的一体化。京津冀三地分属不同的行政区域，作为同级行政区划，具有对等的管辖权力，各部门的行为、活动都只为本辖区负责，为本行政区域谋利。在京津冀一体化启动之后，需要三地发展观念尽快转变，利益着眼点由本地行政辖区局部扩展到整个一体化区域。

---

① Philippe C. Schmitter, "Three Neo-Functional Hypotheses About International Integration", *International Organization*, Vol. 23, No. 1, 1969, pp. 161-166.

从目前情况看，作为优势一方的京津两市部分领域及部门的观念变化还不很明显，一些眼光短浅的利益相关者仍固守在自己的"一亩三分地"上，成为区域整体发展的不利因素，这也是京津冀区域一体化长期停滞不前、成效有限的主要原因之一。

3. 京津冀区域一体化是在多方力量推动下向前发展的，是一种兼具地方和超地方性质的多层推动模式

区域一体化发展模式主要是根据区域中各方的关系来确定的，如对于国际层面区域一体化，有学者认为，从理论上而言，一体化的机制与模式可以是政府间性质的，也可以是超国家性质的，或者是两者兼而具之。① 现在区域一体化发展最为成熟的即为欧洲一体化，上海社会科学院研究员伍贻康认为，欧洲一体化是一种多层共同治理模式，实行以国家和超国家机构欧盟两个层级为主的相互协调且多层次互动，但欧盟并不凌驾于成员国政府和地区当局之上，成员国和地区与欧盟没有隶属关系，表现出非等级特点，而且欧盟超国家机构、国家政府、地区当局以及拥有执行权力的代理机构、利益集团、私人等众多角色，都可以成为直接参与决策的行为体。② 当然区域不同，一体化模式也有差别，从目前京津冀区域一体化发展状况看，其模式为兼具地方政府间性质和超地方性质的多层推动模式。

从地方政府层面说，京津冀区域包括三个省级地方政府，区域一体化即为三省市间的横向联合发展。该模式的优势在于：一是以京津冀所含有的各种要素、资源及其他条件为基础，可以满足本区域发展的特殊性需求；二是进程主要由区域各方内部力量推动，横向联合中各方根据自我发展需要提出利益诉求，带有一定的主动性；三是区域发展中各方直接交往互动，成本降低，效益更高。从理论上讲，这种模式的不足也有三个方面：首先，发展目标由各地根据自身需要提出，可能比较注重短期效益，不利于区域长远发展；其

---

① 唐永红：《两岸经济一体化问题研究：区域一体化理论视角》，鹭江出版社 2007 年版，第 83 页。

② 伍贻康：《多元一体——欧洲区域共治模式探析》，上海社会科学院出版社 2009 年版，第 40 页。

次，各方都有利己心态，如果缺乏有效的协调机制，问题争议和利益分配往往成为继续发展的隐患；再次，一体化是本区域地方层面的自发行为，如果得不到上层资源的支持，发展空间会受到很大的限制。不过从京津冀一体化的实际情况来看，该区域的发展并不单纯是地方间的横向联合，还有来自"超地方"层面的外力推动，因此在一定程度上可以避免种种"不足"所带来的不利影响。

超地方层面推动，即中央部门参与或在区域层面成立协调机构来指导京津冀一体化进程，这是一种外部力量介入的纵向支配模式。新功能主义认为，国际区域一体化中超国家性的中心机构是不可缺少的重要部分，是一体化的推动力量和催化剂。在京津冀区域一体化中，中央层面的推动力度在逐渐加大，但区域层面还未出现由各方共同组建而成的中心协调机构，这非常不利于区域范围内各方协调工作的开展和京津冀认同感的强化。这种纵向支配模式的积极作用主要表现在以下几个方面：一是中央有关部门的参与可以从更高层面规划京津冀一体化区域格局，在更广泛的部门与领域提出实现更深层次一体化的战略，促进整体协调有序发展，而且区域中心机构的成立还可以增加区域层次制度化权威，有利于一些深层矛盾和问题的解决；二是京津冀区域可以及时得到中央层面各种资源、政策的支持，尤其是较为落后的河北地区可以获取更多稀缺资源和享受到更多优惠政策，得到较为公平的对待；三是有来自国家层面自上而下的直接监督，可以保证区域按既定的方向发展，加快京津冀一体化进程。当然这种模式也有不足，比如由于中央层面的参与，区域发展受到外力的支配，各地方主体处于被动位置，如果两者关系处理欠妥，对地方积极性的发挥有一定程度的影响；区域内的部分活动不是主体间直接进行，而是需要通过中央第三方介入推动，会加大活动成本，影响区域效益。

另外，与欧洲一体化中社会力量的积极参与不同，京津冀区域主要是政府力量的推动。无论是地方政府还是中央部门，相关行政主体都是京津冀区域一体化中的主导力量，因此在目前社会力量还非常有限的情况下，面对京津冀区域一体化中各种复杂关系的协调，特别需要各级政府在其中积极地发挥重要的作用。尤其是区域范围制度的建立、法规的制定、跨界公共事务的管理等，更是地方各职能部门不可推卸的责任。而中央政府层面的推动对于京津两地在区域交流与合作中主动意识和积极性的提高具有极大的促进作用，也有助于保守、落后的河北转变观念和增强自信。

4. 京津冀区域一体化对各方的积极影响大于消极影响

区域一体化过程中，空间相互作用对区域发展的影响，有积极的也有消极的，要实现区域整体发展，就必须最大程度维持和继续深化积极影响，努力避免或转化消极影响，而京津冀一体化对三省市从根本上来说，积极影响大于消极影响。积极影响可以从以下两方面概况：一是一体化推动对区域经济社会物质层面发展，这种影响是显性的、直接的。空间相互作用可以促成区域内各方合理分工与协作，使其中落后一方较为便捷地引入先进的发展理念、管理经验和科学技术，提高发展速度，实现跨越式发展；使相对发达一方可以获取较低代价的资源和劳动力，拓展经济活动范围，实现可持续发展。这一过程不但使现有资源要素实现跨界流动，有利于区域统一市场形成和资源优化配置与整合，而且通过合理竞争能激发行为体潜在能力，谋求创新发展，获得更大空间和更多机会。二是在观念上强化区域共同体意识，这种影响是间接的、隐性的。空间相互作用涉及社会各个领域，各行为体在互动中密切联系，互通有无，尤其是随着合作范围扩大和层次加深，逐渐构成的相互依存关系，使各方增进互信，强化区域意识，对区域共同体的形成有积极的意义和作用。行为体观念上的改变，可以使区域发展获得持久稳定的根本动力。

空间相互作用的消极影响，主要是指互动中不利于区域发展的方面，由于各方同处于一个较大地理空间内，对区域内有限资源、要素的竞争是不可避免的，问题在于个别行为体为了自身获益，采取不正当方式，给区域整体发展带来损失。对此首先应认识到合理竞争的存在是必要的，它可以使行为体保持发展的活力，对于不正当竞争行为，要建立相应的法规、制度及统一协调组织，来规范行为体的活动，从机制上保障有序竞争，消除不当行为与不利影响。

二　河北高等教育区域环境一体化发展的必要性

2014年3月，"京津冀"作为一个词组首次出现在本年度国务院政府工作报告中，体现出国家层面对该区域整体发展必要性的肯定与重视。作为全国最为重要的区域之一，京津冀一体化不但有利于区域自身的发展，也是实现国家战略意图的部署；不但能促进较为落后的河北的发展，也是京津两个特大城市可持续发展的必然选择。

（一）京津冀一体化是国家实施区域均衡发展战略的阶段性需要

我国长期以来实行的是非均衡发展战略，即国家先将有限的资源要素集中于部分地区和产业，促使这些区域快速发展起来，然后再带动其他地区和产业的发展。从目前情况来看，该战略的第一步成效显著，我国部分省区的发展程度已经接近或达到西方发达国家水平，接下来要实施的是对较为落后地区的"反哺"政策。即以先行发达地区为中心，联合周边不发达省区，利用扩散效应对其产生辐射作用，通过输出先进的科学技术、管理经验及提供资金投入，促进地缘经济发展，这样既带动了落后地区，也有利于发达地区拓展发展空间和保持长期的竞争活力，最终实现共同进步的战略目标。所以我国的区域一体化并不只是经济领域的发展，自始至终都带有政治性因素，从这个角度说，区域一体化是国家总体发展战略的需要。

京津冀区域中，河北省的发展水平远远落后于京津两市，存在巨大落差。2005年亚洲开发银行与河北省政府公布的《河北省经济发展战略研究报告》指出：在环京津地区的河北省境内存在着大规模的贫困带，面积达8.3万平方公里，共有32个贫困县，3798个贫困村，272.6万贫困人口，分布于张家口和承德的燕山与坝上、京广铁路以西的太行山区（保定市范围内），沧州的黑龙港流域，全部区域都位于河北省辖区内。①"环京津贫困带"的形成，除因为原

---

① 《河北省经济发展战略研究报告》，2005年8月17日（http://www.docin.com/p-169601109.html）。

有基础和自然条件较差外，还与河北因担负着京津地区"生态保护"的重任而使该区域经济长期受到抑制有密切的关系。京津两市嵌于河北境内，由于其自身的特殊性质，河北环绕京津的周边地区被划定为生态屏障和生态涵养区。在这个接近河北总面积近一半的范围内，资源开发、水资源利用和产业选择都受到极大限制。例如，张家口地区为了在节水的同时保护水资源不受污染，近年来关停、压缩了300多家企业，每年影响产值100亿元，仅在赤城县一地，全面禁牧、舍饲养殖则使当地农户年收入减少5000万元以上。[1] 在承德潮白河流域，迄今为止，先后禁止的工业项目达800多项，造成每年损失利润10亿多元。[2] 同时，作为京津的风沙源治理区，为保护京津大气环境而实施的封山育林、退耕还林还草工程也使得环京津贫困带的农业和畜牧业蒙受了巨大的损失。[3] 因此，在京津已基本实现阶段性目标的时候，必须促进京津冀一体化，带动较为落后的周边地区发展，逐步缩小地区间的差距，以实现国家总体战略意图，达到共同发展的目的。

（二）京津冀一体化是京津可持续发展的需求

京津冀区域中包含着两个特大城市北京和天津，虽然近些年两地发展迅速，在国际上也有很大的影响力，但长期以来两地发展只着眼于本行政界限范围之内，集聚效应远远大于扩散效应，未能带动周边地区同步发展。清华大学吴良镛教授在《京津冀地区城乡空间发展规划研究》的序言中指出：城市的发展，仅囿于城市追求可持续发展是有局限的，严格来说也是办不到的，必须放到区域中去思考。[4] 2005年时任北京市市长王岐山在《财富》全球论坛省市长座谈会上说："如果没有周边地区的发展，北京就是一片孤岛，其长期持续的发展是不可能的。"[5] 京津两市在规模不断扩大的发展中不

① 王方杰：《环京津贫困带亟需扶持》，《人民日报》2006年3月14日第8版。
② 鲁达、潘海涛：《"环京津贫困带"欲变"环京津生态圈"》，《中国民营科技与经济》2005年第11期，第66—67页。
③ 孙久文：《京津冀都市圈区域合作与北京国际化大都市发展研究》，知识产权出版社2009年版，第69页。
④ 吴良镛：《京津冀地区城乡空间发展规划研究》，清华大学出版社2002年版。
⑤ 曹保刚：《京津冀协同发展研究》，河北大学出版社2009年版，第126页。

可能独善其身，水资源短缺、空气污染、人口膨胀、交通拥堵等一系列环境和社会痼疾将成为继续发展的隐患和恶性循环的根源，这些难题仅仅依靠其自身无法得到解决，必须从广阔的"腹地"河北范围内寻求问题的解决办法。只有河北这个直接腹地发展得更快更好，才能形成更大的需求和动力，形成更大的人流、物流与资金流，推进京津更好地发展，① 从而与京津实现长久的良性互动。因此，在未来发展中京津需要调整发展思路，增强对河北的辐射能力，通过联手河北进行区域合作，从更大的空间范围来考虑产业、人口与资源配置，才能消除在扩展过程中出现的各种问题，实现经济、环境与社会的协调、可持续发展。

（三）京津冀一体化是其参与国际与国内竞争的需要

从世界范围来看，一些先行发展起来的具有国家战略意义的地区，为了国家利益必须在国际竞争中谋求一席之地，拓展国际发展空间和影响力，但任何一个地区的繁荣都不是只靠一个城市孤立的发展就可以实现的。21 世纪全球的合作与竞争，主要以大城市群为单位，目前世界上以纽约、伦敦、巴黎、东京等大城市为中心形成的首都圈、大城市群已经成为这场竞争的主角。② 京津冀区域包含着首都、直辖市和中国发展程度最高的其中两个城市，担负着同样的国家使命，因此在面对国际竞争环境出现的新变化时，必须从原来的"单打独斗"转变为"集团作战"，加强京津冀城市群协作，提升区域整体的竞争力，才可能在新的国际竞争环境中立于不败之地，并为国家层面利益的实现提供强有力的保障。

从国内情况来看，近年来各地区都开始注重联合发展，利益诉求相同、地理位置相邻或相近的各个地区，利用地缘优势结合成新的利益共同体，通过优势互补提升综合实力，在更大范围内参与竞争和利益分配，共同应对其他地区带来的竞争压力。在国家战略部署下，长三角地区、珠三角地区、京津冀地区、成渝地区、长江中游地区、中部地区、东北地区等发展基础较好的区域已经出现了一

① 吴敬华：《把京津冀一体化发展作为一个重大战略》，《城市》2009 年第 12 期，第 9—11 页。

② 祝尔娟：《京津冀都市圈理论与实践的新进展》，中国经济出版社 2010 年版，第 2 页。

批城市群，成为中国经济版图中的主导地区。这种形势表明现在及未来中国的区域竞争也将改变之前"各自为政"的局面，更加强调城市间的互利共赢。各区域城市群通过协作关系融合到一起，整合共有的资源和能量，提高资源利用率，能够实现效益最大化，同时激发新的经济增长点，发挥区域的整体优势，进一步提升竞争力。

在各个区域中，长三角、珠三角和京津冀地区是起步最早的"三大区域"，但目前发展状况存在较大差异。现在珠江三角洲和长江三角洲都已形成了开放的、互动的、网络状的都市连绵区格局，城市之间、城乡之间联系紧密，既相互竞争又相互协作，基本适应了城市和区域发展的需求，而京津冀区域作为全国的政治、文化、信息中心和重要的经济区，空间结构依然是分隔、封闭、被割裂，空间发展上也互不对应，天津向东南发展，北京向西北延伸，河北被京津割裂为南北两块，三地尚未形成合力，由此导致区域发展动力不足，速度较慢;① 从区域生产总值看，京津冀区域在三个区域总和中所占的比重从 1978 年的 31.05% 减少至 2010 年的 24.84%，整体水平已经远不及其他两个区域，并且这一差距目前仍有逐渐扩大的趋势。导致这一现象的原因主要就是两个三角地区充分发挥了核心城市辐射作用，带动周边地区全面发展，形成了区域一体化的发展格局，而京津冀区域内部发展不平衡，区域核心城市的作用尚未完全发挥。② 所以说，未来发展必须加快京津冀一体化融合，这既是国内区域经济发展的需要，也是我国参与国际竞争的战略需要。

三　河北高等教育区域环境一体化发展的可行性

区域一体化是在相互依赖基础上形成的互利合作、共同发展的关系，前文已经论及，这种关系的建立是需要一定条件的，从京津冀区域来看，京津两地的态度和意愿对三省市一体化进程具有关键性的作用。本书认为，各方的主观认识会随着客观条件的变化而改变，三省市地缘相近、人文相亲，目前在自然、社会、文化、意识

① 吴良镛：《京津冀地区城乡空间发展规划研究》，清华大学出版社 2002 年版，第 57 页。
② 李国平：《京津冀区域发展报告（2012）》，中国人民大学出版社 2013 年版，第 17 页。

等各方面都具备了融合发展的基础和条件，使京津冀一体化不但在理论上得到了充分的论证，更使其在实践上成为可能。

（一）京津冀三地一体的地缘结构是区域一体化的自然基础

区域一体化以地缘关系为基础，共同的地理空间是其基本载体和依托。美国地理学家厄尔曼（E. L. Ullnman）认为地理空间中的"位置即空间的相互影响。……地球表面没有通过它本身可以认识的现象，只有通过对地球上其它地区与它有关的位置的了解，才能认识这种现象的本身"[1]。也就是说，任何地区都不可能孤立地存在，需要同其他地区进行要素交换才能维持发展，在理论上处于任一"位置"的地区之间皆存在相互影响和联系的可能性。然而影响要素流动转移的关键因素是空间距离，距离适中的两地才可能产生相互作用，如果距离过大，所付出的代价超过了收益，根据距离摩擦效果导致空间组织中的距离衰减规律，即便存在供需上的互补性，两地也难以产生空间相互作用。正如地理学第一定律所言：任何事物都与其他事物相联系，而邻近的事物比较远事物联系更为紧密。[2] 这种地区间相互影响与联系的可能性会随着空间距离的扩大而衰减，没有地缘关系的地区之间，建立联系、产生影响的可能性也是存在的，但难以达到一体化发展的程度。目前存在的一体化区域，无论是世界范围内还是国家疆域之内，虽然发展程度不同，但无一例外都存在于一个连续、完整的地理空间之内。

京津冀在地理空间上关系更加密切，与其他区域内各地相邻或相近不同，京津两市完全嵌入河北省辖区范围之内，三省市形成的是特殊的"一蛋双黄"结构，京津陆上地域全部被河北省包含其中；如果把京津比作区域的"心脏"和"肺叶"，河北就是保护两者的胸膛。对此，北京大学教授周一星指出：河北省因为京津的存在，

---

[1]　厄尔曼 E. L.：《从空间的相互影响看地理学》，《地理译报》1986 年版第 2 期，第35—38 页。

[2]　Tobler W.，"A computer movie simulating urban growth in the detroit region"，*Economic Geography*，Vol. 46，No. 2，1970，pp. 234–240.

地域单元变得不完整了，京津冀合在一起才是一个完整的地域单元。① 在这样具有紧密地理位置关系的地区组合成的空间内，有更便利的条件进行沟通与交流，能较为及时、充分地感受和接收相互间的影响力，提高信息交流的对称性，减少资源、要素的交通运输成本。而且京津冀这种紧密的区域结构，更有利于结合为区域共同体，建立跨越界限的组织与机构，在宏观层面统一规划区域发展、调整结构布局，中观层面协调各方行为、加强联系互动，微观层面优化资源配置、改善区域管理。

（二）同出一源的京津冀文化是维系区域一体化的精神纽带

文化是人对主客观世界改造产生的结果，既包括以饮食、服饰、建筑等形式表现出来的物质文化，也包括语言文字、风俗习惯、制度规范、行为方式等形态的非物质文化。从纵向发展来说，不同时代背景下会产生不同的文化，社会的发展就是在原有文化基础上的更新和延续；从横向比较看，由于文化是在一定的地理环境和自然条件下形成的，不同的客观背景下形成不同的地域文化。因此在同一时期，文化的差异性主要体现在地域性上，两地位置的空间距离越远，文化的差异性就越大，融合的难度也就越大。相对而言，具有地缘关系的区域，文化的共性就较多一些，地区之间的融合也更加容易。

在京津冀这个完整的地域单元内，诞生的文化也必然是同根同源的，这对区域一体化发展来说是极其有利的因素。虽然在历史的长期发展过程中京津冀三地分别形成了各具特色的京都文化、漕运文化和直隶文化，但它们都诞生于具有三地一体特殊地缘结构的共同地理空间，文化脉系均源出"慷慨悲歌、好气任侠"的共同燕赵文化母体，同根同源同一地域，相互之间千丝万缕的联系是行政界线难以分割开的，这对于区域发展来说具有较为深远的影响和重要的意义。因此，尽管目前三地发展程度存在较大差距，但内在相通的区域文化有助于进一步推动相互间的有效沟通与交流，加深彼此

---

① 吴良镛：《京津冀地区城乡空间发展规划研究二期报告》，清华大学出版社 2006 年版，第 193 页。

间的认同感，协调社会群体或成员的行为，导引交往中的选择倾向，从而化解其中存在的种种隔阂与障碍，促进良好合作关系的建立。而且区域文化的这种作用是普遍的和持久的，它的影响力能够辐射到所有社会成员，并会一直存在下去，成为维系京津冀区域一体化的精神纽带。

（三）逐渐深化的京津冀区域共同体意识是区域发展的强大凝聚力

区域共同体是区域一体化过程中各行政区联合形成的利益共同体，区域共同体意识，也可以称为共同的区域意识，是社会成员对区域融合为一体实现共同发展必要性的心理认同感，是区域共同体赖以存在和发展的灵魂。意识是客观物质世界在人头脑中的反映，当经济社会的发展使具有地缘关系的地区认识到利用这种地利优势融合为利益共同体的必要性时，区域共同体意识即由此萌生。作为一体化的重要基础，共同体意识能使区域成员达成共同的价值取向和道德秩序，以及在此基础上形成共同遵守的社会约束力。对于一体化实践来说，在共同体意识的引导下，各地区尝试跨越界线的联合发展，原壁垒重重的有限发展空间得到拓展，由追求自我利益的狭隘心态转变为互惠共赢的发展观，由无序的对抗性竞争转化为有序的合作性竞争，由注重本地短期收益变为着眼于区域整体的长远利益，相邻地区的便利往来带来的不再是"便利"的直接冲突，而是和谐的可持续发展。当然，意识的形成和深化都需要一个过程，区域共同体意识产生后会随着一体化进程的推进不断得到扩散和强化，影响范围由小到大，程度由弱到强，最终成为区域发展中必不可少的推动力，对一体化具有强大的凝聚作用。

从目前京津冀区域一体化状况来说，决策者和优势一方的观念和认识尤为重要。近年来京津冀三地的共同体意识正逐渐加深和扩展，从中央高层到地方政府对京津冀区域一体化发展的认同达到了前所未有的程度。作为顶层设计者和决策者，新一届党中央和国家领导集体在履新不久即对京津冀发展问题表态并做出了重要指示。2013 年 5 月和 8 月，习近平总书记在天津和河北进行调研时提出要推动京津现代化"双城记"和京津冀协同发展，将北京的发展纳入京津冀和环渤海经济区的战略空间加以考量；2014 年 2 月 26 日，习近平在北京主持座谈会，专题听取京津冀地方负责人协同发展工作汇报，并从重大国家战略的层面重申了三地协同发展的重要性，强调要优势互补、互利共赢、扎实推进，努力实现京津冀一体化发展，提出抓紧编制首都经济圈一体化发展规划、打破"一亩三分地"的思维定式、加快产业对接、优化城市布局和空间结构、加强生态环境保护合作、着力构建现代化交通网络系统、加快推进市场一体化进程七点要求。① 从地方层面来说，区域共同体意识也在逐步深化，近期最明显的变化是作为优势一方的京津两市，能够"放下身段"，于 2013 年 3 月和 5 月，主动"屈尊"到河北签署合作协议，表达同河北平等地开展交流与合作的意愿，这体现了合作的诚意和心态上的转变，也说明了各方在区域共同发展上确实达成了共识。

四　河北高等教育区域环境一体化发展过程及趋势

京津冀区域一体化不是一蹴而就的，而是在循序渐进的发展过程中呈现出阶段性变化。关于区域一体化的发展阶段，贝拉·巴拉萨依据一体化程度把国际层面区域一体化分为五个阶段：自由贸易区—关税同盟—共同市场—经济联盟—完全的经济一体化。② 但这个结论并不适用于本书的问题，首先这是从经济学角度提出的，没有考虑社会其他领域的变化，而本书中所指的京津冀一体化包括社会各个领域在内；其次是其中涉及的关税、货币等问题，在国内区域发展中也不存在。我们知道，实践是在意识指导下进行的，从本质上来说，区域一体化并不是技术层面的实践操作，而是区域共同体意识或理念从无到有、由弱到强的变化过程。没有一体化意识，就不可能存在一体化实践，区域发展就不具有一体化的方向，即使地区之间频繁互动也依然是各自为政，不能称其为"一体化"。区域意识愈强，方向性愈明确，各个领域的一体化实践也就愈有生命力，一体化程度愈高。所以本书根据区域共同体意识的发展及主要领域

---

① 《打破"一亩三分地"习近平就京津冀协同发展提七点要求》，2014 年 2 月 27 日（http://news.xinhuanet.com/politics/2014-02/27/c_119538131.htm）。

② Bela Balassa, *The Theory of Economic Integration*, Illinois, USA: Richard D. Irwin, INC., 1961, pp. 1-2.

的相应变化，把京津冀区域一体化大致分为以下三个阶段，并以此为基础对其未来趋势进行分析。

（一）前意识阶段

前意识阶段是区域共同体意识产生之前的过渡期，也是意识萌发的准备期。在这一阶段，区域共同体意识不但尚未出现，而且各地分离对立发展至"白热化"状态，是"黎明前最黑暗的时刻"。这期间各地区处于自我封闭性质的"自力更生"态势，都企图在本辖区内形成一个无所不包、自成体系的发展模式，地区交往联系的动机仅限于本辖区的自我利益追求。在相邻地区间更是缺少合作意识，不仅不会携手共进，甚至以邻为壑、以邻为敌，为一地之私利而进行无序的恶性竞争，完全罔顾区域整体的长远利益。正是在这种难以为继的发展背景下，部分地区发展观念开始逐渐发生变化，区域一体化意识在社会成员中悄然酝酿。

京津冀区域从新中国成立后到改革开放之前，历史上形成的京津冀"一体化"遭受到行政区划界线的切割而被破坏，现代意义上的区域一体化尚未启动，这一时期即处于前意识阶段。京津冀区域与其他区域的最大不同就是以一国之都为中心，历史上把与国都联系紧密的周边地区称为"畿辅"或"京畿"，当然，由于社会制度的不同，历史上的这种"畿辅"关系与本书中的"一体化"具有根本性质上的差异，但从城市功能定位与关系上可以给我们一定的启示：任何城市都不可能什么都发展，社会的稳定与繁荣是在地区间资源、能量的相互交换中得以实现的。新中国成立后，随着京津冀行政区划的调整和计划经济体制下严格的政策限制，历史上曾经形成的一体化"畿辅"关系到改革开放前已"荡然无存"。尤其是在计划经济体制下为了以行政手段和计划调拨方式保证京津两市的物资供应，京津辖区持续向外扩张，原属河北省的部分地区，如包括昌平、通县、顺义、大兴、良乡、房山、通州、怀柔、密云、平谷、延庆、蓟县、宝坻、武清、静海等在内的十几个市县，陆续被划归到京津辖区范围之内。吴良镛院士认为，京津这种"自给自足"的"自我膨胀式"发展不但为自身带来难以消解的社会问题，也造成了三地之间的"紧张"关系。由于行政分割，原本互补的地域联系被割裂，虽为近邻，但彼此在原料、能源、市场、水资源、环境治理等方面都存有矛盾和冲突，更难达成产业分工协调发展的共识。[①] 在"划地为疆"政区分割约束下各自为政地谋求发展，京津冀原本"一体"的格局被破坏，由于行政隶属和管理政策等方面的分离，虽然赋予了原畿辅之地相对的独立性，但是完全脱离或者"无视"区域视野而单纯谋求局部发展，从理论和实践上也都是行不通的，甚至由于地域和行政的分割，反而在很多方面限制和遏制了本该纳入议题的联合发展战略和政策措施。

（二）共同体意识萌发并缓慢发展阶段

在共同体意识萌生后，各地区认识到只有地区之间开放互动才能获取更多资源，激发更大的发展活力，尤其是相邻地区对自己发展的重要性要远远大于其他地区；而且彼此依赖关系的中断将会带来巨大代价，协作发展是必要的选择，不再强调单方受益，而是注重互惠共赢，共同发展。从各主要领域的变化情况来看，这时期区域一体化主要发生在经济领域，尽管还缺乏完善的统筹规划与健全的沟通机制，但各方之间的联系较之前更为紧密，建立了相对稳固的伙伴关系，合作部门在不断增加，范围在不断扩大，程度也在逐步加深。在政治领域，各行政主体开始参与到区域合作事项之中，但不是增加行政限制，而是提供必要的政策支持，有意识地推进各部门的联系。尤其是对区域发展有重大影响的国民经济部门，在行政主体的主导下，进行区域内产业转移，进一步加强各地的社会经济联系。

京津冀一体化意识萌发于十一届三中全会以后，但直到 20 世纪末期其发展进程仍较为缓慢。改革开放以后，随着国家各项新政的实施和改革力度的加大，地区间的发展观念开始发生改变，京津冀两市一省也在力图寻求新的发展思路，在全国范围内较早进行了打破地区分割、寻求联合发展的尝试。20 世纪 80 年代初期，北京市率先提出"京津冀地区"的概念，以行业联合为突破口建立各类市

---

① 吴良镛：《京津冀地区城乡空间发展规划研究二期报告》，清华大学出版社 2006 年版，第 40 页。

场与交流网络，并成立了相关组织机构。如这时期在该区域出现了国内最早的区域性协作组织——"华北地区经济技术合作协会"，以物资调剂与交易作为区域主要合作内容，重点负责区域物资调配及相关经济合作事宜。之后又相继成立了环渤海地区经济联合市长联席会和环京经济协作区，于人口比较集中的地区创办了农副产品交易市场和工业品批发市场，在一定范围内初步建立了信息网络、科技网络、供销社联合会等行业协会组织，[①]并通过投资入股、联合生产、技术合作等多种方式发展跨省市的企业联合与协作，出现了一批跨区域的联营企业及合作项目，京津一些劳动密集型产品的生产开始向周边地区扩散或在周边地区寻求加工配套。[②]

　　20 世纪 90 年代，随着邓小平南方讲话后思想的又一次解放，改革开放向纵深推进，开始着手建立市场经济体制。1996 年《北京市经济发展战略研究报告》中提及"首都经济圈"的概念，以"2+7"模式包括京津冀区域 9 个城市在内，即以京津两市为区域核心，范围涵盖河北省的唐山、秦皇岛、承德、张家口、保定、廊坊和沧州 7 个市。同年在国家发布的国民经济和社会发展"九五"（1996—2000 年）计划中，提出了"环渤海经济区"的规划，京津冀地区成为其中的核心地域。但令人遗憾的是，由于这种萌生不久的区域意识非常脆弱，发展观念还没有从根本上及时得到扭转，京津冀三省市未能突破原有体制、机制上的种种束缚，区域合作中政府、市场和企业之间出现了不协调的关系，以致没有抓住这次市场经济之初就到来的机遇，京津冀区域及环渤海湾经济区的发展进入了低潮期，所以直到 20 世纪末期两市一省之间的合作始终难以出现深层次的实质性发展。

　　（三）共同体意识形成阶段

　　在区域共同体意识形成阶段，区域一体化的发展方式被多数社会成员所认同，这种合作关系不同于一般的地区间合作，区域内各

---

　　① 马海龙：《历史、现状与未来：谈京津冀区域合作》，《经济师》2009 年版第 5 期，第 16—17、19 页。

　　② 李国平、陈红霞：《协调发展与区域治理：京津冀地区的实践》，北京大学出版社 2012 年版，第 77 页。

主体不再是排他性的行为体，而成为利益共同体。这一阶段较为显著的也是一体化过程中的关键变化发生在行政部门中，各地行政主体开始尝试跨界协作，设置区域层面的中心机构，从区域整体发展角度协调各行政区的定位与功能，确定区域层面总目标及各地区目标，统筹区域发展规划，进行明确的产业分工；有目的地进行宏观调控与整合各种资源，放权于区域市场机制优化资源配置；逐步取消妨碍区域发展的行政壁垒，制定统一的区域管理制度与活动规则。行政主体的这一系列行为加强了自身的一体化程度，也为其他社会领域的发展创造了良好的环境，促进了区域共同体的形成，在对外竞争中形成一股合力。

从 21 世纪初直到现在，京津冀区域共同体意识逐渐清晰并在社会成员中传播开来，一体化在不断突破观念桎梏、体制束缚的过程中努力向前推进。随着经济全球化和区域化的推进，以及长三角、珠三角区域经济社会的快速发展，京津冀地区感觉到了该地域与国内和世界经济发达地区的距离越来越大，这种状态如不改变，将难以在未来竞争中占有一席之地。2001 年，中国科学院院士、中国工程院院士吴良镛主持了"大北京"规划的研究，该规划突破了"首都经济圈"的界限，将范围扩大至京津冀三省市全境，这成为新时期京津冀一体化合作的积极推动力。吴良镛教授认为不同的发展问题，不同的发展时段，发展视野不能都局限于现有的行政边界。可以根据发展的不同需要展阔"虚拟边界"，在不同层次上解决不同问题。[①] 他提出的"新畿辅观"，其实质就是通过对京津冀区域发展中矛盾的深入研究，构建适当的区域协调机制与制度体系，推动"多种经济"和"多种文化"的融合，最终实现京津冀三位一体以及周边地区更大范围的"共同繁荣"。

在社会各方面的呼吁和推动下，2004 年 2 月国家发展和改革委员会地区经济司召集京津冀三省市有关部门的负责人，在河北省廊坊市举行"京津冀区域经济发展战略研讨会"，针对京津冀区域发展

---

① 吴良镛：《京津冀地区城乡空间发展规划研究二期报告》，清华大学出版社 2006 年版，第 39 页。

与合作面临的形势和问题进行研究，并签署了旨在推进"京津冀经济一体化"的《廊坊共识》，在区域发展的诸多方面达成了一致意见。此次会议认为加强京津冀协调发展符合各方利益，是提高区域整体竞争力和推进区域经济一体化进程的需要与选择，对于协调发展中存在的体制、机制、观念等方面的障碍，必须予以突破，应坚持市场主导、政府推动的原则，在平等互利、优势互补、统筹协调、多元发展的基础上逐步形成良性互动、竞争合作的发展格局；在具体合作事宜上，提出建立京津冀省市长高层定期联席会议制度，联合设立专门的协调机构，启动京津冀区域发展总体规划和重点专项规划的编制工作，共同构建区域统一市场体系与现代化区域交通体系，统筹协调区域发展中的基础设施、资源环境、产业布局、城镇体系等相关问题。①

同年 11 月，国家发改委即启动编制《京津冀都市圈区域规划》，从国家层面上对这个跨省市区域经济规划的制定进行宏观指导，要求从全球视野、国家发展和城市功能等层面审视京津冀地区的未来走向，最终提出三大功能定位，即以我国首都为中枢，具有京津双核结构特征和较高区域和谐发展水平的新型国际化大都市圈；以区域创新体系和国家创新基地为支撑，自主创新能力强，拥有基础产业、高端制造业与服务业等完整产业体系的现代化都市经济区；以技术、信息、金融、客货交流枢纽为依托，我国北方地区最具影响力和控制力的门户地区。② 经过近 5 年之久的调研、编制，该规划终于在 2010 年 8 月完成并上报国务院等待批示。

在"廊坊共识"后构想《京津冀都市圈区域规划》宏伟蓝图的几年间，京津冀三地陆续签署了一些阶段性合作协议，在日益频繁的交往互动中建立了相对稳定的合作关系。在北京与河北之间，2006 年 10 月两省市签署了《加强经济与社会发展合作备忘录》，提出在交通基础设施、水资源和生态环境、产业调整、农业、旅游、

---

① 《廊坊共识》，《天津经济》2004 年第 4 期，第 25 页。
② 祝尔娟：《京津冀都市圈发展新论（2007）》，中国经济出版社 2008 年版，第 18—19 页。

劳务、卫生等几个方面开展合作，[①] 与以往不同的是这次合作强调了
"全局"观念，如在交通方面改变了之前只是针对某条线路、某个区
段的局部对接做法，开始统筹区域交通网络的构建；2008 年 12 月，
京冀两地签署了《进一步深化经济社会发展合作的会谈纪要》，双方
强调要继续加强区域交通、农业、能源、金融、商贸、劳务等领域
多方面的合作，并提出共同推进张承地区的发展，双方在会上签订
了 16 个重点项目的合作协议，投资总额达到 183.8 亿元；[②] 2010 年
7 月，京冀之间签订第一份《合作框架协议》[③]，确定了到 2012 年年
底未来两年半时间内的合作方向和主要内容，提出坚持优势互补、
互利共赢的原则，推动两地合作向纵深发展。在天津与河北之间，
2008 年 11 月签署了《加强经济与社会发展合作备忘录》，提出加快
产业转移和对接、联合建设现代化综合交通运输体系、加强水资源
和生态环境保护及旅游、金融、劳务、科技等方面的合作；[④] 2010
年 5 月，津冀签署《进一步加强经济与社会发展合作会谈纪要》，提
出联合编制城市建设规划，加强或推动两地交通、金融、商务、人
力资源等各个领域的合作。[⑤]

2011 年 3 月，国家"十二五"规划纲要把"推进京津冀区域经
济一体化发展，打造首都经济圈，推进河北沿海地区发展"列入区
域发展总体战略。同年 6 月中国政府网公布了《全国主体功能区规
划》，在我国这第一个国土空间开发规划中，把京津冀地区列入"国
家层面的优化开发区域"，功能定位是：三北（东北、西北、华北）
地区的重要枢纽和出海通道，全国科技创新与技术研发基地，全国

① 《北京与河北省签署加强经济与社会发展合作备忘录》，2006 年 10 月 13 日（http://
local. xinhuanet. com/dfyw/ 2006-10/13/content_ 11056. htm）。
② 《京冀就进一步深化经济社会发展合作签署会谈纪要》，2008 年 12 月 5 日（http://
www. gov. cn/gzdt/2008-12/05/ content_ 1168855. htm）。
③ 《北京河北签署合作框架协议 京冀再绘双赢路线图》，2010 年 7 月 17 日（http://
www. gov. cn/gzdt/2010-07/17/ content_ 1656728. htm）。
④ 王立文、汪伟、白俊峰：《津冀签署加强经济与社会发展合作备忘录》，《天津日报》
2008 年 11 月 29 日第 1 版。
⑤ 石磊：《冀津签署加强经济与社会发展合作会谈纪要》，《河北经济日报》2010 年 5
月 31 日第 1 版。

现代服务业、先进制造业、高新技术产业和战略性新兴产业基地，我国北方的经济中心。[1] 可以看出，在国家发展规划中，京津冀区域已成为提升国家竞争力和实现国家战略的重要地区。

2013 年，在中央高层的推动下，京津冀三地加快了区域一体化发展的节奏。当年 3 月 23 日，京津两市签署了《加强经济与社会发展合作协议》；[2] 5 月 20 日，天津与河北签署了《深化经济与社会发展合作框架协议》；5 月 22 日，北京与河北签署了《2013 至 2015 年合作框架协议》。[3] 根据以上各项协议内容，京津冀三省市提出要以开放的思维，坚持优势互补、密切合作、互利共赢、共同发展的原则，继续深化各个领域的合作进程，进一步统筹区域经济社会协调发展。

由此我们可以认为，目前的京津冀区域一体化处于共同体意识渐趋形成阶段，各方的主动性正在不断增强，并采取了一些举措推动区域合作，当然三方在区域中的定位与作用还要进一步协调与明确，以在新形势中构成更加稳定的分工协作关系，从根本上进一步推动区域一体化进程。因此在未来发展中，共同体意识还需要继续扩散传播，逐步覆盖整个京津冀区域范围，并在所有社会领域的群体成员中得到日益强化。在下一阶段共同体意识深化过程中，各地区之间的跨界交流互动将实现常态化和无障碍化，行政主体的作用主要体现在维护跨界公共事务网络的运行与管理上，地区间的经济活动主要受市场机制的支配，各地方文化不断融合并产生新的区域文化，整个区域社会呈现高度协调发展的态势。

五 河北高等教育区域环境一体化过程中的不利因素

尽管一体化是京津冀区域发展的必然趋势，但作为一项重大的

---

[1] 《全国主体功能区规划》，2010 年 12 月 21 日（http：//www. gov. cn/zwgk/2011－06/08/content_ 1879180. htm）。

[2] 《北京与天津签署加强经济与社会发展合作协议》，2013 年 3 月 24 日（http：//www. gov. cn/gzdt/2013－03/24/cont ent_ 2360909. htm）。

[3] 《河北省与京津签署合作框架协议》，2013 年 5 月 29 日（http：//finance. hebnews. cn/news/2013－05/29/content_ 3275370. htm）。

社会变革，总会出现一些不利因素，这是发展过程中的正常现象，因为事物前进中的曲折总是难以避免的。

（一）缺乏具体规划和制度性约束

虽然京津冀区域经济社会各领域的交流与合作在不断推进中，2015 年中央政治局审议通过了《京津冀协同发展规划纲要》，但各领域具体规划还未出台，相关配套制度仍然缺失。尤其是在高等教育领域，尽管京津冀地方政府及教育主管部门都对区域交流与合作持肯定态度，也涉及一些如区域高等教育布局的重大、关键问题，但总体上来看，合作中仍存在严重的短视、局部、低层次等问题，各方仍习惯于只从自身利益出发考虑高等教育发展，尚未能在区域整体、长远发展上达成战略共识。在合作方式上，主要依赖于签署的合作意向或协议，但这些大都属于"君子协定"，没有相关的制度约束，不具有强制性效力，所以存在极大的随意性，如京津冀高等教育合作发展论坛在首届约定每年一次，三地轮流举办，但首届结束之后再无下文。因此，目前京津冀区域高等教育合作统筹力度有限，合作组织较为松散，缺乏健全的制度框架，还停留在非制度化的较浅层面，很难形成持久的、突破性的合力。高等教育区域性合作规划的缺失直接导致京津冀区域高等教育合作尚未形成整体规划的长效合作机制，致使中央和地方两级高等教育管理体制及严格的省级行政区划的体制性障碍很难突破，区域高等教育发展的统筹规划协调困难，地方本位主义倾向明显而合作动力不足。①

（二）京津冀高等教育存在较大落差

河北省高等教育全面落后于京津两市，而且差距悬殊，这成为三省市高等教育一体化的最大障碍。如上文提及的高校数量，2012年河北省每百万人高校拥有量为 1.55 所，而京津两地分别为 4.30 所和 3.89 所，这也因此导致三省市高等教育毛入学率差别极大（2010 年河北高等教育毛入学率仅为 25%，处于大众化中期水平，而京津分别为 59% 和 60%，已经进入普及化阶段）；在师资队伍方

① 郭秀晶、桑锦龙、高兵等：《京津冀区域高等教育合作的行动研究与战略构想》，《北京教育》2010 年第 12 期，第 14—17 页。

面，《中国统计年鉴 2013》显示，河北省具有正高级和副高级职称的教师校均人数为 76 人和 163 人，而北京高校的对应数据为 147 人和 237 人，分别是河北的 1.9 倍和 1.5 倍；在高校生均公共财政预算经费支出方面，据《中国教育经费统计年鉴》统计，2011 年河北为 9007.69 元，北京和天津分别为 37120.76 元和 19876.63 元，现实差距巨大，而且差距还在逐年扩大；在科研方面，2011 年北京在与国外合作研究中，派出和接受分别为 5368 人次和 6039 人次，是河北省对应项的 6.8 倍和 10.5 倍，出席和承办国际学术会议的人次分别是河北的 14.87 倍和 17.6 倍。通过以上数据可以非常直观地看出，河北与京津两地相比在高等教育发展上所存在的明显差距和劣势。

（三）京津优势一方的积极性欠缺

区域一体化中各地的发展水平总存在一定差距，其中较发达地区作为优势一方在一体化合作中占据主动，一体化进程能否顺利推进，关键在于优势一方的态度。京津冀区域中，北京、天津具有丰富、充足的优质高等教育资源，河北与两市存在极大的落差，因此京津冀区域高等教育一体化进展迟缓的局面，京津两地负有不可推卸的责任。在访谈中了解到，对于与河北的合作，京津两地往往"高调"表态、"低调"做事，只见言论不见行动。究其原因，一是因为在现有行政格局下京津高等教育于河北"无利可图"，自然动力不足，这其中的根源还在于区域共同体意识淡薄及地方本位主义、局部利益的心理在作怪。二是担心出现"短板"效应，即根据"短板原理"，通常认为由长短不一的木板圈成的木桶，其容量是由最短的木板决定的，其他木板再长也无济于事，因此如果京津冀高等教育呈一体化发展，区域高等教育整体实力将会下降，甚至京津的优势也会因此受到影响。对此中山大学教授陈昌贵认为，高等级教育学术发展可能正好相反，通过地区间的交流与合作，可以实现一种"超长板效应"，即在合作共同体中的每个学校的教学、科研水平不仅会由最长的那块木板决定，甚至会通过合作中的互动，最终实现跨越式发展，上升到一个更高的水平，例如长板 A（高校 A）与短板 B（高校 B）合作，水平较低的高校 B 决不会把水平较高的高校

A 拉下来，而是高校 A 把高校 B 的水平拉上去，甚至会在两校合作的过程中，使两校的学术发展上升到一个更高的水平。[①] 无论其中包含什么原因，京津高等教育积极性不足从而未能对周边地区发挥辐射与带动作用却是有目共睹之事，这也是区域高等教育一体化难以顺利推进的主要原因之一。

（四）京津冀区域高等教育合作实质性成果有限

京津冀三省区虽然在联合办学、人才培养、科学研究、学术交流等方面建立了初步的联系，但由于涉及资源、要素流动等问题，在区域经济社会等其他领域一体化还不成熟的情况下，区域高等教育合作很难取得实质性突破，即使已经启动的一些合作项目也会因此而受到影响。如在联合办学上，北京有 4 所高校先后在河北境内举办了独立学院，相对于其他省份来说数量已经不少，于河北庞大的人口基数和京津林立的众多院校来说，仍有很大的发展空间（北京师范大学和北京理工大学所建独立学院都在广东），但由于各种原因，联合办学受到了影响。如中国农业大学和北京林业大学曾有意在河北沧州的渤海新区办学，并与河北一方中捷产业园区进行多次洽谈，申请土地与规划，最终未能成行。另一个典型的例子即为廊坊东方大学城，大学城之所以选址建于京津两市中间地带，目的即为吸引京津两市高校，最初也的确达到了这个目的，据大学城管理人员介绍，最多时城内高校达到 30 多所，多数来自京津，但近年由于大学城管理等方面存在诸多问题，不少京津高校已经陆续撤离，经历过 10 多年的风雨之后，东方大学城如今已经辉煌不再，这对刚刚起步的京津冀高等教育合作自然是不利的。

第二节　区域一体化对河北高等教育发展的作用

区域一体化是京津冀三地经济社会领域中发生的重大变革，围

---

① 陈昌贵、陈文汉：《CEPA 与粤港澳高等教育的制度化合作》，《高等教育研究》2004年第 1 期，第 39—42 页。

绕区域功能定位、产业调整和人口迁移等核心问题，实现区域发展的统筹布局与规划。随着京津冀区域一体化的重新启动和逐渐深入，其对河北高等教育发展的作用将日益明显，各位学者、专家在访谈中都从不同角度对此进行了分析，概括起来主要包括以下几方面。

一　京津冀区域及各省市的功能定位对河北高等教育发展具有引导作用

区域一体化中各地区定位上要有所不同，才能形成合理的分工与协作，建立良性的合作与竞争关系，继而实现区域共同发展的目的。京津冀区域一体化长期以来进展缓慢的一个主要原因就是各地功能定位上的矛盾难以协调，现在一体化进程重启，这一问题的解决将对各地发展起到方向性的作用，对河北高等教育发展来说将是明确的引导。

在区域功能定位上，根据"全国主体功能区规划"的划分，"京津冀地区"（包括北京、天津两市及河北省的唐山、沧州、秦皇岛等部分地区）被确定为国家层面的优化开发区，其功能定位是：提升国家竞争力的重要区域，带动全国经济社会发展的龙头，全国重要的创新区域，在更高层次上参与国际分工及有全球影响力的经济区，全国重要的人口和经济密集区；经济发展向高端、高效、高附加值转变，提高清洁能源比重，广泛应用低碳技术，提高基础设施的区域一体化和同城化程度；同时，在区域功能定位基础上，京津冀三省市发展定位也将逐渐明晰，其中北京作为国家首都，定位于国家政治、文化中心和国际交往中心，着眼于建设世界城市，发展首都经济，增强文化软实力，提升国际化程度和国际影响力；天津定位于国际港口城市、生态城市和北方经济中心，建设成为对外开放的重要门户、先进制造业和技术研发转化基地、北方国际航运中心和国际物流中心。①

河北省的战略目标为首都功能转移重要承接地、协作区与京津

---

① 《全国主体功能区规划》，2010 年 12 月 21 日（http：//www.gov.cn/zwgk/2011-06/08/content_ 1879180. htm）。

世界城市建设的支撑腹地及重要组成部分，在功能上根据地域特点分为三种类型。一是处于优化开发区的部分地区，要加快培育形成沿海发展带，推进曹妃甸新区、沧州渤海新区和北戴河新区建设，尽快增强唐山、黄骅、秦皇岛的港口功能，使之成为区域新的增长点。① 这一发展定位，预示着河北要在该区域加强高等教育发展水平和质量的提升，加大对高层次人才培养的投入，积极发展研究生层次教育。

二是河北省中南部以石家庄为中心的冀中南地区（包括石家庄市、保定市、沧州市、衡水市、邢台市、邯郸市及廊坊市部分地区），确定为国家层面的重点开发区域，定位于支撑全国经济增长的重要增长极，落实区域发展总体战略、促进区域协调发展的重要支撑点，全国重要的人口和经济密集区；地区开发应着力推动新型工业化，加快促进城镇化，壮大城市综合实力，改善人居环境，提高集聚人口的能力。② 这一区域高等教育发展，应密切关注经济社会发展的新需求，尤其是对于新兴产业人才的培养，同时作为人口密集区，须最大程度提供接受高等教育的机会。

三是河北省北部张承生态地区（主要包括张家口和承德两地）确定为国家限制或禁止开发区域，定位于保障国家生态安全的重要区域，开发以不得损害生态系统的稳定性和完整性为基本原则，严格控制开发强度，严把项目准入环境标准。对于该区域内的地方高等教育来说，应本着服务于地方的原则，确定高校发展方向，一切高等教育行为都不得有悖于生态安全。

二 京津冀区域产业调整为河北高等教育优化结构提供依据

高等教育结构要与区域经济产业结构相适应，尤其是科类、层次结构更是受到区域产业结构的极大制约，如果两者不能协调发展，就会出现结构性失衡现象，这正是目前河北高等教育发展中所面临的主要问题之一：一方面是大量高校毕业生难以就业，另一方面则

① 《全国主体功能区规划》，2010 年 12 月 21 日（http：//www.gov.cn/zwgk/2011-06/08/content_ 1879180. htm）。

② 同上。

是很多部门难以招到合适的人才。在京津冀一体化进程中，产业调整是其核心问题，京津需要"瘦身"，外迁一些与京津功能定位不协调、不再适合设置于其内的产业，河北在承接部分产业过程中对全省产业重新规划布局。京津冀区域经济结构的变化，必然对人才培养提出新的诉求，为河北高等教育结构优化提供最新依据。

有研究者认为，在京津冀一体化背景下，未来河北经济发展布局主要包括四大部分。一是在河北保定、廊坊及张家口等邻近京津地区，定位于高科技产业和外资外贸加工集群，重点发展汽车、微电子、光机电一体化机械制造、生物工程与新医药等产业；二是根据国务院新批准的《河北沿海地区发展规划》，在从秦皇岛、唐山至沧州沿海地带，利用港口优势发展临海型重化工业、海洋运输、滨海旅游、海水产品、装备制造业；三是以京广沿线为主轴，壮大京广沿线产业带，重点发展现代服务业以及新能源、装备制造、电子信息、生物制药、新材料等产业，改造提升钢铁、建材等传统产业，稳定发展粮食生产，保障主要农产品有效供给，推进农业产业化经营，加强农业农村基础设施建设；四是承德、秦皇岛、张家口北部山区和保定西部山区，定位于突出生态特色，发展"绿色环保区"和"高新农业示范区"，建成区域绿色食品生产供应基地和绿色生态屏障，推动文化山水型生态休闲旅游产业。①

三　京津冀区域人口转移增加河北高等教育发展需求

区域经济社会的调整，往往伴随着大量人口迁移的出现，对京津冀一体化而言，这种性质的人口迁移将呈单向流动进入河北境内，作为主要的迁入地，河北的高等教育需求也会随之增加。京冀两地2013年签署的《合作框架协议》中提出，"支持北京市大型商贸企业到河北省建设区域性商贸流通市场，推进北京市城区内小商品、服装批发市场向周边地区转移"②。北京市内的大型批发市场及医院、学校等一批"聚人多"的产业将搬迁至河北，与此相关联的餐

---

①　肖金成：《京津冀区域合作论》，经济科学出版社2010年版，第285页。

②　《河北省与京津签署合作框架协议》，2013年5月29日（http://finance.hebnews.cn/news/2013-05/29/content_ 3275370.htm）。

饮等生活配套产业也将随之迁出。北京市委党校教授曾宪植认为，预计将有50万到100万北京外来人口进行迁移。① 这只是直接从业人员，总计迁移人口将远超这一数据，这些外来人口来自全国各省区，涌入河北境内后，随迁子女入学必然会使该省教育需求增加。

另外，在解决外来务工人员子女教育问题上，教育部提出实施"异地高考"政策，在京津冀区域中，目前天津尚未出台相关政策；北京提出的"异地高考"条件是：2015年起，有居住证明及稳定住所与稳定职业，父母交满社保6年，子女在北京有学籍且连读高中3年，可参加高职考试，毕业后可再参加升本考试；② 河北省的相关规定为：父母提供《就业失业登记证》，子女具有2年以上高中段学籍即可与河北考生享受同等招生录取待遇。③ 相比较而言，河北的条件最为宽松。即使就现在情况来说，由于难以达到在京津参加高考的条件，而随父母在河北省境内学校就读接受高中教育的学生人数也在逐年上升，在京冀交界的一些河北市县内，目前除原有学校接纳这些学生外，还新出现了一批专门针对在京务工人员子女的学校。这些外地学生在结束高中学业后，由于各地课程、教材的限制，大部分都将在河北参加普通高等教育入学考试。

四 京津冀一体化有利于改变河北落后的经济现状，从而为其高等教育发展提供更多经费保障

在京津冀三地中，由于京津两地对河北各种资源的"虹吸"作用及河北受生态方面的限制等情况，河北总体上经济发展较为缓慢，水平较低，人均收入不高，致使其公共财政在教育上的投入较少，高等教育发展长期面临经费不足的困境。京津冀一体化通过统筹区域规划调整产业结构，突破行政壁垒推动优质资源共享，改变现有

---

① 《北京动批或迁址河北》，2013年12月24日（http://www.hbqnb.com/html/2013/bendi_ 1224/8267.html）。

② 《北京异地高等方案出台》，2014年1月6日（http://www.gaokao.com/e/20121230/50e021fbdc8cf.shtml）。

③ 《河北异地高考：学生只需两年高中学籍》，2012年12月25日（http://www.he.xinhuanet.com/news/2012-12/25/c_ 114145044.htm）。

管理体制构建区域生态补偿机制，将从整体上提高河北经济发展水平，这对该省高等教育发展来说意味着可以获得更多的经费投入，有助于进一步改善当前的物质资源条件。

近年来京津冀一体化中变化比较明显的是企业经济合作，概括起来主要有以下几方面。[①]

首先是产业合作。经济一体化进程的核心是通过产业的转移与合作，优化产业布局，实现区域内要素资源的优化配置。从 2005 年国家发改委批复首钢搬迁到河北曹妃甸方案开始，京冀之间就进入了产业转移承接的实质性阶段，大致可分为三种情况：一是国家部委和央企的部分战略性产业和大项目落户于河北，这也是北京决定让出经济中心之后给河北省带来的发展机遇，如河北与航天部合建的航天信息涿州产业基地，与工信部合建的廊坊国际信息港、服务外包基地，与科技部合建的保定中国电谷等项目；二是北京的一些优势企业将部分生产基地和零部件生产基地迁到河北，包括京城机电、京仪控股、首钢机电、北京现代、北汽福田、燕京啤酒、汉王电子、白菊洗衣机、北一机床、北京内燃机总厂等企业；三是北京的一些高新技术企业开始向河北拓展，如北京在廊坊投资的高技术企业，涉及电子、信息、生物医药等行业，在涿鹿县建立了科技园，中科院、北航、北工大等建立了中试和产业基地，32 家高技术企业和许多名牌高校入驻。

其次是农牧业合作。"十一五"以来，北京企业在张家口、承德投资农业项目 100 个，投资总额近 130 亿元。北京三元、华都、千喜鹤、六必居、大发畜产、顺鑫农业等龙头企业相继在张家口、承德、廊坊、保定等地投资建立了一批规模化绿色种植和养殖基地、农副产品加工及仓储配送企业，北京最大的连锁超市集团物美集团在三河市投资建设了"河北供京蔬菜配送中心"，为河北农副产品提供了销售渠道保障。

再次是服务业合作，其中发展较快的是旅游和劳务。2009 年京

---

① 戚本超、景体华：《中国区域经济发展报告（2011—2012）》，社会科学文献出版社 2012 年版，第 130—140 页。

津冀三方签订了《旅游合作协议》，商定形成定期交流与磋商机制，联合开展旅游市场治理，加强执法联动和信息沟通，建立协调配套的投诉机制，京津冀区域内的投诉可以在三省市或设区市之间直接转办。当前三地共同推出了京津冀皇家胜地游、京津冀长城精华游、京津冀休闲养生游、京津冀民俗风情游、津秦唐海滨休闲度假游等，推动旅游线路内景区联票建设。目前京津两市在河北的旅游投资已超过千亿元，联合编制了多项旅游发展规划，拟定 10 年内将在环京津地区建成 16 处冬季滑雪场、20 处高尔夫球场、30 多处温泉疗养地，对河北旅游资源开发及旅游经济增长具有极大的促进作用。在劳务方面，河北大力发展面向京津的劳务经济，开展订单式、定向式劳务培训，每年向北京输出劳动力 40 万人次，在北京创建了"塞外技军"、"山庄机电工"、"承德服务员"等优秀劳务品牌。河北到北京务工的农民工高达 130 万人，占外地在京务工人员总数的 30%，居各省市区之首。

除此之外，京津冀区域补偿机制也在逐步建立和完善之中。河北省为了保障北京的水资源供应和生态环境质量，限制了部分产业的发展，由此造成了一些地区经济发展缓慢，甚至出现大范围的贫困地区，但这种状况曾长期未能得到北京地区的利益补偿，直到近些年才有所转机。如根据前文提及的"共同推进张承地区发展"京冀协议，北京市提出建立支持带动周边地区发展的政府投入机制，用于张承地区农村劳动力职业技能培训、先进农业技术引进、在京市场推介等方面的资金补助和北京企业与周边地区合作项目的贷款贴息；2007 年至 2010 年，北京对张家口、承德部分地区实施"稻改旱"工程 20 万亩，累计补助投资 2.25 亿元，对河北因生态受损给予一定的经济补偿，有效缓解了当地的贫困状态。

五　京津冀区域法规一体化为河北高等教育创造公平的发展环境

欧洲一体化之父让·莫内认为，"没有人则任何事都不能办，没有制度则任何事都不能持久"，因为制度是"规范行为并确保人们之间的相互期望能够实现的社会调控系统"，"制度的作用就是建立秩序并规定方向"，"对行动进行协调……促成成员国之间稳定的合作并实现其共同目标"。① 空间相互作用理论认为，一些利益性因素会制约最优空间相互作用关系的建立，制度是其中最具影响力的因素。因为区域各方为追求自身收益，通常会采取带有倾向性和保护性的政策、制度，作用于具有地域性的资源、要素在权限范围内的输入和输出，合理的政策、制度可以创造发展所需要的良好环境条件，有利于调节各方的资源和利益分配，但不适应区域发展的过度约束就会成为各方交往的障碍和壁垒，造成即使两地距离适中且存在供需互补性，也可能因此难以产生相互作用。

区域一体化的实质是规则的一体化，即区域内各成员必须遵循统一的法律法规，实施统一的政策与制度。此处的一体化法规，不是指全国性的，也不是某一行政辖区内的，而是适用于一体化区域范围的区域性法规，在这个跨界空间内对区域各方具有约束效力。相比较来说，一般性的地区间交往与合作，除了全国性法规外，地方性法规只在本辖区内发生效力，没有专门针对区域范围的共同遵守的统一法规，导致对合作行为的约束性不强。而在区域一体化过程中，各方所有的合作活动，从一体化目标的确定、区域体制机制的构建，到具体的管理行为，都由共同的法律规范来约束，以保证合作的有序性和有效性。区域一体化法规，既是一体化程度深化的体现，也是一体化发展的保障，正是在一体化法规的护航下，区域社会各领域的协调整合才有章可循。同时，坚持一体化法规，才能防止强势一方以大欺小，使得弱势一方的权益任何时候都能受到保障，这样才能为区域发展真正创造公平的发展环境，奠定可持续发展的制度基础。

京津冀三省市处于不同的行政区划内，经过长期的发展，各地方高等教育政策与法规制度也在很多方面都存在差异，京津作为首都、直辖市享有了很多优惠的待遇，这对为区域发展做出巨大牺牲的河北省来说是有失公允的。因此随着京津冀一体化范围的扩大与程度的加深，合作的平等性要求意味着原有不平衡关系将被打破，

① 贝娅特·科勒-科赫、托马斯·康策尔曼、米歇勒·克诺特：《欧洲一体化与欧盟治理》，顾俊礼译，中国社会科学出版社2004年版，第95、96—97页。

三地部分高等教育相关政策及地方性法规可能需要调整或去除，适用范围与对象也将发生改变。这预示着京津冀区域高等教育将制定、实施统一的政策和法规制度，消除原有规则差异的状态，去除三地之间妨碍高等教育发展的行政藩篱与壁垒，营造一种无差别的区域发展环境，创造一个公平的合作竞争平台。京津冀区域法规一体化，对于长期处于"灯下黑"的河北高等教育来说，无疑是一大发展福音。

六　京津冀交通一体化为河北引入京津优质高等教育资源提供便利条件

京津冀区域一体化是三地之间进行频繁的沟通交流继而建立稳定长久合作关系的过程，该过程离不开快捷的交通，区域交通基础设施不但要非常发达，而且同样要形成"一体化"态势，这为区域高等教育交往的常态化和河北对京津优质高教资源的利用提供了便利的条件。京津冀地区不但是全国交通网络最为密集和便利的地区之一，该地域内的区间交通设施也非常发达。在公路交通方面，三省市形成了以京津为中心、各主要城市为节点的高等级公路（即高速公路和国道）放射状路网，到 2011 年河北与北京市已实现或达成接线协议干线公路 29 条（其中高速公路 11 条，普通干线公路 18 条），河北与天津市已实现或达成接线协议干线公路 26 条（其中高速公路 8 条，普通干线公路 18 条），[①] 形成高速公路"十放射、一滨海、四纵、八横"的基本格局，国道"十放射、一环、一滨海、一纵、三横"的基本格局；铁路方面，整体上形成了"十放射、一纵、五横"的格局，城际动车已连接到多数主要城市，[②] 2012 年 12 月正式通车的京石客运专线，将北京至石家庄由原来的 3 个小时缩短为 1 个小时，而在新一轮的交通设施规划中，北京地铁将向河北

---

① 戚本超、景体华：《中国区域经济发展报告（2011—2012）》，社会科学文献出版社2012年版，第135—136页。

② 李国平：《京津冀区域发展报告（2012）》，中国人民大学出版社 2013 年版，第209—218页。

延伸 1100 公里。① 纵横密布、立体交叉的区域路网，已使京津冀区域内基本具备了半小时"购物圈"、一小时"通勤圈"、三小时"都市经济圈"的设施基础，城市间的交通能力得到极大提升。这些为落后而又倍受资源缺乏困扰的河北高等教育引入京津优质资源和高水平人才提供了极其便利的条件，也使河北以多种更为灵活的方式利用京津人员、信息、资源等要素成为可能。比如本着"不为所有但为所用"的原则，可以在休息日或节假日聘请京津专家学者到河北高校讲学，当日即可返程，不但节约了时间及成本，还不会给对方正常工作带来影响。

第三节　区域高等教育交流与合作对河北高等教育发展的影响

根据教育外部关系规律，其他相关社会领域的变化，必定会直接或间接地作用于高等教育领域，京津冀经济社会等领域的一体化发展同样会对该区域的高等教育交流与合作产生作用，并继而影响到河北高等教育的发展。关于京津冀高等教育合作与交流的情况，河北某高校教育学院院长在访谈时认为，虽然该校与京津高校在交往中存在各种障碍，但随着区域一体化的逐渐推进，近年来也确实有所改善。2009 年 11 月，第一届京津冀高等教育合作发展论坛在北京举行，三省市教育主管部门负责人提出以"合作、共赢、创新、发展"为主题，进一步加强区域高等教育的交流合作，实现资源共享、优势互补，推动京津冀高等教育共同发展；论坛就区域高等教育发展达成了各种合作意向，如建立和完善部门协调工作机制，推进"京津冀高等教育综合改革试验区"建设，加强科研与研究生教育合作，推进教师、学生互派互访等。② 京津冀高等教育交流与合作的开展，将推动优质资源共享，对河北高等教育发展带来积极而深

---

① 杜丁：《地铁进河北规划上报国务院》，《新京报》2010 年 11 月 7 日第 1 版。

② 《第一届京津冀高等教育合作发展论坛隆重举行》，2009 年 11 月 11 日（http://news.bjedu.gov.cn/publish/portal0/tab65/info4306.htm）。

远的影响。

一 京津冀积极的教育政策对河北高等教育发展来说是一大有利因素

区域高等教育一体化发展是在政府主导下推进的，尽管长期以来高等教育领域的合作并非京津冀三地合作的主要内容，历次签署的合作协议中也较少提及，但近年来随着共同体意识的深化，三地政府已认识到高等教育合作的重要意义，在出台的地方政策中都表达了合作的意向，这对河北高等教育发展具有积极的促进作用。北京市在《中长期教育改革和发展规划纲要（2010—2020 年）》中提出，要"加强教育合作与交流。深入推进京津冀区域教育合作和京港澳台地区教育合作，形成教育区域化与地区间协调发展机制。充分利用首都丰富的教育资源，探索多种形式，加强教育对口支援"①。天津市在《中长期教育改革和发展规划纲要（2010—2020）》中提出，"加强与环渤海区域教育合作，积极创建环渤海教育合作平台，增强环渤海地区教育竞争力"②。河北省在《中长期教育改革和发展规划纲要（2010—2020）》中提出"加强省际教育交流与合作，不断提高与华北其他省区市的教育合作水平，重点围绕推进京津冀区域经济一体化，深化与京津地区的教育合作"③。三省市政府，尤其是京津两个较发达地区政府的态度，将极大推动区域高等教育交流与合作的全面、深入进行，有利于河北高等教育的发展。

二 河北与京津两市合作办学扩大了河北高等教育规模

河北与京津两市合作办学，主要通过吸引京津高校到河北"独

---

① 《北京市中长期教育改革和发展规划纲要（2010—2020 年）》，2011 年 3 月 24 日（http：//www. moe. gov. cn/publicfil es/business/htmlfiles/moe/s5520/201104/117401. html）。
② 《天津市中长期教育改革和发展规划纲要（2010—2020 年）》，2010 年 10 月 26 日（http：//www. tj. xinhuanet. com/ne ws/2010-10/26/content_ 21231287. htm）。
③ 《河北省中长期教育改革和发展规划纲要（2010—2020 年）》，2011 年 4 月 12 日（http：//www. moe. gov. cn/publicfil es/business/htmlfiles/moe/s5520/201104/117399. html）。

立办学"和"筑巢引凤"两种方式进行。经过十几年的发展，合作办学使河北境内高校数量增加，高等教育规模扩大，尤其是这些高校主要是面向本地招生，为河北本省学生提供了更多接受高等教育的机会。

在吸引京津"独立办学"上，河北方面出台了非常优惠的政策。2000 年河北省在《面向 21 世纪河北教育振兴行动计划》中，提出"积极吸引省外高校到河北独立办学，充分利用部属院校和京津高校优势，与省内高校、中专联合办学，扩大我省高校招生规模，省外高校特别是重点大学在河北独立办学或联合办学，根据学校意愿可纳入我省管理范围，并在土地、师资、生源、收费政策等方面给予优惠"[①]。发布于高校扩招开始后、高等教育大众化发展初期的这一政策很快初见成效，几所京津高校举办的独立学院相继在河北境内出现：2005 年中国地质大学（北京）与河北保定贺阳教育投资有限公司合作，在保定创办了中国地质大学长城学院；北京化工大学与北京北方投资集团有限公司在廊坊燕郊共同创办了北京化工大学北方学院，该校 2012 年转设为独立设置的民办本科学校，改名为燕京理工学院；2008 年北京交通大学与沧州黄骅融河科教有限公司合作创办了北京交通大学海滨学院，该校的设立结束了沧州没有本科层次高等教育的历史，对河北高等教育布局结构优化来说也具有重要的意义。从各学校发布的招生计划可以看出，这些高校均以河北为主要生源地，如 2013 年燕京理工学院总招生计划为 4365 人，在河北省计划招生 3466 人，占比为 79.4%；海滨学院招生 2855 人，河北计划为 1570 人，占比 55.0%；长城学院招生总数为 3194 人，河北计划为 2094 人，占比 65.6%。

在"筑巢引凤"方式上，河北省通过招商引资在位于京津之间的廊坊市创建了国内第一所大学城，即东方大学城，来吸引京津高校的优质教育资源。东方大学城位于廊坊市经济技术开发区内，西距北京 30 公里，东隔天津 60 公里，处于京津冀黄金地带，计划经

---

① 《面向 21 世纪河北教育振兴行动计划》，2000 年 1 月 15 日（http://www.chinesetax.com.cn/fagui/difangfagui/Hebei/hebeikuaijifagui/200002/1251885.html）。

过三期建设，投资百亿元人民币，修建教学楼、实验楼、图书馆、体育馆、师生公寓等办学基础设施及各种学习、生活配套设施，最终形成占地12000亩、可容纳10万名学生、20万人口的牛津模式大学城和高校汇集、资源共享的教育园区。在大学城一期完工的2000年，就有北京联合大学、北京工商大学、北京城市学院、北京北大方正软件技术学院、北京东方研修学院等7所北京高校率先入驻。之后几年，又有京津普通高等院校、职业院校、研究机构等陆续迁入，其中有民办也有公办，有地方院校也有全国重点大学，如北京航空航天大学、中国地质大学、北京中医药大学、国家法官学院、中国社会科学院研究生院等高校及研究机构，也都曾经或正在以不同方式在此办班或办学。

三 京津冀在人才培养上的合作将促进河北高等教育人才培养质量的提高

河北省缺乏优质高等教育资源与平台，这严重制约着其高等教育人才培养质量的提升，近年京津冀在人才培养上的一些合作尝试，为这一现状的改观带来希望。

首先，在学生培养方面，京津启动了区域访学计划。一是2008年天津根据津冀两地签署的《加强经济与社会发展合作备忘录》，提出深化两省市高校间研究生相互访学制度，推动两地高校签订协议，在协议院校之间，考入本省本市高校的硕士以上学位研究生，可进入对方协议院校学习，学分互相认可，考试成绩合格的，毕业后发放本省本市相应专业的毕业证书，实现品牌专业高校教育资源共享。[①] 二是2011年北京高校向津冀等地学生开放，两地高校学生可以通过自愿申请、学校审核的方式到北京进行为期半年到一年的访学，高校间通过结对的方式接收访学学生，学生无须再额外缴纳费用，当然北京高校学生也可以到津冀访学。[②] 校际学生互访可以加深

---

① 《〈天津市人民政府河北省人民政府关于加强经济与社会发展合作备忘录〉工作分工方案》，2009年4月7日（http://www.tj.gov.cn/zwgk/wjgz/szfbgtwj/200904/t20090423_93884.htm）。

② 赵婀娜：《华北五省市区共建教育圈》，《人民日报》2011年4月17日第2版。

理解，促进相互间的交流，有助于共同提高。

其次，京津高校加大对河北高校师资的培训力度，促进师资水平的提升。第一是天津提出要强化河北省 10 所重点骨干大学与南开大学、天津大学及天津市属重点高校的校际合作，南开大学、天津大学划出一定数量的博士生招生指标，定向用于培养河北省高校中青年骨干教师，并积极支持、帮助河北省高校吸引统招博士研究生到河北省高校工作；第二，河北省择优推荐部分高校学科带头人、中青年骨干教师到京津高水平院校做访问学者、研究或进修；第三，河北与京津建立高校干部交流挂职制度，从 2009 年开始河北每年从当地高校选拔一批中青年干部到京津重点高校进行挂职锻炼，一般以半学年或一学年为一期，以提高河北高校管理人员能力和水平。①

再次，京津冀开展人才交流与服务方面的合作，促进人才资源共享。2005 年至 2009 年，三省市先后签署了《京津冀人才开发一体化合作协议书》、《京津冀人才交流合作协议书》、《河北省与京津两市教育行政部门洽谈就区域教育合作内容达成初步协议》等一系列协议，提出三地共同开展人才交流服务，在人才交流洽谈会、招聘引进人才等方面进行合作。2008 年京冀两省市在签署的《关于进一步深化经济社会发展合作的会谈纪要》中提出扩大教育合作，支持两地高校进行校际教育资源共享，建立冀京人才需求信息平台或人才市场联系基地，为双方用人单位和学校毕业生提供相应的服务。② 2011 年 6 月，京津冀三地在北京联合发布《京津冀人才一体化发展宣言》，提出将建设全国最具示范性的区域化人才发展实验区、东亚地区最具吸引力和凝聚力的人才都市圈、全球高端人才高度汇聚和融合的核心枢纽。③ 在《北京市—河北省 2013 至 2015 年合作框架协议》中，提出建立两地高校毕业生就业信息联动机制，

① 《〈天津市人民政府河北省人民政府关于加强经济与社会发展合作备忘录〉工作分工方案》，2009 年 4 月 7 日（http://www.tj.gov.cn/zwgk/wjgz/szfbgtwj/200904/t20090423_93884.htm）。

② 《京冀就进一步深化经济社会发展合作签署会谈纪要》，2008 年 12 月 5 日（http://www.gov.cn/gzdt/2008-12/05/content_1168855.htm）。

③ 《京津冀发布人才一体化发展宣言》，2011 年 6 月 16 日（http://rencai.gmw.cn/2011-06/16/content_2101898.htm）。

搭建就业信息和供求信息发布平台，实现区域内毕业生生源信息、需求信息共享，继续加强各级各类教育交流与合作。①

四　京津冀高等教育科研合作将提升河北高校科研水平

近年来，京津冀三地高校在科研方面的交流与合作逐渐增加，这对科研水平较低的河北院校来说具有极大的提升作用。现已开展的活动或项目主要包括以下几方面。

其一，联合申报课题项目。天津提出津冀两市高校联合申报国家（省、市）重大攻关计划或科研项目，共同进行科学研究和实验，相互开放实验室，实行优惠收费；河北省将遴选研究实力较强、设施较好的省级重点实验室与天津市高校联合申报国家重点实验室或教育部重点实验室。②

其二，合作构建跨省市的产学研创新联盟。津冀两地达成共识，一致支持建立一批技术成果转化等高新技术产业合作示范基地，发挥天津高等院校、科研院所的综合优势，共建大学科技园和重点实验室、工程技术研究中心、科技企业孵化器等创新平台；同时天津与河北共同支持河北工业大学教学、科研、学科及师资队伍等的建设，服务两地发展。③京冀也就加强高等院校、科研机构的科技合作达成共识，双方鼓励北京高等院校、科研机构在河北建立中试基地、科技成果转化基地，推进科研成果产业化，鼓励北京高校科技园在河北建立园区，鼓励双方高校共建重点实验室等创新研发平台。④

其三，合作推广科研成果，如针对河北工业大学国家大学科技园和"海水资源利用及绿色化工技术"教育部工程中心的科研项目，

---

① 《河北省与京津签署合作框架协议》，2013 年 5 月 29 日（http：//finance.hebnews.cn/news/2013-05/29/content_ 3275370. htm）。

② 《〈天津市人民政府河北省人民政府关于加强经济与社会发展合作备忘录〉工作分工方案》，2009 年 4 月 7 日（http：//www.tj.gov.cn/zwgk/wjgz/szfbgtwj/200904/t20090423_ 93884. htm）。

③ 《关于落实〈天津市河北省深化经济与社会发展合作框架协议〉的分工方案》，2013 年 9 月 10 日（http：//www.tj.gov.cn/zwgk/wjgz/szfbgtwj/201309/t20130922_ 222178. htm）。

④ 《北京市河北省 2013 至 2015 年合作框架协议》，2013 年 5 月 22 日（http：//wenku.baidu.com/link？url=h6AWdHmS0e 9s04KUXKE0KsJCbIJ6Z03BtfPg1sM7DEL8HO9Br-Ks-Vm7XASZM1eyZpem-sEV4uypX9XWUX-jOzPARZ1hAAJG1VI3lgHuE-93）。

天津市从政策环境等方面加大对该校的支持力度，尤其是将其与天
津海洋化工企业合作开发的万吨级海洋钾肥技术进行重点推广。

五　京津冀高等教育交流与合作有助于河北高教发展突破行政界线的束缚

法国学者高大伟（David Gosset）教授在其发表的题为《西方对
中国常见的误解》文章中说："事实上，中国和欧洲的情况相似，
或者我们可以说，中国是远东的'欧洲'。也就是说，中国和欧洲
一样，是一个内部高度异质而多样化的大陆。"① 上海社会科学院研
究员伍贻康也持同样观点，认为尽管中国是一个实行统一体制管理
的主权国家，但并不存在单一的内部市场。② 由于我国实行财政分权
体制，导致地方政府对统一的国内市场进行分割，形成地方本位主
义和利己思想，各地之间存在不同程度的利益冲突。京津冀区域在
地域空间结构上包括一个行政省、两个直辖市，其中还含有一国之
都在内，三地在行政地位上具有一定的等级差别。在这种横向分割、
纵向级差背景下，长期以来河北高等教育发展一直局限于本辖区之
内，资金、人才、物资等各种资源要素都是非常有限。作为区域一
体化的重要组成部分，京津冀区域高等教育也必将向一体化方向发
展，这也是三地高等教育交流与合作发展的最终目的。所以随着京
津冀区域高等教育交流与合作的深入推进，三地高等教育发展方面
的行政壁垒将被逐步消除，河北可以共享或引入京津的人力、资金、
信息等各种要素，尤其是优质高等教育资源匮乏的状况将得以扭转，
在更大范围、更高层次上寻求突破，摆脱长期以来制约其发展的
困境。

---

① 《高大·伟：西方对中国常见的误解》，2007 年 8 月 30 日（http：//
news. xinhuanet. com/world/2007–08/30/content_ 66 30422. htm）。

② 伍贻康：《多元一体——欧洲区域共治模式探析》，上海社会科学院出版社 2009 年
版，第 340 页。

第六章 其他一体化区域高等教育发展经验借鉴

我国一体化区域中起步较早、程度最高的是长江三角洲区域和珠江三角洲区域，两区域也是目前我国经济领域最为活跃的地方，但它们经济社会发展的过程及方式均有所不同，在此背景下的高等教育发展也各有特色。对两区域高等教育状况进行深入分析，从中可以得到许多经验与启示，为京津冀区域及河北高等教育发展战略的确定提供有益借鉴。

第一节 长江三角洲区域高等教育发展经验

长江三角洲区域位于我国东部沿海经济带的中部，包括上海市与江苏、浙江两省的部分地区，是我国综合条件最好的一体化区域之一，其发展状况一直都颇受重视。长三角区域有着优越的自然地理条件和人文环境，历史上就存在广泛而密切的经济社会联系。自唐宋时期开始，长三角逐步发展成为中国的经济中心，明清时期的上海、南京、杭州等地发展成为较大的商业与手工业城市，鸦片战争之前的长三角地区经济发展水平已居全国之冠，近代长三角区域在探索中国工业化发展道路上留下了可资借鉴的经验。1949 年之后的国民经济恢复时期，长三角区域做出了巨大贡献，改革开放后中央政府于 1982 年提出以上海为中心建立"长三角经济圈"，在国家国民经济和社会发展"八五"计划时期（1991—1995 年）开始研究制定长江三角洲发展规划，2008 年国务院在《进一步推进长江三角洲地区改革开放和经济社会发展的指导意见》中明确强调了长三角区域一体化发展的基本原则，① 2010 年国务院批复并公布了《长江三角洲地区区域规划》。② 在国家层面的指导下，浙江、江苏和上海两省一市的地方政府加强对长三角区域一体化发展的规划与实施，两省一市近年来的频繁互动，促进了区域经济、政治、文化各领域的一体化协调发展与合作机制的建立，在区域制度、产业结构、科技创新、生态环境、劳动力市场、基本公共服务及交通基础设施等方面加快了一体化进程。③ 随着区域经济社会融合的逐步提升，沪苏浙三地高等教育也呈现较快发展趋势，其中一些经验对处于起步阶段的京津冀区域各省市来说具有很高的参考价值。

一　及时确定面向区域一体化的高等教育发展战略

区域一体化的进程具有顺序性，通常从社会中最为活跃的经济领域开始，然后逐渐向其他领域"外溢"，最终实现区域各领域的全面一体化，而在这个过程中，与政治、经济等领域具有"适应和受制约"关系的高等教育如果能够及时做出正确的回应，则会促进一体化发展，反之则会对一体化进程产生不利影响。在长三角区域经济社会一体化推进中，针对区域高等教育发展环境所发生的新变化，苏浙沪三省市根据一体化发展的需要，较为及时地制定了面向区域层面的高等教育发展战略，在一定程度上与区域经济社会发展形成了良性互动关系。

2006 年，上海市制定《教育事业发展"十一五"规划纲要》，提出要"积极推动长三角地区教育合作"④，这一思想在《上海市中长期教育改革和发展规划纲要（2010—2020 年）》中得到延续，强

---

① 《国务院关于进一步推进长江三角洲地区改革开放和经济社会发展的指导意见》，2008 年 9 月 16 日（http：//www. gov. cn/zwgk/2008-09/16/content_ 1096217. htm）。

② 《国家发展改革委关于印发长江三角洲地区区域规划的通知》，2010 年 6 月 7 日（http：//www. ndrc. gov. cn/zcfb/zc fbghwb/201006/t20100622_ 585472. html）。

③ 上海财经大学区域经济研究中心：《2010 中国区域经济发展报告：长三角区域一体化研究》，上海财经大学出版社 2010 年版，第 36 页。

④ 《上海教育事业发展"十一五"规划纲要》，2007 年 8 月 27 日（http：//www. shanghai. gov. cn/shanghai/node2314/ node2319/node12344/userobject26ai12037. html）。

调要推动长江三角洲教育联动发展，共同建立都市圈教育联动发展新机制，完善上海教育服务长江流域的可持续机制，增强上海教育的辐射带动作用，探索区域教育协作新机制试验及区域教育合作的新形式、新模式、新途径。① 在 2010 年上海与教育部签订的《共建国家教育综合改革试验区》战略合作协议中再次提出：增强上海教育辐射服务功能，探索建立教育区域合作联动发展的新格局，推动长三角共同建立教育合作联动发展的新机制。②

江苏省在 2011 年《关于进一步提高高等教育质量的意见》中主张：要统筹区域教育改革，将江苏高等教育改革发展置于区域经济社会的大局中进行考量，积极倡导和推进长三角地区教育联动发展，支持长三角地区高校打破地区界限，试行同类、同层次高校课程互选、学分互认、教师互聘、资源共享。③《江苏省中长期教育改革和发展规划纲要（2010—2020 年）》中明确提出，未来 10 年要优化配置沿江沿海高等教育资源，增强服务沿江沿海和长三角一体化发展的能力，建立区域高等教育协作改革和联动发展机制。④

浙江省在《高等教育"十二五"发展规划（2011—2015 年）》中强调，要建立健全区域高等教育协作改革和联动发展机制，着眼于高等教育资源的有效利用和共享，巩固深化长三角教育联动发展，加强长三角区域及国内高水平高校在干部培养、师资互聘、学分互认、大型仪器共享等方面的合作。⑤

2012 年，在之前的基础上，沪苏浙三省市教育合作进一步加强，提出了共建长三角"教育综合改革试验区"的战略性规划。该规划预定到 2020 年，通过综合改革试验，率先建成"第一个国家

① 《上海市中长期教育改革和发展规划纲要（2010—2020 年）》，2010 年 9 月 14 日（http://www.shanghai.gov.cn/shang hai/node2314/node2315/node4411/userobject21ai442103.html）。

② 共建"长三角教育综合改革试验区"课题组：《推进长三角教育综合改革　实现区域教育联动发展》，《教育发展研究》2012 年第 5 期，第 27—45 页。

③ 《省教育厅关于进一步提高高等教育质量的意见》，《江苏省人民政府公报》2011 年第 25 期，第 35—39 页。

④ 《江苏省中长期教育改革和发展规划纲要（2010—2020 年）》，《中国教育报》2010 年 8 月 30 日第 5—6 版。

⑤ 《浙江省高等教育"十二五"发展规划（2011—2015 年）》，2011 年 11 月 7 日（http://www.zjedu.gov.cn/gb/articles/ 2011-11-07/news20111107162753.html）。

级、跨地区教育综合改革试验区"，形成全国区域教育综合改革试验示范效应最强、功能最完善、体制机制最活、要素流动最灵活、综合改革成效最显著、服务贡献和影响力最大的全国跨省教育综合改革试验区。①

二 保持主动参与意识和积极开放的发展心态

区域一体化发展不能只依靠上层外力的纵向支配，是否能够顺利推进并达到预期目的更大程度上决定于区域内各主体间积极主动的横向合作。沪苏浙三省市随着长三角经济社会一体化的发展，共同体意识在各领域部门逐渐传播开来并不断深化，三地高等教育的合作意识与积极性也日益加强。在长三角区域中上海高等教育较为发达，但上海并没有"一枝独秀"，而是以开放的心态主动融入长三角教育合作活动中，标志着长三角高等教育实质性合作启动的协议就是在上海一方的推动下签署的。2003 年 10 月，上海教育部门负责人在对江浙两省进行考察后，主动提出并首先分别与江浙两省签署了《关于加强沪浙两地教育合作的意见》和《关于加强沪苏两地教育合作的意见》，② 三方达成多项合作意向，如共同建立交流合作的组织和工作机制，及时交流各方的教育信息；定期举行教育合作交流活动，举办各级各类教育发展的学术研讨；共同探索高考制度改革，推进优质教育资源共享，扩大优质教育资源的辐射力；鼓励高校积极开展校际教学合作，推动学分互认、师资互聘、联合办学。③ 与此同时，三省市还针对高校毕业生就业与人才合理配置问题，发起成立"长三角高校毕业生就业工作合作组织"，并专门签订《长三角地区毕业生就业工作合作组织合作协议书》。这次协议的签署被认为是江浙沪三省市高等教育合作跨出的第一步，是长三角区

---

① 共建"长三角教育综合改革试验区"课题组：《推进长三角教育综合改革 实现区域教育联动发展》，《教育发展研究》2012 年第 5 期，第 27—45 页。

② 《推进教育资源共享 苏浙沪三省签订教育合作协议》，2003 年 10 月 14 日（http://news. xinhuanet. com/newscenter/ 2003−10/14/content_ 1121390. htm）。

③ 孙志凤：《交流与协调：建立长三角教师教育信息化基地》，《教育发展研究》2004 年第 1 期，第 10—11 页。

域高等教育在冲破体制性障碍上进行尝试的标志。①

对于上海抛出的"橄榄枝",江浙两省也做出了积极的回应。江苏省主动提出建立长三角地区高校人才资源库,建设研究生联合培养基地,每年举办"长三角高校毕业生就业活动月"。浙江高等教育在三地中相对薄弱,但浙江利用合作平台主动接轨上海,于 2006 年首倡并联合其他两地共同启动"长三角高等教育合作优秀人才培养模式的探索与实践"项目,推进"交换生计划",最初参与交换计划的 6 所高校中有一半来自浙江省(分别为浙江大学、浙江工业大学和浙江理工大学)。

在区域一体化发展的趋势中,各地高等教育需要以开放合作共赢的心态,改变原来各自为政单打独斗的发展观念与方式,加强交流与合作促进区域高等教育整体提升,这是各方共同的责任,各省市都应积极参与其中。相对来说,较发达省市在短期发展中对其他地区的依赖性较小,在区域交流与合作中占有优势地位,其态度尤为重要,它们的"活跃指数"在很大程度上决定着区域高等教育合作的节奏与效果。所以高等教育发达一方应主动开放并融入区域合作之中,发挥"龙头"作用,带动其他各方的发展。而高等教育较为落后省区,既要敢于正视自身的不足与落后,更要有主动的态度和积极的行动,在与优势地区交往中虚心学习和借鉴,及时把握发展机遇,不断挖掘发展潜力,这样才能尽快提升本地及整个区域的高等教育发展水平。

三 各省市之间形成统一的高等教育指导思想和发展思路

在长三角区域一体化进程中,沪苏浙三省市根据国务院《关于进一步推进长江三角洲地区改革开放和经济社会发展的指导意见》,和长三角区域在国家战略发展中的定位及要求,协商制定了《长三角地区贯彻国务院〈指导意见〉共同推进若干重要事项的意见》,关于区域高等教育发展,统一了思想认识,确立了长三角高等教育合作在区域发展和实施国家发展战略中的基础性地位,并把其视为

---

① 沈祖芸:《江浙沪共筑"长三角"教育高地》,《中国教育报》2003 年 10 月 14 日第 1 版。

区域一体化发展的重要推动力，提出要尽快把高等教育合作发展纳入一体化发展规划之中，努力及早启动区域高等教育合作进程，使其在一体化发展中充分发挥先导性、基础性作用。

在这一思想指导下，沪苏浙三地在包括高等教育在内的各级各类教育发展的总体思路上达成共识：首先是发挥政府强有力的引导、激励和推动保障作用，围绕教育率先发展、合作共赢的主线，广泛吸纳社会各界力量参与其中；其次是加快建设教育合作的基础行动能力，加强教育合作发展平台、机制及环境建设；再次，变教育合作发展为区域教育发展的活力与动力，为提升区域教育综合服务水平和国际竞争力注入活力，为进一步提升长三角地区软实力，促进长三角地区率先在全国实现现代化提供动力。①

区域一体化过程中统一的指导思想与发展思路有助于推动各地高等教育快速发展。统一的指导思想作为区域各方的行动指南，从更高层面和更深层次阐明了区域高等教育合作存在的基础与根据，指出了高等教育合作对于区域发展的价值、意义与作用，对未来发展提出了期待和要求，强调了各方在区域合作中的责任意识，有利于区域各方统一行动，形成合力。发展思路，是区域统一思想认识的体现与践行，使各方明确区域高等教育合作的发展逻辑，加深对区域合作必要性与合理性的认识，增强各方对合作发展达到预期目标的信心。指导思想与发展思路是区域共同体意识形成与一体化合作程度加深的体现，在其他一体化区域的高等教育合作中，同样应加强沟通尽快形成统一的思想，并通过具体的发展思路，强化各方合作发展的意识。

四 设定明确合理的地方发展目标与区域共同目标

区域一体化是不同地区间的跨界合作，各地资源禀赋与发展需求有一定的差异，所以根据"多元一体"的一体化发展要求，首先是各地区根据自身发展状况设定各自不同的高等教育发展目标，并

---

① 长三角教育联动发展协调领导小组办公室：《长三角教育联动发展研究文集》，南京师范大学出版社 2011 年版，第 56 页。

在此基础上拟定共同的区域发展目标。在长三角区域中，上海高等教育实力最强，发展水平最高，在该市 60 所普通高等学校中，有 9 所部委属高校，4 所"985 工程"重点建设大学（复旦大学、上海交通大学、同济大学、华东师范大学，约占长三角地区"985 工程"重点建设大学总数的 57%），是国家重点学科、国家重点实验室、国家工程技术研究中心等重点资源平台最为集中的地区之一；2012 年该市高等教育毛入学率接近 70%，[①] 现在正深入推进高等教育普及化。在此基础上，上海在本市的《中长期教育改革和发展规划纲要（2010—2020 年）》中提出了"率先实现教育现代化，率先基本建成学习型社会，努力使每一个人的发展潜能得到激发，教育发展和人力资源开发水平迈入世界先进行列"[②] 的战略目标。江苏是全国高校最多的省份，2013 年教育部公布的最新高校名单中高校数量达到了 130 所，[③] 也是三省市中"211 工程"大学最多的地区，该省在《中长期教育改革和发展规划纲要（2010—2020 年）》中确定的发展目标为：率先建成教育强省；教育发展主要指标达到国际先进水平，率先实现教育现代化，建成学习型社会和人力资源强省。[④] 与上述两省市相比较来说，浙江省的高等教育实力较弱，只有一所"985 工程"大学（浙江大学），该省《中长期教育改革和发展规划纲要（2010—2020 年）》所确定的战略目标为"全面实现教育现代化，建成教育强省，教育主要发展指标达到发达国家平均水平"[⑤]。一市二省在现有发展基础上，共同确定了长三角总体发展目标：2015 年前高等教育合作覆盖整个长三角区域，2020 年扩展至泛长三角地区，并沿长江流域向中西部地区辐射。

---

① 《上海高等教育毛入学率接近 70%》，2012 年 8 月 21 日（http：//www. gov. cn/gzdt/2012-08/21/content_ 2207608. htm）。

② 《上海市中长期教育改革和发展规划纲要（2010—2020 年）》，《中国教育报》2010 年 9 月 9 日第 6—7 版。

③ 《2013 年具有普通高等学历教育招生资格的高等学校名单》，2013 年 5 月 3 日（http：//www. moe. gov. cn/ publicfiles/business/htmlfiles/moe/moe_ 122/201305/151636. html）。

④ 《江苏省中长期教育改革和发展规划纲要（2010—2020 年）》，《中国教育报》2010 年 8 月 30 日第 5—6 版。

⑤ 《浙江省中长期教育改革和发展规划纲要（2010—2020 年）》，《中国教育报》2010 年 12 月 22 日第 5—6 版。

区域一体化与传统地区间合作的一个不同之处，就是不但各地设定本省的目标，同时还需要共同协商确定区域层面的发展目标，协调各方行为形成一致方向，增强共同发展的凝聚力。两个层次的目标互相包含，互为前提，使各地区在发展中不但要追求辖区利益，同时还要着眼于区域共同利益的实现。对于千头万绪的跨省区高等教育领域合作来说，设定明确的发展目标，才能在有限的时间，利用有限的资源，获取最大化的收益。

五　在区域合作中坚持特色发展

长三角两省一市高等教育通过不断沟通和交流，在合作方式、内容等方面达成了系列协议，形成了一致的区域发展总体目标，并确定了区域高等教育未来的发展重点：构建共享平台（信息共享平台、高水平资源共享平台、实训基地共享平台），形成互利共赢机制（合作交流机制、组织协调保障机制、监测评价机制、经费保障机制），优化外部环境（法规制度环境、人才自由流动环境、教育评价环境、公共治理环境、社会人文环境），以及围绕热点、难点问题形成改革着力点（如联合招生考试制度、高校及学科专业布局、学分互认等）。[1] 同时，各省市在合作过程中坚持错位与特色发展，分别具有不同的战略重点，如上海高等教育定位于更好地服务上海和全国经济社会发展战略，在合作中提出共同开发高职实训教材和开展区域产学研合作，加强高等教育服务社会的能力；江苏力争教育整体水平和综合实力位居全国前列，强调开展联合培养研究生的合作项目，以进一步提升高层次人才培养质量；浙江提出建设教育强省、进一步增强教育的服务能力，鼓励开展跨省市联合办学、合作办学或单独办学，来引进更多优质高教资源。

区域一体化不是一元化，各地区根据分工与协作实现多样化发展才能形成优势互补从而提升区域整体竞争力，区域高等教育合作同样需要各省区在原有基础上确定各自未来的发展方向，努力保持

---

① 长三角教育联动发展协调领导小组办公室：《长三角教育联动发展研究文集》，南京师范大学出版社 2011 年版，第 63—66 页。

优势发展，继而构成区域发展所需要的合力。这一点对于合作中的落后地区来说尤为重要，因为落后地区在引入和借鉴发达地区技术、资源、经验的过程中，往往不顾自身基础与潜力，以后者为模板盲目模仿以图"复制"同样的发展成就，结果容易造成同质化的倾向，陷入迷失自我的困境之中。

六　开展多种方式的区域高等教育交流与合作活动

区域一体化为各地区高等教育发展构建了交流合作的平台，沪苏浙两省一市开展了多种方式的活动来促进各地经验、信息、资源的交流与共享，以实现本省市及区域高等教育进一步提升的目标。

第一是通过签订合作协议达成基本共识。从 2003 年表达教育合作意向的第一份协议开始，10 多年间沪苏浙三地相继签署了《关于加强教育合作的意见》、《长三角地区毕业生就业工作合作组织合作协议书》、《长三角教育科学研究合作协议》、《关于建立长三角地区教育协作发展会商机制协议书》、《关于长三角高等教育专家资源库建设及共享的协议》、《长三角高等学校大型仪器设施共享协议》、《关于建立长三角地区高校图书馆联盟的框架协议》、《长三角研究生教育创新计划合作协议》、《关于共同举办长三角地区国际教育展合作意向书》、《长三角高校优秀中青年干部挂职培养合作协议》、《长三角地区高校学分互认协议》等十几项合作协议，内容涉及高等教育的诸多方面，在一定程度上打破了阻碍教育资源互相开放的行政壁垒，促进了共识，加深了了解，有助于三地高等教育实现优势互补共同发展。

第二是创设论坛、研讨会、博览会等各种高等教育互动平台。沪苏浙三省市通过这种方式定期对区域高等教育合作中出现的热点和难点等问题进行主题研讨，加强信息互通与经验交流，展示一定时期协作的成果，增强未来合作发展的信心。如从 2004 年起每年在上海共同召开两次"长三角联合师资招聘会"，2007 年三地协作举办"教育博览会"，2009 年开始至今每年在三省市轮流召开"长三角教育联动发展研讨会"。同时，一些社会团体或机构也参与其中，如 2012 年 11 月在南京举行的首届"长三角高等职业教育改革与发展高层论坛"，就是由非官方性质的两省一市高职教育研究会倡议并主办的，得到了教育行政部门的支持和指导。

第三是高等学校共同承担各种教学和科研项目。如2003年长三角区域中的"沪杭绍苏锡常"六市交通学校创建校园文化建设网络，促进了各省市行业院校在构建和谐校园方面的合作；从2010年秋季学期起，"长三角高校合作联盟"的本科生可通过网络互选核心通识教育课程和参与校际间的创新实践项目；教育部"高等学校创新能力提升计划"（即"2011计划"）首批通过的14个协同创新中心中，长三角高校共同申报的有"长三角绿色制药协同创新中心"（协同单位有浙江大学、浙江工业大学、上海医药工业研究院等单位）、"江苏先进生物与化学制造协同创新中心"（协同单位有南京工业大学、浙江大学、南京邮电大学等）。

第四是尝试联合培养人才。如建立高校合作联盟，三省市的浙江大学、复旦大学、上海交通大学、东南大学、南京大学、同济大学、浙江工业大学、浙江理工大学组成"E8"联盟，根据校际交换生计划会议就优秀人才培养合作项目达成的一致意见，2012年在长三角24所本科院校中开展100人的交换生试点工作，[①] 共同实施"长三角高等教育合作优秀人才培养模式的探索与实践"项目，建立项目联席会议的形式和制度化沟通交流机制，在跨行政区域高校间互派交换生，推进学分互认，为优秀学生访学和跨校选课学习提供途径，通过培训、实习、教学及科研训练等方式实现优势互补与优质高等教育资源共享，进一步加强和拓展长三角地区高校之间的人才培养合作。另外三地之间还尝试开展游学项目，2012年浙江高校共派出32名学生赴上海松江大学园区和江苏仙林高教园区游学，江苏仙林高教园区高校派出24名学生赴上海松江大学园区和浙江大学游学，上海松江大学园区高校派出24名学生到浙江大学和南京大学游学。

第五，在科技服务方面，两省一市教育科技服务机构和管理部

---

① 《江浙沪将开展高校交换生试点首批100人》，2012年6月14日（http://www.shedunews.com/zixun/shanghai/lian gwei/2012/06/14/14989.html）。

门建立产学研合作平台，组织高校开展科技协作，加强高校与企业的互动交流，推动实现校企双赢。复旦大学、浙江大学等高校发挥自身人才和学科优势，针对长三角联动发展面临的相关问题开展理论研究和科研攻关，建立产学研合作平台，为长三角地区经济社会发展提供咨询、技术保障等服务；上海市教育科技服务中心还与长三角地区科技管理部门在江苏、浙江的 7 个地区建立产学研合作平台；近年来上海市高校和上海市教育科技服务中心与长三角及其周边地区签订产学合作、科技合作项目或合作意向书达 200 多项；2007 年上海市教育科技服务中心先后组织了本市 20 余所理工科高校 300 余人次赴长三角地区 13 个城市及地区，开展科技协作与交流活动近 20 次；2007 年前三个季度，上海高校技术交易合同认定登记达到 1300 项。①

多样化的交流与合作方式，既是区域高等教育发展活力的体现，更有助于参与各方从多方面加深了解，增进互信，提高合作的效益。各省市应大力开拓交流途径和方式，挖掘发展潜力，拓展活动内容和范围，在高等教育领域的各个方面以多种方式积极开展全方位的合作。同时，多样化的活动离不开多主体的参与，高等教育主管部门、高等教育机构、各个相关社会团体等都应积极参与其中，共同推进合作进程，比如在合作初始阶段，掌握资源分配权力的各省区行政主体应起到积极的推动和引导作用，才有可能尽快克服一些制度上的障碍，达到预期的效果。

第二节　珠江三角洲区域高等教育发展经验

珠江三角洲作为一个统一的发展区域是在 1994 年被提出来的，其所覆盖的范围也随着发展在不断改变，形成了"小珠三角"、"大珠三角"和"泛珠三角"等概念。小珠三角只包括广东省的 9 个城

---

① 长三角教育联动发展协调领导小组办公室：《长三角教育联动发展研究文集》，南京师范大学出版社 2011 年版，第 33 页。

市，由于范围较小，且仅限于一省之内，未来发展受到制约；泛珠三角即"9+2"经济区，范围覆盖广东、福建等 9 省区和香港、澳门 2 个特别行政区，由于涵盖面积过大，统一协调存在较大的难度，目前有淡化的趋势；而大珠三角是在原来小珠三角基础上的适当扩充，涉及广东、香港、澳门三省区，范围覆盖珠江东西两岸，既把广东全省规划在内，还包括了香港和澳门两个在发展模式等诸多方面都不同于内地的世界级城市，三个性质差异的省区"强强联手"将会拓展我国区域发展的思路，继续在中国经济社会的未来发展中发挥重要的引航作用。鉴于此，本书以"大珠三角"作为研究对象，探讨这一区域经济社会背景下各地高等教育发展概况及其带给我们的启示。

一　创新高等教育发展方式

区域一体化是对传统发展方式的创新，在新的环境下区域高等教育的发展方式也需要不断创新，尤其是粤港澳三省区在社会制度等方面存在较大的差异，区域高等教育交流与合作只有在创新中才能求得突破。

首先，最具代表性的当数澳门大学横琴校区的"借地"创建。横琴岛属于广东省珠海市管辖范围，2009 年中央政府、广东省与珠海市地方政府及澳门特区政府四方达成协议，将横琴岛上一块毗邻澳门、面积为 1.0926 平方公里的土地用于建设澳门大学新校区。与其他合作办学不同的是，第 11 届全国人大常委会通过了《关于授权澳门特别行政区对设在横琴岛的澳门大学新校区实施管辖》[①] 的决议，授权澳门特区政府在横琴校区内实施澳门特别行政区法律和行政体系，全权管理一切事务，不受所在地区法律法规的限制，也就是说原本具有属地管理权的珠海市，将无权参与其中的管理。这一合作办学模式，既是对现有模式的突破，也是对"一国两制"所进行的全新诠释。

----

① 《全国人民代表大会常务委员会关于授权澳门特别行政区对设在横琴岛的澳门大学新校区实施管辖的决定》，2009 年 6 月 27 日（http://www.npc.gov.cn/huiyi/cwh/1109/2009-06/27/content_1508514.htm）。

其次，合作创办"新式"大学。2011 年 7 月，广东深圳大学与香港中文大学在深圳签署协议，合作筹建香港中文大学（深圳），这不但是港澳高校与广东本地高校合作建立的第一所大学，并且是完全按照香港中文大学本部的办学理念和人才培养模式来创办的，学校的日常管理、课程设置、教学科研等均由中文大学自己负责，使其成为一所真正实行现代大学制度的高校。另外，华南理工大学与香港科技大学、广东工业大学与香港理工大学也正在筹划或商谈合作建校一事。这些实行完全不同管理理念与办学模式高校的出现，将对广东高等教育发展带来深远的影响。

再次，在人才培养模式上的创新。其一是实施交换生计划，即广东高校与港澳高校签订联合培养学生的协议，高校间互相选派本科生（一般为 2—3 年级学生）到对方学校学习，时间通常为一学期或一学年，协议院校互相承认交换生在对方大学所修习的课程及获得的学分。在广东省，中山大学较早启动这一计划，先后与香港大学、香港理工大学、香港科技大学、香港浸会大学、香港城市大学、香港岭南大学等高校达成了交换本科生的协议，随后华南理工大学、暨南大学、深圳大学等院校也都陆续与香港高校签订了此类协议。①其二是实行"2+2"、"2+1"联合培养模式。2005 年，中山大学先后与香港大学、香港理工大学、香港中文大学、香港科技大学等高校签订"2+2"联合培养协议。② 新招本科生先在中山大学学习 2 年之后，再到港澳地区高校学习 2 年，就读高校互相承认学分，完成学业考试合格后，即获得中山大学和港澳高校授予的毕业证书及学士学位证书。当年秋季学期，"土木工程"专业本科生首先实行"2+2"模式。

随后又出现了"2+1"模式。2008 年深圳职业技术学院与香港专业教育学院（IVE）黄克兢分校合办"机电工程服务"高级文凭课程，课程为期 3 年，香港学生入学以后，首先在香港修读两年，第三年在深圳职业技术学院学习，完成课程后可获得两地的专业高

---

① 李均：《CEPA 签署以来粤港大学校际合作的新进展——基于对中山大学等六校的调研》，《高教探索》2011 年第 6 期，第 113—116 页。

② 同上。

级文凭。① 2010 年，广东华南理工大学与香港科技大学霍英东研究院合办的 3 年制双硕士学位课程计划启动，学生入学后首先在港校接受为期一年的全英文授课的硕士基础课程，后两个学年转入广东高校，由华南理工大学安排研究式课程，主要包括参与课题研究和课程及学位论文撰写等内容，课程修完通过论文答辩者可获颁华南理工大学毕业证书与两所高校的学位证书。

最后，科学研究合作方式上的创新，包括共同创办刊物、建立研究中心或实验室等。如国内第一本、目前也是唯一的全英文会计杂志"Chinese Journal of Accounting Research"（《中国会计学刊》）就是由广东中山大学与香港城市大学联合创办的。在科研合作上，香港中文大学分别与中山大学、暨南大学、华南理工大学携手成立了"华南肿瘤学重点实验室"、"再生医学联合实验室"和"自动化科学与工程联合研究中心"；而香港大学与暨南大学联合建立了"脑功能与健康联合实验室"。

二　利用高校内部"非官方"因素推动高等教育发展

与长三角区域高等教育发展不同的是，由于特殊的历史和政治原因，粤港澳早期的教育交流受到很多限制，三地之间最初的交往是从非官方的学校、教师等这些带有民间性质的微观层面开始的。这是迫于当时不利的社会形势造成的，但现在看来却是一大优势，没有了政治方面的影响和相关制度等条条框框的约束，三地高等教育交流反而更加灵活和高效。况且，学校、教师、学生作为教育直接的利益相关者，本身就应是教育交流与合作的重要推动力，没有他们的积极参与，高等教育的发展是根本不可能实现的，而这些要素所受到的束缚越少，活跃指数越高，高等教育发展的活力就越强。

粤港澳高等教育的民间交流互动方式各种各样，主要包括互访、参观、进修、留学、经验交流、互聘教师、邀请讲学、学术研讨、

---

① 《IVE 深职院合办 "2 + 1" 课程》，2009 年 5 月 15 日（http：//www.szpt.edu.cn/xwzx/mtksz/1529.shtml）。

合作科研、互相招生、合作办学及建立校际交流关系等。① 1983 年，广东中山大学地理科学与规划学院的城市与区域研究中心就和香港大学城市规划及教育管理研究中心建立了联系，共同举办了第一届城市规划研讨会，并约定每十年举行一届，至今已经举办了三届。

科研上的合作开始的也比较早，1984 年广东暨南大学文学院詹伯慧教授与香港中文大学文学院张日升教授组成联合课题组共同主持了研究课题"珠江三角洲方言调查研究"，第一次大规模地对广东省境内珠江三角洲地区 31 个调查点方言的语音、词汇、语法进行了全面、系统的调查分析，出版了三卷 150 万字的专著。

20 世纪 80 年代以来，广东地区的多所高校纷纷与香港地区高校签订校际交流协议，建立校际交流协作关系。② 90 年代中山大学、暨南大学、华南师范大学等高校跟香港几所主要大学及澳门大学签订了有关合作协议，开展双边学术研讨及科研合作活动。华南理工大学在 1996 年前已经与香港大学、香港中文大学、香港科技大学、香港理工大学、香港城市大学、香港浸会大学和澳门大学等高校签订了校（系）际交流协议，建立了正式合作关系，并聘请了香港大学郑耀宗校长、香港理工大学潘宗光校长、香港科技大学吴家玮校长等 25 名学者做名誉教授或顾问，以推动粤港澳高校间的学术交流与合作。③

三 借助区域平台引进急需资源促进高等教育发展

粤港澳三地高等教育存在诸多方面的差异，具有很强的互补性，三省区正是在相互借鉴中实现了互惠共赢的发展目标。广东在该省《中长期教育改革和发展规划纲要（2010—2020 年）》中提出要构建教育开放合作新格局，加强粤港澳教育更加紧密合作与进一步融

---

① 朱建成：《粤港澳高等教育一体化是区域经济一体化的发展趋势》，《广东工业大学学报》2010 年第 2 期，第 15—19 页。

② 韦惠惠、陈昌贵：《粤港高等教育合作制度变迁分析》，《广东工业大学学报》2011 年第 1 期，第 6—10 页。

③ 张泰岭、吴福光：《粤港澳高等教育交流与合作探讨》，广东高等教育出版社 1997 年版，第 44 页。

合发展：巩固粤港澳教育交流合作平台，优化珠江口东岸、西岸教育开放合作功能布局，扩大合作领域，促进粤港澳人才培养优势互补，深化科研合作和学术交流，加强产学研结合，推进青少年交流互访；……推进粤港澳职业教育在培养培训、师资交流，技能竞赛等方面的合作；促进珠江三角洲地区高等学校与港澳知名大学合作举办高等教育机构，着力引进国际化人才，借鉴先进办学理念和经验，促进教育国际化，形成良性互动新机制；促进粤港澳共同建设以紧密合作、融合发展为特征的我国南方教育高地。①

首先，广东引进港澳先进的管理、育人模式和经验。广东的高等教育体系较为完备，基础学科与人文学科发展较好，但教育结构、发展水平都很有限，需要同具有国际视野的高等教育加强交流与合作。在与港澳交往过程中，广东注意从两地高校引进较为先进的高等教育理念，参照具有国际水平的港澳高等教育经验，改革教育管理、教学方法和教学手段，更新教学内容，调整人才培养模式。更为重要的是，在与港澳的交往过程中，广东高等教育的经济社会服务意识增强，开始从封闭的校园走向社会，注重提高与经济发展的适应性，改变了之前专业设置过窄、轻视应用等弊病，使学科专业发展与人才培养更加面向市场的需求。

其次，广东还利用区域平台充实高水平师资。广东借助地缘优势，积极引进港澳优秀人才充实高校师资，提升了教学水平与质量。通过启动"百人计划"人才引进工程和营造公正、宽松的学术环境等措施，广东引入了一批学术带头人，如2003年中山大学聘请中国科学院院士、香港理工大学应用生物及化学科技学系主任陈新滋博士到该校任教，并任药学院院长一职；化学学院也从香港各个高校聘请教师，尝试全英语专业基础课教学，在2003级化学基地班和2006级首届逸仙班的"有机化学"课程上进行的首期教学实践中，学生在学到了有机化学知识的同时，也完成了专业英语的学习，收到了很好的效果；而香港一些著名高校的优秀博士研究生也纷纷到

---

① 《广东省中长期教育改革和发展规划纲要（2010—2020年）》，2010年10月26日（http：//www.moe.gov.cn/publicfiles/business/htmlfiles/moe/s5520/201104/117414.html）。

广东的一些高校任教，充实了广东高校的师资队伍。[①]

再次，借鸡生蛋，促进本省高等教育发展。除了本省高校与港澳地区院校进行合作办学外，广东还积极为港澳与内陆其他地区的合作办学提供便利条件，以把更多高水平教育资源留在广东，这也有助于其自身的高等教育事业发展。如根据教育部 2013 年审批和复核的中外合作办学机构及项目名单，广东境内有 7 个内地与港澳地区合作的办学机构与项目，分别是：北京师范大学与香港浸会大学合办的联合国际学院、清华大学与香港中文大学合作举办的工商管理硕士（金融与财务方向）学位教育项目及高级管理人员物流与供应链管理理学硕士学位教育项目、北京大学与香港大学合作举办的经济学和金融学硕士研究生教育项目、北京大学与香港中文大学合作举办的金融学专业硕士研究生教育项目、北京大学（汇丰商学院）与香港科技大学合作举办的工商管理硕士学位教育项目。[②]

另外，广东深圳市为了弥补自身高等教育方面的不足，1999 年创办了一个虚拟大学园，把国内外名校、科研院所引入本地，进行科技成果转化和产业化及高层次人才培养。现在虚拟大学园已集合了世界各地 53 所高校前来设立机构，开展学历、学位教育及研究生的实习和培养，科研成果的交流、交易与高新技术的研究与开发，形成了从学士到硕士、博士的学历培养和从短期专项到为企业量身定做的订单式人才培养体系。香港大学、香港中文大学、香港城市大学、香港理工大学、香港浸会大学以及香港科技大学均为其中成员。2004 年，深圳市政府与香港科技大学签订合作项目协议书，双方就在技术发展与高层次专业人才培训等方面进行深入合作达成共识。根据协议，香港科技大学在深圳筹备开办香港科技大学深圳研究生院，以培养高层次专业人才及建立科研与创新基地，深圳市政府将为此提供优惠政策和条件，积极协助各项办学事宜，推动区域

---

① 梁庆寅、陈广汉：《粤港澳区域合作与发展报告（2010—2011）》，社会科学出版社 2011 年版，第 242 页。

② 《经教育部审批和复核的中外合作办学机构及项目名单》，2013 年 4 月 2 日（http：//www.cdgdc.edu.cn/xwyyjsjyx x/sy/glmd/266821.shtml）。

科技教育的合作与发展。①

最后，港澳两地也充分利用广东方面的优势，弥己之不足，促进本区高等教育发展。香港高等教育国际化、信息化、现代化程度都较高，拥有完善的基础设施，先进的仪器设备，丰富的图书资料及高水平的国际师资；澳门各高校如澳门大学、澳门理工大学、澳门科技大学、澳门旅游学院、澳门镜湖护理学院等都非常有特色，而且国际化程度也很高，发展很快。但港澳高等教育进一步发展都面临一个共同的难题，就是地域狭小和本地生源不足的限制，需要开拓更大的发展空间，开放的内地无疑对港澳具有极大的吸引力。所以近年来，才会在广东相继出现港澳高校创办的分校，如前述的香港中文大学（深圳）和澳门大学横琴校区。

在弥补本地生源不足方面，港澳高校在广东招生人数逐年增长。香港1998年度《施政报告》中提出接纳"150个成绩优异的内地学生"到本地高等院校就读，由香港大学、香港中文大学、香港科技大学等8所高校委托北京大学、清华大学等11所内地高校代为招收，② 其中当时广东高校仅有9个名额（中山大学4名，华南理工大学3名，华南师范大学2名），③ 但到了2008年仅香港大学一所学校就在广东录取了41名考生。④ 2011年《粤澳合作框架协议》提出推进高等教育和科研合作，澳门特区政府向就读澳门高校的广东学生提供奖学金，推动高校学分互认，扩大互招学生规模。

港澳高等教育的另一个转变是开始重视科学研究。香港高校一贯注重市场效应，不重视基础性研究，在与包括广东在内的大陆高校交往过程中，开始逐渐转变这一态度。最显著的变化就是科研经费的增加，香港政府1985—1986年度拨出专款近60万元给香港大

---

① 余玉娴：《主权国家内部跨边界科技合作模式分析：以粤港澳高校科技合作为例》，《科技管理研究》2010年第16期，第84—88页。

② 瞿振元、卢兆彤、周利明：《香港高校内地招生的观察与思考》，《中国高教研究》2007年第5期，第1—5页。

③ 李均：《CEPA签署以来粤港大学校际合作的新进展——基于对中山大学等六校的调研》，《高教探索》2011年第6期，第113—116页。

④ 黄茜：《香港大学在广东录取41名考生》，《广州日报》2008年7月8日第4版。

学等 5 所高等院校，作为与内地进行学术交流之用，[①] 为强化各大学的科学研究，1988 年至 1991 年共划拨 1.2 亿元作为三年度的科研经费，这笔经费约占这三个年度整体拨款的 2%。[②] 1993 年 11 月，香港 "大学及理工教育资助委员会"（即现在的 "大学教育资助委员会"）在中期调研报告《高等教育：1991—2001 年》中，对未来关键几年香港高等教育事业提出了一些建议，并认为香港高等教育发展方向需有一个重大转变，其中包括在香港高校建立 "卓越学科中心"、增拨科研经费、增加研究生名额并扩大招收外地研究生达到 1/3 的比例等，由此也可以看出，香港高等教育开始从忽视科学研究向重视科学研究转变。[③]

---

① 高桂彪、梁英：《试论粤港澳高等教育的合作》，《高等教育学报》1988 年第 Z1 期，第 115—119 页。

② 邬大光：《九十年代香港高等教育的发展与前瞻》，《辽宁高等教育研究》1995 年第 4 期，第 51—56 页。

③ 杨移贻：《互动、求同、互补、共荣——近 12 年粤港高等教育的变革和发展比较》，《比较教育研究》1997 年第 3 期，第 16—19 页。

第七章　河北高等教育发展政策建议

目前河北高等教育发展面临规模、结构、质量、效益等方面问题和观念、经费、人才、资源等困境，仅靠其自身一己之力在短时期内难以有所改观，但通过对历史的梳理我们知道，把握好与京津两地的关系，有助于促进河北高等教育的发展。现在京津冀区域一体化正在逐渐向纵深推进，为河北高等教育发展提供了一个可以凭借的平台，是其寻求突破的难得机遇。本书在区域一体化理论指导和其他一体化区域高等教育发展经验启示下，试为河北高等教育未来发展战略的制定及目标的实现提出参考建议。

第一节　河北高等教育发展战略确定的基本原则

区域高等教育发展战略是对一定空间范围内高等教育发展中事关全局、长远、重大问题的谋划，主要包括发展定位、目标和重点等内容。对于河北省高等教育来说，随着京津冀区域一体化进程的逐步推进，其未来发展战略也必须依据相应的原则进行拟定。

一　河北高等教育发展战略定位的确定原则

区域高等教育发展战略定位，是指一定区域高等教育在战略分析基础上所确定的未来发展中的身份和地位，以及在此基础上所做出的总体战略决策。任何一个区域的高等教育在制定发展战略之初，都要首先明确自己的定位，明白自己"身在何地，去往何处"的问题。定位不同，人才培养、学科建设、师资队伍、服务对象等各方面都是不一样的，所做出的战略选择也存在一定差异，所以战略定位的关键是要准确、合理。"准确"是从发展所具备的主观条件角度来说的，即区域高等教育发展战略必须最大程度符合区域自身的实际状况，实事求是地确定发展方向；"合理"即从客观需要的角度来讲，区域高等教育发展务必与整个经济、社会发展状况相协调，这样既能根据社会发展所需培养各种人才，同时也能及时获得其他领域的资源支撑。河北高等教育发展战略定位同样要准确、合理，其确定原则主要包括以下几点。

（一）总体方向应立足地方、着眼区域，保持差异、错位发展

在京津冀区域一体化背景下，河北作为其中一部分，其高等教育未来发展既要立足于本省基础，也要关注区域需求，同时还要避免出现与京津高等教育同质化的倾向。

1. 立足地方，着眼区域

京津冀区域一体化过程中，河北高等教育发展须"立足地方，着眼区域"。强调"立足地方"是由河北高等教育自身基础决定的。河北高等教育机构以地方高校为主，除了4所部委属院校（防灾科技学院隶属于中国地震局、华北科技学院隶属于国家安全生产监督管理总局、中国人民武装警察部队学院隶属于公安部、中央司法警官学院隶属于司法部）以外，其他100多所都是省属或市属院校，而且其中地域性较强的高职高专院校有61所，占到河北高校总数的近60%，所以河北高等教育首先应面向本地需要确定发展方向。正如厦门大学别敦荣教授所说："地方院校……应当全方位地服务于当地经济社会发展，在服务地方中实现自身的社会价值。"①

提出河北高等教育发展"着眼区域"是基于京津冀区域一体化的需要。在区域一体化发展过程中，各地形成分工协作的相互依赖关系，为了区域整体利益协同发展，共同提升。随着京津冀区域一体化的推进，三省市在区域经济社会发展中的分工和所承担的任务

---

① 别敦荣：《我国地方大学的使命与战略发展》，《河北科技大学学报》（社会科学版）2007年第3期，第82—86页。

有所调整，经济社会对高等教育的需求也会随之发生改变，同时在一体化平台建成后，各地所拥有的发展条件会更完备，发展空间将进一步扩大，在这种情况下，各省市不但只是为本地发展培养人才或提供社会服务，还要为区域整体发展做出贡献。尤其是对于占京津冀三省市近90%面积和70%人口的河北省来说，其高等教育发展必须在京津冀一体化进程中着眼于区域的需求，这不但关系到河北自身的发展，在一定程度上也决定着整个区域战略的成败。

2. 保持差异，错位发展

在长三角各省市高等教育中，实力较弱的浙江在高等教育定位时，注意做到与苏沪两省市错位发展，在京津冀区域高等教育中，河北与京津两市既有很大差距，也有许多差异，区域一体化中河北高等教育也应保持差异，错位发展。这既是从长三角高等教育发展中所获得的经验启示，同时也是由以下三方面因素决定的。

其一，区域一体化发展对多样化人才的需要决定了各地高等教育发展的差异性。区域一体化不是同质化，而是"多元一体化"，强调的是基于原有多样性内容的协调与融合，这是各方分工协作的前提。在京津冀区域发展过程中，经济社会对人才的需求是多方面、多层次的，京津有限的高等教育规模只能培养部分人才，更多人才的培养任务需要河北高等教育来承担。所以河北高校应根据自身原有基础和经济社会发展的新需要，进行有针对性的选择，保持多样化、差异化发展。

其二，河北高等教育利用后发优势实现快速提升需要错位发展。京津冀一体化中，河北作为相对落后一方，其高等教育可以在与京津协作中利用后发优势实现快速发展，但前提是不能完全照搬、模仿先行发展地区，而必须是在借鉴的基础上形成自己的比较优势，才能实现长远发展。

其三，错位发展是一体化中避免同质化和恶性竞争的必然要求。区域一体化结构是各方在分工协作的过程中形成的，其基础就是立足于差异化需要的错位发展，目的就是为了避免出现同质化和恶性竞争，这对于发展较为落后的地区来说也是一种保护性要求。京津冀区域中河北高等教育与京津两地存在巨大差距，如果不谋求错位发展，便难以在区域竞争中获得发展所需要的各种资源，生存空间将会受到极大的限制。

（二）办学层次上重点扩大本科层次教育，大力提高研究生层次教育，稳步发展高职高专教育

前文已经提及，目前河北省高职高专在校生人数与河北省人口、经济规模基本一致，但本科层次学生数量所占比重相对偏小，研究生人数较为匮乏。在河北省大部分地区被确定为国家层面的"优化开发区"和"重点开发区"后，未来发展将需要大量高层次人才，以提升京津冀区域整体发展水平。因此，从高等教育现实基础和未来发展需求两方面因素综合考虑，应把本科层次高等教育作为发展重点；研究生教育由于之前发展过于缓慢，基础比较薄弱，所以今后应加大发展力度，这种趋势也与全国总体发展状况相吻合；对于高职高专层次的教育，因为河北省一直把其作为重点，目前已经具备了较大规模，应采取稳步发展，不宜再大幅扩充。

（三）办学类型以应用型本科和职业技术高等院校为主

首先，应用型本科和职业技术专科这两类高校是目前河北高等教育的主体部分。潘懋元先生认为，我国普通高等院校一般可分为三种基本类型：学术型大学，应用型本科高校和职业技术高校。学术型大学（即研究型大学）以基本理论为主要传授内容，研究高深学问，培养学术人才，在我国主要是以"985工程"大学和部分"211工程"大学为主体。[①] 在河北省境内，没有一所完整的这类性质高校，唯一地处天津的"211工程"院校河北工业大学也是河北省属高校，远未达到学术型大学的标准，因此河北高校以现有基础很难在短时期内发展为研究型大学。其次，从与经济产业适应性和人才需求上来说，由于在京津冀区域分工与协作中河北定位于劳动力密集型、资源型和加工型经济，同时承接京津转移出来的产业与技术，未来一段时期应用型人才和专业技术人才需求量较大。再次，从整个区域范围的总体情况来看，京津冀区域已经拥有了全国范围

---

① 潘懋元、董立平：《关于高等学校分类、定位、特色发展的探讨》，《教育研究》2009年第2期，第33—38页。

内教育水平最高、数量最为集中的研究型大学群，共有"985 工程"和"211 工程"院校 27 所，比长三角和珠三角地区数量总和还多 1 所，随着京津冀区域一体化局面的形成和高等教育一体化的发展，该区域无须再增加研究型大学的数量。

（四）人才培养方面应重点培养应用型专门人才，兼顾学术型人才

由于河北以应用型本科和高职高专院校为主，而且目前经济发展水平也对这一层次人才需求量较大，所以无论是属于"211 工程"的河北工业大学、一般部委属院校，还是其他地方高校，都要注重学生专门知识的学习，高职高专院校更要加强学生实用技能的培养。与此同时，也不能忽视对学术人才的培养，尽管河北省没有研究型大学，未来一定时期也不宜将建设研究型大学作为重点，但这并不意味着要放弃学科建设和对学术人才的培养。尤其是在河北高校中学术研究已经达到了国内甚至国际一流水平的学科，如一项突破性成果多晶超硬材料合成技术被收入《自然》之中的国家级重点学科燕山大学机械工程学科，在未来发展中即应作为学科建设的重点；另外以河北省 2005 年所确定的 24 个强势特色学科（群）为主，一些有潜力的学科及人才，可以借助区域学术平台，与京津高校联合培育或培养，以此来提升科研水平及学术型人才培养质量，充实河北地方高等教育实力。

二　河北高等教育发展战略目标的确定原则

区域高等教育发展战略目标，是区域依据外部环境和内部组织状况所确定的在一定时期内所要达到的发展程度和结果。高等教育发展战略是对未来发展所作的总体设计和长远规划，所以战略目标要尽量既高且远，需要全体成员经过努力奋斗方能实现，这样才能对师生员工产生一定的激励作用。当然发展目标的"高远"是相对来说的，它还必须是合理的、可行的，是在区域内外部条件基础上形成的，脱离实际的目标毫无意义。因此，区域高等教育发展战略目标的确定不能只是凭借人的主观愿望，而要综合考虑各种主客观因素。对于京津冀区域一体化背景下的河北高等教育来说，主要应从以下几方面来确定未来发展的战略目标。

（一）依据河北高等教育现实状况与自身定位

教育发展具有继承性和连续性，任何形式的变革都是在之前基础上进行的，即使出现较大程度的"跨越"，也离不开原有的历史积淀，沪苏浙在确定未来高等教育发展目标时都是首先考虑自身的现状和基础。河北高等教育现实状况与定位是确定其未来战略目标的内部基础，对其进行全面了解和分析是必要的前提。如通过前文的论述我们知道，目前河北省高等教育绝对规模的部分主要指标（高校数量、招生人数、在校生人数、毕业生人数、专任教师人数）在大陆 31 个省市区中位居前 1/3，但表示发展水平高低、教育质量及实力的一些关键指标排在后 1/3，如高等教育毛入学率是第 18 位，每十万人口在校生人数是第 22 位，研究生所占毕业生比重排在第 25 位，大专以上人才在全省人口中比重排在第 18 位，河北每百万人拥有高校数量（1.55 所）没有达到全国平均水平（1.80 所）。从发展定位来看，正像前文所说，由于河北境内多数为地方高校，而地方高校首先应坚持为本地区经济社会发展服务的原则，① 定位于服务地方和区域发展，战略目标的确定也不能脱离区域发展，首先要为这一区域服务，"世界一流大学"的豪言壮语对河北高等教育发展来说只能是一种美好的未来向往，不宜成为现在的发展目标。

（二）依据京津冀区域高等教育一体化发展需求

我国高等教育管理模式以中央集权为主，战略目标的确定通常先由国家教育主管部门提出未来我国高等教育发展总体目标，各省（直辖市、自治区）以此为指导设定本行政辖区内高等教育发展目标，各地高等教育发展目标必须要符合国家未来高等教育事业总体发展要求，所以往往可以看到，各省区的发展战略与国家总体战略基本上是一个表述模式。但部分地区随着跨区协作程度的加强，逐渐呈一体化发展趋势，并最终在区域范围内形成一个新的利益共同体，各行政区在确定未来高等教育发展战略目标时，就必须再增加一个参数，即区域层面高等教育发展的需求。从目前情况来看，京津冀区域高等教育已具备了一些一体化发展的前提条件，包括区域

---

① 袁洪志：《经济欠发达地区高等教育发展战略》，东南大学出版社 2003 年版，第 112 页。

经济社会发展的客观需要，三地高等教育发展的互补性，在人才培养、科学研究、举办学校方面进行的尝试性交流与合作等，尽管还存在由于落差导致的障碍，但一体化发展的趋势是毫无疑问的，因此这一层面所发生的变化及需求也是河北高等教育发展战略目标确定时必须考虑的因素。如在教育规模方面，由于京津境内高校扩充空间有限，随着京津冀区域产业调整和人口转移，河北高等教育需求还会有所增加，由此可以认为，河北高等教育规模还有进一步扩充的必要与可能。

（三）依据现有及未来一体化所带来的一切可利用条件

这是从高等教育的外部环境来说的，因为高等教育是一个依靠社会其他系统不断"供养"才能生存的系统，尤其是在经济社会较为落后的地区，脆弱的生态环境加剧了地方高等教育对外部条件的依赖程度，如何获得更多的资源成为其能否继续发展下去的关键。河北高等教育发展的现有条件是指本省内所能提供的条件，主要包括政策支持和教育投入等方面。《河北省中长期教育改革和发展规划纲要（2010—2020年）》中提出："各级党委、政府要认真贯彻科学发展观，坚定不移地落实教育优先发展战略地位。按照面向现代化、面向世界、面向未来的要求，坚持育人为本，加大改革创新力度，切实促进教育公平，全面提高教育质量，推动教育事业优先发展、实现由教育大省向教育强省、人力资源大省向人力资源强省转变。"① 从中可以看出河北省政府对教育及高等教育发展的决心和态度。而未来的可利用条件，是指随着区域一体化的深入推进，京津冀三地之间各种行政壁垒的消除，区域政策制度的统一，资源、资金、信息、人力等诸多要素在京津冀区域内实现自由流动和共享，河北高等教育将因此获得更多可利用资源，这对其未来发展战略的制定和调整是一个不可忽视的重要因素。当然，这种"可能"要变为现实，还需要区域决策者的战略意识增强和各方不懈的共同努力。

---

① 《河北省中长期教育改革和发展规划纲要（2010—2020年）》，2011年4月12日（http：//www.moe.gov.cn/publicfiles/ business/htmlfiles/moe/s5520/201104/117399.html）。

三 河北高等教育发展战略重点的确定原则

区域高等教育发展战略重点，是指在发展战略实施过程中所必须着力解决的具有全局性的重大问题。这些问题对于整个发展战略来说，"牵一发而动全身"，只有把这些问题处理好了，其他问题才能得到有效解决，发展战略的推进和战略目标的实现才有可能。①

战略重点不是一元的，也不是绝对的。在一个发展时期或阶段内，可以有多个重点同时存在；除重点外，还有次重点问题；不同层次的战略目标，如总目标和各具体子目标，也都有各自要解决的重点问题。同时战略重点与非重点也是相对而言的，在一定条件下是可以相互转化的。② 有的重点问题随着战略的实施和高等教育发展环境及条件的改善得到解决后，就不再是重点了，而同时有些原本非重点问题在新形势下则可能转变为重点问题。战略重点的多元性和相对性，要求高等教育明晰不同性质的重点、重点与次重点、重点与非重点等问题，有效配备资源，确保重大问题的解决和高等教育的长远利益；对于战略实施中可能出现的变化和矛盾的转化，应及时调整战略，采取有针对性的措施，保障战略的推进和高等教育的良好发展状态。

对于规模庞大的河北高等教育来说，确定战略重点是整个战略的关键环节和主要矛盾，也是最为亟须加强研究的方面。有研究者提出从优势与劣势上来确定战略重点，③ 但另外还应看到，京津冀区域一体化发展既给河北高等教育发展中长期未能有效处理的老大难问题带来了解决的机遇，同时也提出了新的需求。基于以上分析和前文对河北高等教育发展过程中所存在问题的综合考察，本书从弱势、优势、难点、新需求四个方面提出确定河北高等教育未来发展战略重点的基本原则。

---

① "大学战略规划与管理"课题组：《大学战略规划与管理》，高等教育出版社 2007 年版，第 49 页。

② 姚启和：《高等教育管理学》，华中科技大学出版社 2000 年版，第 88 页。

③ 李化树：《论大学发展战略》，《西南交通大学学报》2007 年第 3 期，第 8—15 页。

（一）有利于"弱势"尽快改变

根据管理学中的"短板理论"可以知道，木桶的储水量是由最短的那块木板决定的，要使木桶容量增加，就必须增加短板的高度。解决矛盾的关键，就是抓住其中的薄弱环节，改变不利局面，促进整体的发展。因此，河北高等教育战略重点的确定应关注最为薄弱的领域，以集中力量尽快改变现状，提升其整体水平和发展程度。在前文的分析中我们知道，与京津相比，河北存在高水平大学缺乏，各类重点资源平台较少，高层次人才不足（如博士学历教师所占比重仅为 8.7%，与全国平均水平 14.9% 相差 6 个多百分点），质量较低，研究生层次教育规模太小等问题，这些都是河北高等教育发展的薄弱之处，也是未来战略关注的重点。

（二）促进"优势"加快发展

"反木桶原理"是对"短板理论"的发展与创新，该理论认为木桶的特色与优势是由最长的一根木板决定的，完全可以利用向长板倾斜的方式达到增加木桶储水量的目的。木桶原理是传统的各部分平行推进的方式，反木桶原理则是一种提倡特色凸显的创新思维。在资源紧缺的时代，许多组织很难获取充足的资源保证所有领域需要，所以高等教育要想求得生存与发展，更有效的途径就是强化"优势"领域，凸显自身特色，以此带动其他领域或学科的发展。因此，河北高等教育在以后发展中，可以利用广阔的土地资源和充足的生源，进一步扩大高等教育规模，这同时也有助于解决河北人均高校拥有量较小和社会对高等教育的需求问题。另外，河北的高等职业教育也较有优势，邢台职业技术学院、承德石油高等专科学校、石家庄铁路职业技术学院、河北工业职业技术学院这 4 所高职院校为国家级高职示范院校，尤其是邢台职业技术学院，作为第一所军队与地方联合举办的高等院校和国内最早以"职业技术学院"命名的院校，在同类高校中具有"领头羊"的作用。在河北未来高等教育发展中，应重点努力把这些高水平院校的优势保持下去。

（三）有助于"难点"及早解决

"难点"是指不容易解决的矛盾，其中既有历史遗留下来的老问题，也有发展过程中的新问题，上述弱势的转化、优势的再提升都可能是难点之一（当然也可能都不是），但难点所指远不止这些，凡是组织发展中的"顽疾"都可被视为难点。难点问题得不到及时解决，日积月累就会成为制约组织发展的"瓶颈"，继而就会出现"瓶颈效应"，产生不利的影响，导致组织其他部分的正常运转都会因此受到阻碍，进而整个组织的效益也会降低。因此，河北高等教育发展战略不能避难就易，战略重点的确定更要有助于解决成为隐患的"难点"问题，以求尽快剔除顽疾，保障高教事业健康、长远发展。如从当前情况来看，在河北高等教育发展中的结构问题是一大难点，现已成为制约整个高等教育体系发展及质量提高的瓶颈：布局结构不均衡导致各地区高等教育资源分配出现严重倾斜；学科专业结构失衡导致所培养的人才不能完全适应经济社会发展的需求；层次结构不合理导致高水平人才匮乏；形式结构问题导致民办高等教育发展受到抑制，大量社会资源难以得到有效利用。如果河北高等教育在未来发展中不能很好地解决结构问题，将会陷入更大困境中，自身功能也难以充分发挥作用。

（四）保障"新需求"顺利发展

高等教育作为与经济社会联系较为紧密的教育系统，既要引领学术发展方向，还要关注社会环境的不断变化，学科发展的新趋势、社会服务的新领域、人才培养的新规格等都可能成为高等教育新的"发展点"。及时抓住机遇并把新的需求当作战略重点，高等教育就准确把握了时代的脉搏，继而就会获得新的发展空间，率先突破，先发制人。在京津冀区域一体化进程中，随着三地分工定位的调整和区域产业结构的变化，一批新兴产业会随之出现，优先发展产业也会发生变化，河北高等教育发展方向也要据此进行相应调整，战略重点须能保障基于"新需求"的学科专业得以顺利发展。具体来说，冀北地区的高校应加强涉农专业建设，尤其是绿色生态环保类专业；环京津各地的高校以汽车类、电子类、机械制造、生物工程及医药类为主，可以借助京津优质资源，有选择地发展与高新技术相关的学科；沿渤海湾地区的高校应重点培养与港口、海洋经济产业相关的人才，服务于国务院新批准的"沿海地区发展规划"的实施；冀中南地区要着眼于钢铁、建材等产业转型升级的需要，各高校须把相关专业作为重点突破口。

第二节　河北高等教育发展战略类型及路径

　　高等教育发展战略类型及路径是战略目标实现的关键，战略类型及路径是否合适关乎整个战略的成败。由于研究视角与标准不同战略分类也多种多样，如美国学者雷蒙德·迈尔斯（Raymond Miles）和查尔斯·斯诺（Charles Snow）在《组织战略、结构和方法》中将战略类型分为探索型战略、防御型战略、分析型战略和反映型战略，① 北京师范大学王建民教授总结出波特基本竞争战略、多样化经营战略、增强型战略与退出型战略等类型，② 每一类型中都包括若干具体的战略。战略路径是战略实施的途径，是"由特定时间的战略状态要素所构成的一条有向、不规则的开放式曲线段"③，不同类型的战略根据需要选取不同的实施路径。本书借助战略分析工具态势分析法对与河北高等教育发展有关的各种信息进行综合分析，在此基础上为其未来发展提出可资借鉴的战略类型及发展路径。

一　河北高等教育发展态势分析

　　态势分析，就是指对事物发展所面临的状况和形势进行战略分析，常用工具即道斯（TOWS）矩阵分析法。TOWS 矩阵的基础理论是 20 世纪 70 年代美国哈佛大学商学院教授、著名战略管理学家安德鲁斯（Andrews）针对企业发展战略的制定提出来的，但在最初只是将影响企业发展的诸多因素进行孤立分析，20 世纪 80 年代美国旧金山大学管理学教授海因茨·韦里克（Heinz Weihrich）在此基础上对各种因素进一步分类归纳，提出了较为成熟的态势分析方法，

　　①　Miles, R. E., Snow, C. C., Meyer, A. D., et al., "Organizational strategy, structure, and process", *Academy of Management Review*, Vol. 3, No. 3, 1978, pp. 546—562.

　　②　王建民：《战略管理学》（第二版），北京大学出版社 2006 年版，第 270 页。

　　③　谢守祥、张晓虎：《战略新视角：战略路径及其控制》，《江苏商论》2008 年第 5 期，第 136—137 页。

被学界称为道斯矩阵分析法。作为一种企业发展战略分析方法，TOWS 矩阵最初仅运用于管理学，后由于其本身所具备的广泛适应性，目前这一分析方法已被应用于各学科领域。

下面本书利用 TOWS 矩阵，对京津冀区域一体化中河北省高等教育发展条件和环境等因素进行战略分析，这一过程通常包括三个步骤。

首先，搜集资料、信息。资料、信息获取得越充足，问题分析得就越深入，得出的结论自然也更客观。如在前文论述中，我们已获取了河北高等教育发展的部分相关资料、信息，其中既有内部条件方面的，也有外部环境方面的；既含有利因素，也有不利因素；既包括直接因素，也涉及间接因素；既论及了目前存在的状况和问题，也涵盖了已经过去的历史和即将发生的未来趋势。

其次，构筑河北高等教育发展状况的分析矩阵。具体说来，组成 TOWS 的四个字母分别代表河北高等教育所具有的内部因素——优势（strengths）、劣势（weaknesses）和外部因素——机遇（opportunities）、挑战（threats），将获取的重要资料、信息分别进行梳理、归类，构成态势分析矩阵，详见表 7—1。在该矩阵中，内部优势、劣势分别与外部优势、威胁进行匹配，形成了如表中所示的不同矩阵组合，包括优势—机遇（SO）、劣势—机遇（WO）、优势—威胁（ST）、劣势—威胁（WT）四种发展态势。

表 7—1　区域一体化背景下河北高等教育发展态势分析矩阵

内部因素 外部因素	优势（S） 历史较长，空间广阔 生源充足，交通便捷	劣势（W） 规模有限，结构失衡 质量不高，效益较低 观念落后，人才缺乏 投入不足，平台较少
机遇（O） 中央高层推动"一体化" 三地达成发展共识 区域经济结构调整 高等教育需求增加	扩充战略（SO）	扭转战略（WO）

续表

内部因素 外部因素	优势（S） 历史较长，空间广阔 生源充足，交通便捷	劣势（W） 规模有限，结构失衡 质量不高，效益较低 观念落后，人才缺乏 投入不足，平台较少
威胁（T） 人才流失 生源竞争 经济减速	化解战略（ST）	防御战略（WT）

最后，做出战略选择。根据矩阵形成的不同组合所包含的因素分析，确定合适的发展战略，基本思路通常是：发挥优势、克服劣势、利用机会、化解威胁。

二　河北高等教育发展战略类型及发展路径

在借助道斯矩阵对京津冀区域一体化背景下河北高等教育所具有的优势、劣势、机遇和挑战等因素进行综合分析的基础上，本书依据发挥优势、克服劣势、利用机会、化解威胁的基本思路，提出四种参考战略及相应的发展路径，以从中探求突围和提升之路。

（一）扩充战略及"空间换规模"路径

河北高等教育的扩充战略是在内部优势条件与外部机遇同时具备情况下所选择的发展战略，此时应以"空间换规模"为主要实施路径，也就是河北省利用广阔的地域空间吸引京津高等教育资源来扩大该省高等教育规模。当然这一战略与路径也是针对京津的需求提出的，即高等教育扩招以来，高校为学生提供了更多接受高等教育机会的同时，因在校生人数急剧增长，高等教育规模迅速扩大，高校办学压力骤然上升，许多院校的办学条件指标都有不同程度的下降，京津两地高校尤为明显。据有关研究表明，2002年北京55所普通高校中有18所部委属院校和23所市属院校生均占地面积没有达到国家的规定，部分高校租赁其他单位和个人房屋以解燃眉之急。[①] 近年来北京市建成了良乡和沙河两个高教园区，但入驻高校占地也很有限，制约着学校的远期发展。在京津冀三省市之中，河北省所拥有的土地总面积最大，2008 年国土资源部土地调查数据显示为 1884.3 万公顷，占京津冀区域土地调查总面积的 86.9%，北京、天津分别为 164.1 万公顷和 119.2 万公顷，仅占区域土地总面积的 7.6% 和 5.5%；而从未利用土地来说，京津冀三省市的未利用土地在各辖区所占比重依次为 12.6%、11.0% 和 21.1%，[②] 河北省的未利用土地比重最大。由此可以认为，在京津冀区域中，京津两地的土地资源非常紧张，河北省则相对充裕，可以为三省市高等教育的发展提供必要的建设用地。

河北高等教育具有百年的历史基础、广阔的地域空间、充足的高教生源和便捷的交通等优势条件，但长期以来由于受到京津两个直辖市"虹吸"作用的影响，其所具有的优势难以显现，河北高等教育发展受到极大限制。现在京津冀一体化使河北高等教育获得了难得的发展机遇。一是河北的落后及京津冀区域发展的严重不平衡引起了中央高层的重视，在决策层的直接推动下，京津冀三省市的合作出现了实质性进展，河北高等教育的发展环境将得到明显改观；二是京津冀三省市政府就区域一体化发展已达成共识，一体化平台正逐渐形成，意味着河北高等教育发展有望得到京津更多的支持；三是随着区域一体化向纵深推进，区域经济、产业结构进一步调整，也将推动河北高等教育结构的优化；四是在京津冀区域发展的整体规划中，一些劳动力密集型产业将被迁移到北京周边的河北境内，大批就业人员也会随之涌入，这意味着河北高等教育需求会继续增加。以上这些因素的出现，将使河北在高等教育发展上所具有的优势释放出极大的能量，实现期待已久的跨越式突破。

因此，随着京津冀区域一体化进程的推进，河北有更多条件可以加大引进京津优质资源的力度，积极利用所具有的空间优势，通

---

① 刘晖、孙毅颖：《从大众化到普及化：北京高等教育发展研究》，人民出版社 2009 年版，第 47 页。

② 李国平：《京津冀区域发展报告（2012）》，中国人民大学出版社 2013 年版，第 141 页。

过创办分校、合作办学等多种协作方式实现最大程度、最大范围的发展，这既可以进一步扩大河北本省高等教育规模，解决高等教育需求不足的问题，也有助于缓解京津高校发展空间紧张的状况。如前文提及的廊坊东方大学城，引入了北京城市学院、北京中医药大学、中国民航管理干部学院等十余所北京高校，高等教育合作已经初见成效。

（二）化解战略及"速度换质量"路径

河北高等教育的化解战略是在内部优势条件与外部威胁并存形势下的战略选择，根据发展状况对应路径宜为"以速度换质量"，即河北借助充足的生源优势和京津冀之间便利的交通条件，利用京津优质师资来提升高等教育质量，化解当前所存在的质量较低问题。京津冀一体化意味着打破三省市间的行政区划壁垒，营造统一的发展平台，各项政策、制度将实现无差别对待，对较为弱势的河北来说预示着带来发展机遇的同时，也会面临区域竞争的加剧。尤其是在各项政策、制度和法规还不完善的区域一体化进程初期，相对落后的河北依旧会存在甚至出现更多人才流失的现象，高教生源争夺的剧烈程度也会升温。在访谈中问到"怎么看待京津冀区域一体化"时，多数受访者认为不但要有好的顶层设计，更需要及时制定相关配套政策和制度，否则河北不会因此受益，"一体化"难以达到预期目的。正如针对北京市提出的"逐步推行京津冀地区互认的高层次人才户籍自由流动制度"[1]，河北方面认为"这只能使得三地人才向北京单向聚集，对津冀的发展非常不利。这是北京追求单方利益的表现，而非实现三地互赢"[2]。另外一个不利因素，即河北经济由于受到环境治理等因素的制约导致一定时期内的增速减缓，政府在高等教育上的投入也会受到影响。对此，河北省可以利用"一体化"所带来的便利交通等现有优势条件及时化解这些发展隐患，最大程度引进或借助京津优秀人才到本地高校兼职或讲学，提高现有高校

---

① 《首都中长期人才发展规划纲要（2010－2020年）》，2010年8月2日（http：//news. xinhuanet. com/edu/2010-08/02/ c_ 12397599. htm）。

② 《北京户籍破冰引发河北人才流失担忧》，2010年8月8日（http：//bj. yzdsb. com. cn/system/2010/08/08/0106348 95_ 01. shtml）。

教学水平和教育质量，以增强对师生的吸引力，减少优质生源流失。

（三）扭转战略及"定位换政策、功能换结构"路径

河北高等教育的扭转战略是利用机遇把劣势转变为优势条件的战略，须选用"以定位换政策、以功能换结构"的发展路径，即以河北在京津冀区域中的定位寻求更多的优惠政策支持，以其区域功能为依据来确定河北高等教育的结构，借此来扭转目前所处的劣势。优势与劣势是相对存在的，暂时落后的地区如果能把握住发展机遇，从发达地区学习或引进观念、制度、技术等各种发展所需，在经过移植模仿、消化吸收和改进提高后，现有劣势就会变为"后发优势"，加快追赶发达地区的节奏。长期以来，在京津两个直辖市的"荫蔽"下，一些倾斜政策的阳光很难惠及河北境内，河北高等教育在一种极其不利的非公平环境下缓慢发展，以致造成了所谓的"大树底下不长草"的现象，与京津相比优质平台资源严重不足，高校对人才的吸引力较弱。在区域一体化进程中随着京津冀三地各自的分工逐渐明晰，河北省的定位也将最终确定下来，河北高等教育可以借助一体化平台享受到更多优惠政策的支持，有助于摆脱目前的各种困境。

在河北省高等教育所面临的各种问题中，结构失衡是其中的核心问题，对高等教育质量与效益都有直接的影响。而河北高等教育结构的调整，又受到河北各地区主体功能的制约，在不同的功能区，高等教育的科类结构、层次结构、区域布局等都应有所不同，这样培养的人才方能满足经济社会发展的需求。因此，在借助外部环境所提供的发展机会扭转劣势的战略中，应重点围绕"以功能换结构"思路谋划河北高等教育未来发展。当然，解决结构失衡并非意味着能够解决所有问题，还需要利用区域一体化平台和资源共享机制，大力引进京津优秀人才、高水平科技、充裕的社会资金、丰富的信息等各种要素资源，同时借助区域广阔的市场，以突破困境为重点，促进各种难题的解决，从而实现河北高等教育落后局面的全面扭转。

（四）防御战略及"规模换质量和效益"路径

防御战略是在河北高等教育发展劣势和外部威胁同时出现的情况下采取的战略，此时应以"规模换质量和效益"作为发展路径，

因为与有限规模扩充相比，改变质量较低和效益较差的状况对于培养人才的高等教育事业来说更为紧要。河北省高等教育质量不高、优秀师资缺乏，京津冀区域一体化发展过程中，在资源、要素的流动限制逐步取消或减少，但具有健全、公平制度的发展环境还未完全形成时，可能会暂时出现优秀人才和生源流失增多的现象，对本来就相对落后的河北来高等教育来说无疑是雪上加霜。这种情况下河北省必须适当控制高等教育规模，提高现有资源的利用率，以此换取高等教育质量和效益的提升，并将因此出现的不利影响降到最低。同时要通过协商和谈判，利用区域层面的中心协调机构，促进区域范围内高等教育一体化各项制度、法规的建设，加快良好发展环境的创造，努力避免无序、恶性竞争，这不但能使地方利益损失减到最小程度，同时也是对区域整体及各方长远利益的保障。

第三节　河北高等教育发展策略

战略与策略是目的与手段的关系，[①] 发展战略的确定只是高等教育发展中"务虚"的环节，战略实施效果如何，是否能够达到预期目的，还要依靠随后"务实"策略的推进。对于河北高等教育未来的发展，本书从京津冀区域一体化的角度，提出以下几方面参考策略。

一　尽快实现河北省内高等教育一体化

在京津冀区域一体化要求下，三地高等教育交流与合作日益深入，最终的目标是要实现区域高等教育一体化，但目前在河北省内各地区的高等教育尚未达到一体化，这必然对其与京津之间的一体化合作产生不利影响。首先，省内各地高等教育之间行政壁垒的存在，会对区域政策的推行造成阻碍，进而使其难以实施和落实，导致政策所具有的效果大打折扣，难以达到预期目的；其次，由于地

---

① 胡大立、陈明：《战略管理》，上海财经大学出版社 2009 年版，第 5 页。

区间"各自为政"，一些地区对优质高等教育资源采取地方保护主义，其他地区很难惠及，不利于资源共享，这对于优质资源稀缺的河北高等教育整体发展来说弊端尤甚；再次，由于各地利益不一致，不利于进行深入交流与合作，难以在实质性问题上达成共识，浅层次的沟通对于区域高等教育凝聚力的增强作用有限，无法形成群体优势。

在长三角区域，各省市都在向一体化趋势发展。浙江省在《教育事业发展"十二五"规划》中提出：要建立不同类型高校之间课程互选、学分互认机制，有计划地鼓励学生跨校互选辅修专业和课程。① 江苏省在该省《中长期教育改革和发展规划纲要（2010—2020 年）》中提出：创新人才培养机制，全面推行学分制和弹性学制，推行跨校、跨区域、跨类型的学分互认；建立高校区域合作育人机制，深化合作办学试点，推进教学联合体建设，实行资源共享、教师互聘、课程互选、学分互认。②

其实河北部分高校也曾经自发进行过带有"一体化"性质的合作尝试，但最后"无疾而终"。2003 年，河北省秦皇岛和唐山两市的河北职业技术师范学院（即现在的河北科技师范学院）、燕山大学、东北大学秦皇岛分校、河北理工学院、唐山师范学院等 9 所高校，曾达成互聘教师协议：各高校间通过统一的聘任合同相互聘用教师，教师在校内聘任的基础上，可以在 9 所高校受聘兼课；凡跨校聘任的教师，学校相互间承认教师互聘期间的授课时数和工作量；教师无论在哪所高校任教，工作业绩都被所在学校纳入年终考核，作为评选先进、评定职称和晋升、晋职的依据。③ 这次尝试还引起中央媒体《光明日报》的关注，但当年的新闻如今已成了历史，访谈目前在相关学校任职的部分教师，都表示不知晓此事，也未听说现在有类似性质的校际间协议存在。

---

① 《浙江省教育事业发展"十二五"规划》，2012 年 2 月 16 日（http://www.zjedu.gov.cn/gb/articles/2012-02-16/ news20120216111318.html）。

② 《江苏省中长期教育改革和发展规划纲要（2010—2020 年）》，《中国教育报》2010 年 8 月 30 日第 5—6 版。

③ 唐代清、蔺玉堂：《河北九高校互聘教师》，《光明日报》2003 年 3 月 31 日第 6 版。

为何这样的尝试难以达到预期目的，分析其中的原因主要有两方面，一是因为这属于"民间"自发行为，没有教育行政主管部门的支持难以实现跨行政区的操作，虽然秦皇岛和唐山两市都是河北省辖市，但在一些方面，地市间的行政壁垒之坚固丝毫不亚于省际；二是高校层次存在落差，对协议落实构成障碍，东北大学秦皇岛分校带有"985工程"全国重点的光环，燕山大学是曾经的国家重点、现在的河北省属重点，具有百年历史的河北理工大学出身"名门"天津中西学堂，而唐山师范学院与河北科技师范学院是2000年之后的新建本科院校；三是相关激励政策、制度不完善或缺失，由于是校际间达成协议，这种互聘或兼课对教师来说仍属于"公务"性质，并不会给其自身带来额外回报，多数教师不为之心动，协议缺乏动力。

现在区域大环境的发展把一体化问题又一次提上了议程，无论存在多少障碍，在今后的发展中，河北都必须强化省内高等教育一体化意识，尽快消除各地市高等教育间、各高等教育机构间的种种行政壁垒，促进省内高等教育一体化尽快实现，这不只是为了河北高等教育自身的利益，更是着眼于区域发展的需要。

二 积极发挥政府主导作用

在京津冀区域一体化背景下，河北高等教育的发展仍然离不开政府的主导作用，这是由区域一体化发展的要求和特点来决定的。

首先，从区域层面来讲，河北高等教育意图在京津冀区域一体化背景下求得发展，必须体现政府意志，因为三地的一体化进程主要是由政府来发起和推进的。京津冀区域高等教育资源分布不平衡，在发展阶段、水平、质量等各方面都存在很大落差，这是长期以来政治、经济等各种因素导致的结果，如果只是高等教育领域以自然演进方式发展，将存在很大障碍，进展会非常缓慢，这对区域整体一体化也极其不利，因此三地高等教育一体化发展应从区域层面进行总体战略设计和统筹规划，以政府外力推进为主，使其尽快适应区域经济社会发展的需要。作为高等教育政策的决策者和制定者，政府对于区域高等教育发展责无旁贷。北京教科院吴岩等人提出

"政府主导，科教驱动"的京津冀区域发展新模式，认为京津冀区域的经济主体是国有经济，高等教育体系以公立为主（2013 年三省市共有高校 262 所，其中公立院校 233 所，占比重为 88.9%），该区域作为国家的政治、文化中心，承担着重要的国家使命，区位特征和战略地位要求其改革发展必须突出强调整体设计、稳步推进，体现出强烈的国家意志，政府要在区域经济社会发展中发挥主导作用，负责制定区域发展战略，优化发展环境，在资源配置中发挥基础性作用。[①] 因此，各地政府应尽快做好本地区顶层设计，制定高等教育发展战略，以为区域统筹规划各种高教资源、启动改革和顺利发展奠定良好基础。

其次，从河北地方自身来看，京津冀区域一体化中河北仍是省级行政区划。区域一体化是不同省级行政区域聚合为新的利益共同体、实现区域共同发展的过程，在这个过程中，虽然需要在区域层面成立"中心机构"来协调各方关系，但该机构从性质上说并非一级行政单位，各行政区域仍然保留自己的辖区范围，原有行政区划格局并没有改变，各地区之间的"一体化"是通过建立各种工作机制来协调区域间存在的差异，而不是通过行政辖区的合并。所以，区域一体化发展中河北的省级行政区划性质依然未变，在我国"以省为主"的高等教育管理体制下，河北省仍必须为本省高等教育发展负责。而且，不但原有责任不能减少，还要及时应对区域一体化新形势下出现的各种新情况，为高等教育创造良好的发展环境。因为作为一种跨区协作，区域一体化是一种较新的发展模式，在推进过程中会涉及各种差异导致的利益冲突等问题，这些都会对高等教育发展带来一定的影响，在一体化机制体制尚未健全完善的时候，各地方政府的主导作用不可缺位。

三　加快转变高等教育发展理念，积极回应区域一体化新需求

首先，这是由高等教育发展理念自身性质所决定的。理念是主

---

① 吴岩、王晓燕、王新凤等：《探索京津冀区域高等教育发展新模式——学习《国家中长期教育改革和发展规划纲要（2010—2020 年）》的思考》，《中国高教研究》2010 年第 8 期，第 1—7 页。

体思维作用于客体的结果，客体的变化意味着新理念的产生。高等教育理念的演变也是如此，因为"任何类型的大学都是遗传和环境的产物"①，发展环境和条件的变化必然导致高等教育理念也随之改变。在我国近代高等教育史上，为了摆脱军阀政府对教育的控制和反对教会文化借机渗透，学界曾提出"教育独立，政学分途"的发展理念；为改变高等教育陈腐保守之风气，创造高深学问之场所，蔡元培提出"学术自由，兼容并包"的思想；针对当时社会重专才轻通才、重实科轻文科的偏见，梅贻琦提出了"通识为本"的教育主张；近年来，随着时代变革和社会变迁，对高等教育影响较大的理念有"高等教育国际化"、"高等教育可持续发展"、"科学教育与人文教育相融合"、"产学研相结合"等。② 区域一体化作为国家或地区发展主要趋势之一，必然导致区域高等教育外部环境和内部条件的变化，高等教育发展理念也需要随之改变。现在随着京津冀区域一体化的启动和推进，使河北高等教育认识到通过开放式的交流沟通，多元化主体可以融合为一个新的利益共同体，实现更大的收益和长远的可持续发展，原有封闭、分散的传统方式将被开放、协作的发展方式所打破，各地长期的同质化竞争被特色发展与错位发展所取代，这些诸多变化必将要求其发展理念从根本上发生新的转变。

其次，这是河北高等教育在社会发展中所扮演的新角色和承担的新责任决定的。高等教育在历史上更多的时候是在被动地适应其他领域的需要，所以往往与社会的整体发展脱节，甚至有时会阻碍社会发展。如 19 世纪自然科学在西方社会兴起后，以英国牛津、剑桥为代表的近代大学采取保守的态度，曾设法阻止自然科学进入大学并固守古典文科教学传统，③ 这在一定程度上延缓了近现代科学的发展与普及。区域一体化过程中高等教育领域变化滞后的原因，与

---

① 阿什比：《科技发达时代的大学教育》，腾大春、滕大生译，人民教育出版社 1983 年版，第 7 页。

② 刘献君、周进：《建设高等教育强国：六十年的理念变迁及其启示》，《高等工程教育研究》2009 年第 5 期，第 52—61 页。

③ 贺国庆：《德国和美国大学发达史》，人民教育出版社 1998 年版，第 33 页。

其长期以来带有的这种保守性有直接关系。所以在区域一体化过程中，无论一体化是由外力纵向推动还是区域自然演进，高等教育同样会对这种来自于其他领域带有一定强制性的"外溢"力量产生一贯的排斥性，导致该领域的一体化可能位于较后的次序，仍然需要在其他领域的要求下被动发生。但同时我们应该认识到，在现代社会中，"象牙塔"时代已经远去，高等教育已经从社会边缘走入中心，不能再置身世外对其他领域的变化"静观其变"，而要必须承担起引领和促进社会发展的作用。因此面对必然要发生的区域一体化，区域高等教育就应该变被动适应为积极应对，不但要及早启动本领域的一体化进程，还应在区域一体化进程中利用自身优势发挥应有的作用。比如，共同体意识制约着区域一体化的发展阶段和节奏，高等教育可以借助自己的平台，积极传播区域一体化的价值和意义，加快区域共同体意识的形成和传播，让更多的社会成员产生对一体化区域的认同感，从而加快一体化的发展速度，在根本上推动区域一体化的发展进程。

四 提高从一体化区域层面审视地区高等教育发展的自觉性

京津冀区域一体化对河北高等教育各方面发展都会产生不同程度的影响，有时甚至起到决定性作用，所以河北高等教育应加强对这一形势的认识，提高从区域层面审视问题的自觉性。

首先，河北高等教育发展目标的设定需要考虑区域因素。目标是发展的方向，目标的设定反映出高等教育自身的定位，一般来说，高等教育发展目标的确定通常有三个视角：一是根据经济社会及高等教育发展的预测数据；二是从国际国内高等教育的比较分析；三是着眼于高等教育发展现状及其中的主要问题。① 对于一体化区域中的各个行政区域来说，各省区在设定高等教育发展目标时，无论选取哪种方法，除了分析本省区与国家层面的数据、现状外，还要把区域层面的各种因素考虑在内。一体化区域经济社会可以被看作是

---

① 卢晓中：《高等教育发展目标的定位视角与大学发展的分层定位》，《华南师范大学学报》2010 年第 5 期，第 52—53 页。

省区高等教育发展的中观环境，与国家宏观层面相比，区域环境对各省区高等教育发展具有更为直接的影响。当一体化已经在区域内其他经济社会领域得到不同程度的实现时，区域高等教育如果无视这一新的形势，所设定目标将难以反映经济社会发展的全部需求，目标就失去导向的价值，甚至把高等教育引入"歧途"，导致其与社会发展脱节。

其次，河北高等教育发展方式将因区域一体化发生改变。我国高等教育实行"以省为主"的管理体制，各省区除了少量部属院校外，多数高等教育机构都由省级教育行政管理部门负责，但是行政区划壁垒的存在导致省区之间的高等教育互动受到很大制约，除了一些小范围、浅层次的沟通交流外，实质性的合作很难实现。区域一体化要求去除区域内妨碍整体发展的各种行政区划壁垒，制定统一的区域发展政策和制度，统一协调区域主体的行为活动，为区域发展创造自由交往的发展环境。所以一体化为河北高等教育与京津之间的交往提供了便利条件，各种活动不再受到原有行政界线的制约，可以在各行政区之间实现无干扰的沟通和交流，河北高校能够随时到水平较高的京津两地学习，而后者的活动范围也扩大到整个区域，及时为河北提供力所能及的援助和支持。区域一体化在本质上是一种发展方式，这种深层次、大范围的联合协作发展改变了各行政区域原来分散的"单打独斗"，继而形成合力加快区域高等教育的发展步伐，把跨越式发展变为现实。

再次，区域一体化为解决河北高等教育规模与布局问题提供新的思路。高等教育规模的大小意味着社会成员接受高等教育机会的多少，高等教育布局情况代表着高等教育的公平程度，一般说来，两者与经济发展、人口数量等因素呈正相关关系，在高等教育管理权力下放至各省区之后，省级政府的努力程度也对其有直接的影响。① 在通常情况下，省级政府都会通过扩大规模、新建院校来满足经济社会发展对人才的需求及区域社会成员所需要的高等教育机会。

---

① 胡耀宗：《省域高等教育空间布局变化与规模分化》，《现代大学教育》2013 年第 5 期，第 59—64 页。

区域一体化发展，为解决这一问题提供新的思路：经济一体化使各地经济发展获得了新的增长点，经济水平提高，发展速度加快，总体上对高等教育的需求也必然增加，这种现象可以称之为绝对增长，对此各省区需要适当扩大高等教育规模；在人口方面，流动限制的减少或取消，各地区高等教育学龄人数发生波动，有些地区在一定时期出现"超负荷"现象，而有些地区会出现生源不足的问题，对于由此导致的高等教育需求增加可以称之为相对增长，应对策略是在区域层面进行统筹规划，及时调整高等教育布局，合理配置教育资源，实现高等教育效益最大化。

最后，河北高等教育结构应从区域层面统一协调。高等教育中的层次结构与科类专业结构，与经济发展水平和产业结构有密切的关系，但由于长期以来行政区域的封闭式发展，各省区内的高等教育都自成体系，并置经济社会的实际需求于不顾，单纯致力于"高、大、全"式发展——层次高、规模大、专业全，不但导致部分省区高等教育结构与经济社会发展出现失衡现象，而且省区间结构趋同程度日益严重，京津冀三地也不例外。高等教育适度发展有利于增加高等教育机会和满足本地区对人才的需求，但过度发展则造成资源的浪费，社会效益降低。区域一体化发展，各地区在原有基础上重新定位和分工，统一协调产业结构，整合各类资源，高等教育发展也要与此相适应，以区域发展为导向，注重整体质量的提升和效益的实现，从区域层面统一协调各级各类高等教育，调整优化学科专业，统筹各层次人才培养规格和要求，各行政区域根据经济社会发展需要确定层次、科类及专业，而没有必要各自形成层次完整、专业门类齐全的高等教育体系。

五 借助京津冀区域一体化平台谋求发展转型

从历史的发展中我们知道，河北与京津之间的"分"、"合"关系对其高等教育发展具有至关重要的作用；从现实的状况及未来发展趋势也可以看出，三地鼎足对立必定出现"囚徒困境"，三方联手协作将会实现共同的可持续发展。区域一体化的最大特点就是为各地区构建了一个发展平台，无论对于优势方还是弱势方，都是转变发展思路谋求突破提升的难得机遇。因此河北高等教育欲图摆脱目前有限的发展空间，就须及时把握机遇，充分利用一体化平台谋求转型，实现开放、特色和国际化发展。

第一，借助区域一体化平台实行开放发展。在京津冀以往的发展过程中，由于河北省处于弱势一方，京津对其产生了严重的"虹吸"作用，各种要素资源都流向了这两个较发达地区，导致河北经济社会发展缓慢，高等教育受到严重制约，因此河北不得已实施各种限制性制度和政策，甚至进行"自我封闭"，加之地方文化等因素的影响，导致长期以来发展观念较为保守。如上文提及的河北对北京所倡议的"高层次人才户籍自由流动制度"的反应，就很能说明其中存在的问题。现在随着区域一体化进程的重新启动和逐步推进，各种壁垒限制将陆续去除，在实现资源要素自由流动的同时，更为重要的是相关政策和制度也会逐渐制定或完善，以保障区域各方均能在发展中受益，最终实现共同发展的目的。所以，在区域一体化平台上，由于实现了区域政策统一和公平，各种资源要素不会再呈"单向流动"，甚至京津的资源会更倾向于到河北发展，河北不能再实行带有"地方保护"性质的政策，应以更开放的观念把握机遇和迎接挑战。比如在民办高等教育发展上，包括独立学院和完全独立建制民办高校都在内，2013年北京有15所，天津有11所，而河北境内共有35所，形成了一定的规模效应；而且京津两地的民办高等教育在当地众多高水平院校的强大压力下，发展空间极其有限。如果区域一体化平台建成后，河北广阔的土地和充足的生源，再加上宽松、公平的政策环境，对京津充裕的社会资金来说会产生巨大的吸引力。厦门大学王洪才教授在访谈中谈到"今后河北高等教育该如何发展"时认为，在河北经济发展较为滞后和公办高等教育发展较慢的情况下，民办高等教育发展势头还是不错的，而且也会大有可为。

第二，在区域一体化中实现特色发展。关于高等教育"特色"的内涵，教育部在2004年颁布的《普通高等学校本科教学工作水平评估方案（试行）》中已做出明确阐释："特色是指长期办学过程中积淀形成的，本校特有的、优于其他学校的独特优质风貌。……

有一定的稳定性并应在社会上有一定影响，得到公认。"① 简言之，特色即代表着优质和较高水平，应成为高等教育固有不变的追求。历史上具有影响力的大学无一例外都拥有自己的特色，有些甚至成为引领整个高等教育发展的新理念，如洪堡大学"教学与研究相统一"、威斯康星大学"为州服务"、哈佛大学"课程要适应社会发展需要"、麻省理工学院"培养学生创新精神"、印度理工学院"数理基础与实践能力并重"等，都体现了各校独特的发展理念和办学特点。而对于今天的大学来说，随着竞争的加剧，大学特色发展是其争取生存空间、提高社会知名度和认可度的必然选择，② 缺乏特色则难以发展，特色鲜明就能可持续发展。③ 但从目前状况来看，河北高校特色不足，在河北目前的 118 所普通高校中，几所具有百年历史的院校因为校址变迁、学科调整及人才流失等原因，原有优势几乎丧失殆尽，新的发展方向还处于摇摆之中，已经成为"没落贵族"，社会声誉很低；而占据比重较大的新建本科和高职院校，由于受到历史积淀、办学条件及发展观念等方面因素的限制，多数还未形成具有广泛影响力和较高水平的办学特征。区域一体化进程的推进，将使河北高等教育特色发展成为可能：一方面在京津冀各种行政壁垒去除和政策制度统一实施后，河北可以共享到京津优质高等教育资源和优惠政策，为其各校形成独有的办学特色提供必要的条件；另一方面由于三地高等教育将共处一个平台，在合作中必然仍存在一定的竞争，基础较为薄弱的河北高等教育如果仍安于现状，将失去存在的价值，所以必须尽快确定自身优势所在，"倒逼"其为争取生存空间寻求特色发展。

第三，借助区域一体化平台寻求国际化发展。国际化是高等教育发展的一大趋势，在国际化发展中有"引进来"和"走出去"两

---

① 《普通高等学校本科教学工作水平评估方案（试行）》，2004 年 8 月 18 日（http://www.moe.edu.cn/publicfiles/ business/htmlfiles/moe/moe_ 307/200505/7463.html）。

② 王少媛：《区域大学特色发展战略的理论与实践》，辽宁人民出版社 2012 年版，第 88 页。

③ 李泽彧：《论高校办学特色的若干关系问题》，《龙岩学院学报》2006 年第 2 期，第 21—23 页。

种方式，引进来即将境外高教资源引入本地进行合作，走出去即到境外从事相关的教育活动。但由于紧邻京津，河北各高校长期以来处在两市众多高水平大学的阴影里，仅凭自身之力很难对境外优质高等教育资源产生足够的吸引力，在境外的影响力也很有限，因此既难以"引进来"，更不易"走出去"。如尽管河北较早地开展了中外合作办学活动，包括引入境外高等教育师资、课程、项目等，燕山大学在 2007 年与美国俄亥俄州托力多大学合作在该州设立了"燕山大学托力多学院"，进行汉语专科和非学历教育，实现了河北高校在海外设立校园"零"的突破，[①] 据统计，目前河北省有 14 所学校与境外有合作关系，开展了 19 个办学项目，[②] 然而不容忽视的是，在这些境外的合作院校中，高水平大学的数量很少。又如，在进行学术国际交流活动中，河北高校也力不从心，前文提到的 2011 年承办国际学术会议次数，北京是河北的 17.6 倍，两者相差巨大。在京津冀高等教育一体化平台形成后，河北与京津在高等教育方面建立起稳定的全方位、多层次交流与合作关系，不但可以提升自己的办学水平和教育质量，而且可以借助区域平台有更多机会谋求国际化发展。

六　培养高等教育创新意识和勇气

在珠三角区域，粤港澳三省区高等教育从发展理念到管理制度、发展程度等各方面都存在种种差异，这种形势下交流与合作之所以能取得较大发展，并开创一些新型活动方式，与三地所具有的创新意识和勇气有密切关系。高等教育创新意识和勇气包含两个方面，一是要突破旧有思维定式；二是要敢于承担责任。这对于长期处于观念困境中的河北高等教育来说，是在区域一体化背景下应特别需要加强培养的发展品质。

首先，区域一体化是一个"新生"事物，发展主体要具有新的发展观念。尽管有国际层面的欧盟一体化可以作为参考，但主权国

---

① 王明浩：《河北高校有了海外校园》，《人民日报》2007 年 5 月 18 日第 11 期。

② 刘晔：《河北高校中外合作办学研究——基于 SWOT 分析和 4P 营销理论的视角》，《河北经贸大学学报》（综合版）2012 年第 2 期，第 103—105 页。

家之内的区域一体化毕竟还是有着根本性质的不同，高等教育领域又有其自身的特点，所以在新形势下力求突破发展，必须随着环境和条件的改变，寻求新的发展思路。如长三角地区各高校间实施的"交换生计划"，首次进行了跨省市界线培养学生的合作；珠三角地区"2+2"、"2+1"人才培养模式的出现，是对传统模式的大胆改革；广东省"借地"于澳门大学创建横琴校区，在社会主义制度的领土上划出一块地方允许发展资本主义高等教育制度，更是突破了"一国两制"下原有的高等教育合作模式。京津冀区域一体化同样因各地行政区划地位的不同等原因有其自身的特点，河北高等教育要培养自身的前瞻意识，以创新思维才能把握区域发展脉搏，在一体化发展中占据主动。

其次，区域一体化改革中谋求发展需要敢于担当。"始生之物，其形必丑"，在区域一体化初期，各种机制制度还不健全，必然存在各种瑕疵，这就需要各方有否定自我和雕琢自我的勇气，并敢于承担改革的责任。对于京津冀区域中存在种种问题和陷入重重困境的河北高等教育来说，需要改变之处更多、更大，而且因为高等教育事业关乎专业人才培养、社会稳定、国家建设等多方面重大问题，其发展不可以以尝试错误而后改正的方式进行，所以这种敢于担当的责任意识尤为重要。

最后，克服一体化改革中的阻力需要发展主体具有创新的勇气。区域一体化既是经济社会发展中的重大改革，也是发展观念和方式上的升级更新，虽然从长远来看这种趋势符合区域整体利益的需要，但同样会存在一定的阻力。这些阻力一方面来自因为区域共同体意识尚未完全普及与深化而导致暂时出现的不予配合的短视群体，另一方面来自因改革触及部分既得利益者手中的"蛋糕"而出现的顽固反对者。在观念较为保守的河北省，一体化改革中这两种反对的声音和行为同样存在，这就需要高等教育改革者充满创新的勇气，突破阻碍进程的层层束缚，以开创性的发展成果提升自信，为本省及区域共同利益，承担起义不容辞的社会责任。

参考文献

一　中文文献

（一）史料类

1. 财政部：《中国财政年鉴》，中国财政杂志社 2006—2012 年版。

2. 陈学恂：《中国近代教育史教学参考资料》上册，人民教育出版社 1986 年版。

3. 广东省地方史志编纂委员会：《广东省志·粤港澳关系志》，广东人民出版社 2004 年版。

4. 广东省统计局：《广东统计年鉴 2008》，中国统计出版社 2009 年版。

5. 郭卫东：《近代外国在华文化机构综录》，上海人民出版社 1993 年版。

6. 国家统计局：《中国统计年鉴》，中国统计出版社 2000—2013 年版。

7. 河北省人民政府：《河北经济年鉴》，中国统计出版社 2000—2013 年版。

8. 河北省政协文史资料委员会：《河北文史资料集萃·教育卷》，河北人民出版社 1991 年版。

9. 教育部：《中国高等学校科技统计资料汇编》，高等教育出版社 2009—2012 年版。

10. 教育部：《中国教育经费统计年鉴》，中国统计出版社 2008—2012 年版。

11. 教育部：《中国教育统计年鉴》，人民教育出版社 2006—

2010 年版。

12. 李鸿章：《畿辅通志》，河北人民出版社 1985 年版。

13. 欧阳修、宋祁：《新唐书》，吉林人民出版社 1995 年版。

14. 潘懋元、刘海峰：《中国近代教育史资料汇编·高等教育》，上海教育出版社 1993 年版。

15. 璩鑫圭、唐良炎：《中国近代教育史资料汇编》，上海教育出版社 1991 年版。

16. 沈桐生：《光绪政要》第五册，台北：文海出版社 1985 年版。

17. 沈云龙：《袁世凯史料汇刊》，台北：文海出版社 1966 年版。

18. 舒新城：《中国近代教育史资料》上、下册，人民教育出版社 1979、1980 年版。

19. 《唐山文史资料大全》第 12 辑，唐山政协，1991 年。

20. 天津社科院历史研究所：《袁世凯奏议》，天津古籍出版社 1987 年版。

21. 王焕勋：《实用教育大辞典》，北京师范大学出版社 1995 年版。

22. 永瑢、纪昀：《景印文渊阁四库全书》第五〇四册（畿辅通志一），台北：商务印书馆 1986 年版。

23. 张凤来、王杰：《北洋大学—天津大学校史资料选编》第一卷，天津大学出版社 1991 年版。

24. 赵尔巽：《清史稿》，中州古籍出版社 1996 年版。

25. 中国第二历史档案馆：《中华民国史档案资料汇编》第 5 辑，凤凰出版社 1991 年版。

26. 中华民国教育部：《第二次中国教育年鉴》，商务印书馆 1949 年版。

27. 中华民国教育部：《第一次中国教育年鉴》，开明书店 1934 年版。

28. 周治华、钟毅：《河北教育大事记（1840—1990）》，河北人民出版社 1994 年版。

29. 朱有瓛：《中国近代学制史料》第 2 辑上册，华东师范大学出版社 1987 年版。

30. 朱有瓛：《中国近代学制史料》第 1 辑上、下册，华东师范大学出版社 1983、1986 年版。

31. 邹德文、李永芳：《尔雅》，中州古籍出版社 2013 年版。

（二）著作类

1. J. C. 亚历山大：《新功能主义及其后》，彭牧、史建华、杨渝东译，译林出版社 2003 年版。

2. 阿什比：《科技发达时代的大学教育》，腾大春、滕大生译，人民教育出版社 1983 年版。

3. 艾伯特·赫希曼：《经济发展战略》，潘照东、曹征海译，经济科学出版社 1991 年版。

4. 安特耶·维纳、托马斯·迪兹：《欧洲一体化理论》，朱立群译，世界知识出版社 2009 年版。

5. 北洋大学—天津大学校史编辑室：《北洋大学—天津大学校史》第 1 卷，天津大学出版社 1990 年版。

6. 贝娅特·科勒-科赫、托马斯·康策尔曼、米歇勒·克诺特：《欧洲一体化与欧盟治理》，顾俊礼译，中国社会科学出版社 2004 年版。

7. 伯顿·R. 克拉克：《大学的功用》，王承绪译，浙江教育出版社 2003 年版。

8. 曹保刚：《京津冀协同发展研究》，河北大学出版社 2009 年版。

9. 长三角教育联动发展协调领导小组办公室：《长三角教育联动发展研究文集》，南京师范大学出版社 2011 年版。

10. 陈广汉：《港澳珠三角区域经济整合与制度创新》，社会科学出版社 2008 年版。

11. 陈景磐：《中国近代教育史》，人民教育出版社 1979 年版。

12. 陈学恂：《中国近代教育大事记》，上海教育出版社 1981 年版。

13. "大学战略规划与管理"课题组：《大学战略规划与管理》，高等教育出版社 2007 年版。

14. 戴学珍：《京津空间相互作用与一体化研究》，中国财政经济出版社 2005 年版。

15. 邓宗豪：《欧洲一体化进程：历史、现状与启示》，四川大学出版社 2011 年版。

16. 丁富增：《国际高等教育发展与改革比较》，北京师范大学出版社 1999 年版。

17. 多伊奇：《国际关系分析》，周启鹏译，世界知识出版社 1992 年版。

18. 方展画、顾建民：《寻求跨越：浙江高等教育发展战略研究》，浙江大学出版社 2003 年版。

19. 房乐宪：《欧洲政治一体化：理论与实践》，中国人民大学出版社 2009 年版。

20. 冯增俊：《走向新纪元的粤港澳台教育》，人民教育出版社 2003 年版。

21. 付承伟：《大都市经济区内政府间竞争与合作研究：以京津冀为例》，东南大学出版社 2012 年版。

22. 甘长求：《香港对外贸易》，广东人民出版社 1990 年版。

23. 耿文侠、冯春明：《百年历程——河北师范教育创建与发展》，河北教育出版社 2004 年版。

24. 《河北大学史》编纂委员会：《河北大学史》，河北大学出版社 2001 年版。

25. 贺国庆：《德国和美国大学发达史》，人民教育出版社 1998 年版。

26. 胡大立、陈明：《战略管理》，上海财经大学出版社 2009 年版。

27. 金安：《欧洲一体化的政治分析》，学林出版社 2004 年版。

28. 瞿葆奎：《教育基本理论之研究》，福建教育出版社 1998 年版。

29. 李国平：《京津冀区域发展报告（2012）》，中国人民大学出版社 2013 年版。

30. 李国平、陈红霞：《协调发展与区域治理：京津冀地区的实践》，北京大学出版社 2012 年版。

31. 李国平、李岱松、薛领等：《京津冀区域科技发展战略研究》，中国经济出版社 2008 年版。

32. 李鸿章：《李文忠公全集》，台北：文海出版社 1970 年版。

33. 李鸿章：《李文忠公全书》，上海古籍出版社 1995 年版。

34. 李罗力：《透视：深港发展与大珠江三角洲融合》，中国经济出版社 2005 年版。

35. 梁庆寅、陈广汉：《粤港澳区域合作与发展报告（2010—2011）》，社会科学文献出版社 2011 年版。

36. 刘国瑞：《区域高等教育可持续发展论纲》，辽宁人民出版社 2006 年版。

37. 刘海峰、史静寰：《高等教育史》，高等教育出版社 2010 年版。

38. 刘晖、孙毅颖：《从大众化到普及化：北京高等教育发展研究》，人民出版社 2009 年版。

39. 刘茗：《河北教育五十年》，文物出版社 2002 年版。

40. 刘宛、顾朝林：《城市与区域规划研究》，商务印书馆 2012 年版。

41. 刘颖：《相互依赖、软权力与美国霸权：小约瑟夫·奈的世界政治思想研究》，中国社会科学出版社 2010 年版。

42. 柳芳：《胡适教育文选》，开明出版社 1992 年版。

43. 柳卸林、陈傲：《中国区域创新能力报告 2011》，科学出版社 2012 年版。

44. 陆大道：《区位论及区域研究方法》，科学出版社 1998 年版。

45. 罗伯特·基欧汉、约瑟夫·奈：《权力与相互依赖》（第四版），门洪华译，北京大学出版社 2012 年版。

46. 罗伯特·吉尔平：《国际关系政治经济学》，杨宇光译，经济科学出版社 1989 年版。

47. 孟明义：《高等教育发展战略简论》，社会科学文献出版社 1987 年版。

48. 母爱英、武建奇、武义青：《京津冀：理念、模式与机制》，中国社会科学出版社 2010 年版。

49. 聂华林、赵超：《区域空间结构概论》，中国社会科学出版社 2008 年版。

50. 钮先钟：《战略研究》，广西师范大学出版社 2003 年版。

51. 潘晨光：《中国人才发展报告 No.3》，社会科学文献出版社 2006 年版。

52. 潘懋元：《潘懋元文集》，广东高等教育出版社 2010 年版。

53. 潘懋元：《新编高等教育学》，北京师范大学出版社 2003 年版。

54. 潘懋元、邬大光、张亚群：《中国高等教育百年》，广东高等教育出版社 2003 年版。

55. 戚本超、景体华： 《中国区域经济发展报告（2011—2012）》，社会科学文献出版社 2012 年版。

56. 乔治·凯勒：《大学战略与规划——美国高等教育管理革命》，别敦荣译，中国海洋大学出版社 2005 年版。

57. 上海财经大学区域经济研究中心：《2010 中国区域经济发展报告：长三角区域一体化研究》，上海财经大学出版社 2010 年版。

58. 沈立江、葛立成：《长三角一体化理论新视角》，浙江人民出版社 2003 年版。

59. 孙久文：《京津冀都市圈区域合作与北京国际化大都市发展研究》，知识产权出版社 2009 年版。

60. 孙培青：《中国教育史》，华东师范大学出版社 2000 年版。

61. 谭嗣同：《谭嗣同全集》，中华书局 1981 年版。

62. 唐永红：《两岸经济一体化问题研究：区域一体化理论视角》，鹭江出版社 2007 年版。

63. 《陶行知全集》第 1 卷，湖南教育出版社 1983 年版。

64. 汪向荣：《日本教习》，生活·读书·新知三联书店 1988 年版。

65. 王必达：《后发优势与区域发展》，复旦大学出版社 2004 年版。

66. 王建民：《战略管理学》（第二版），北京大学出版社 2006 年版。

67. 王少媛：《区域大学特色发展战略的理论与实践》，辽宁人民出版社 2012 年版。

68. 王文录：《"一线两厢"框架下的河北省城市化》，中国社会科学出版社 2005 年版。

69. 王兆祥：《华北教育的近代化进程》，天津社会科学院出版社 2008 年版。

70. 吴良镛：《京津冀地区城乡空间发展规划研究》，清华大学出版社 2002 年版。

71. 吴良镛：《京津冀地区城乡空间发展规划研究二期报告》，

清华大学出版社 2006 年版。

72. 伍贻康：《多元一体——欧洲区域共治模式探析》，上海社会科学院出版社 2009 年版。

73. 夏鲁惠：《我国高等教育区域化发展研究》，广西师范大学出版社 2009 年版。

74. 肖金成：《京津冀区域合作论》，经济科学出版社 2010 年版。

75. 熊明安：《中华民国教育史》，重庆出版社 1997 年版。

76. 亚伯拉罕·弗莱克斯纳：《现代大学论——美英德大学研究》，陈晓菲译，浙江教育出版社 2001 年版。

77. 阎国华：《保定近代教育史略》，河北大学出版社 1992 年版。

78. 阎国华、安效珍：《河北教育史》第二卷，河北教育出版社 2003 年版。

79. 颜震华：《教育发展战略学概论》，吉林人民出版社 1990 年版。

80. 杨德广：《高等教育发展战略研究》，上海交通大学出版社 1988 年版。

81. 杨德勇、张宏艳：《产业结构研究导论》，知识产权出版社 2008 年版。

82. 杨开忠：《中国区域发展研究》，海洋出版社 1989 年版。

83. 姚启和：《高等教育管理学》，华中科技大学出版社 2000 年版。

84. 阎金童、唐德海、何茂勋：《高等教育发展战略研究》，广西师范大学出版社 2002 年版。

85. 尹钧科：《北京建置沿革史》，人民出版社 2008 年版。

86. 于刃刚、戴宏伟：《京津冀区域经济协作与发展：基于河北视角的研究》，中国市场出版社 2006 年版。

87. 袁洪志：《经济欠发达地区高等教育发展战略》，东南大学出版社 2003 年版。

88. 袁森坡、吴云廷：《河北通史·清朝上卷》，河北人民出版社 2000 年版。

89. 约翰·奥伯利·道格拉斯：《加利福尼亚思想与美国高等教育：1850—1960 年的总体规划》，周作宇译，科学教育出版社 2008 年版。

90. 曾珍香、张培、王欣菲：《基于复杂系统的区域协调发展以京津冀为例》，科学出版社 2010 年版。

91. 张国良：《战略管理》，浙江大学出版社 2009 年版。

92. 张海冰：《欧洲一体化制度研究》，上海社会科学出版社 2005 年版。

93. 张颢翰：《长江三角洲一体化进程研究》，社会科学文献出版社 2007 年版。

94. 张明龙：《中国区域经济前沿研究》，中国经济出版社 2006 年版。

95. 张泰岭、吴福光：《粤港澳高等教育交流与合作探讨》，广东高等教育出版社 1997 年版。

96. 张亚群：《科举革废与近代中国高等教育的转型》，华中师范出版社 2005 年版。

97. 张振坤：《高教发展战略》，吉林教育出版社 1988 年版。

98. 张振助：《高等教育与区域互动发展论》，广西师范大学出版社 2004 年版。

99. 中国科学院可持续发展研究组：《2005 中国可持续发展战略报告》，科学出版社 2005 年版。

100. 周建平：《欧洲一体化政治经济学》，复旦大学出版社 2002 年版。

101. 周立群：《京津冀都市圈的崛起与中国经济发展》，经济科学出版社 2012 年版。

102. 周治华、何长法、韩宗礼：《河北省高等教育发展战略研究》，河北大学出版社 1993 年版。

103. 朱文通、王小梅：《河北通史·民国上卷》，河北人民出版社 2000 年版。

104. 祝尔娟：《京津冀都市圈发展新论（2007）》，中国经济出版社 2008 年版。

105. 祝尔娟：《京津冀都市圈理论与实践的新进展》，中国经济出版社 2010 年版。

106. 庄俞、贺圣鼐：《最近三十五年之中国教育》，商务印书馆

1931 年版。

107. 邹长海、王义才、刘明：《教育发展战略学》，中国矿业大学出版社 1989 年版。

108. 邹晓平、刘健、陈伟等：《从经济繁荣走向人才辈出：区域高等教育发展战略研究（东莞）》，暨南大学出版社 2010 年版。

（三）论文类

1. 别敦荣：《我国地方大学的使命与战略发展》，《河北科技大学学报》2007 年第 3 期。

2. 别敦荣、郝进仕：《论我国高等教育地方化和地方高等教育发展战略》，《高等工程教育》2008 年第 1 期。

3. 蔡安成、曲恒昌：《欧共体的高教一体化历程及其启示》，《比较教育研究》2004 年第 11 期。

4. 蔡克勇：《高等教育的国际化、国家化、地方化、个性化》，《中国高教研究》2001 年第 10 期。

5. 曹群：《河北省高等教育适度规模的理论与实践研究》，硕士学位论文，河北工业大学，2005 年。

6. 陈昌贵、韦惠惠：《粤港澳合作：广东高等教育体制创新的重要选择》，《高等工程教育研究》2008 年第 5 期。

7. 陈昌贵、陈文汉：《CEPA 与粤港澳高等教育的制度化合作》，《高等教育研究》2004 年第 1 期。

8. 陈华：《粤港澳高等教育合作的前景、障碍与突破》，《高等教育研究》2009 年第 4 期。

9. 陈俊英、宋立平：《河北省高等教育大众化发展战略研究》，《河北大学成人教育学院报》2004 年第 2 期。

10. 崔玉平：《省域高等教育实力的分类评价》，《清华大学教育研究》2010 年第 1 期。

11. 戴念龄：《关于国际经济一体化理论的几个问题》，《世界经济研究》1999 年第 4 期。

12. 丁晓昌：《关于做强省一级高等教育的若干思考》，《中国高教研究》2009 年第 12 期。

13. 董友、胡宝民：《河北省高校 R&D 资源配置现状与对策建议》，《河北大学学报》2007 年第 1 期。

14. 厄尔曼 E. L.：《从空间的相互影响看地理学》，《地理译报》1986 年第 2 期。

15. 樊良树：《近代天津的崛起》，《华北电力大学学报》2013 年第 2 期。

16. 方家峰：《中国近代高等工业教育研究》，博士学位论文，河北大学，2011 年。

17. 冯玫、刘瑶：《京津冀特色产业发展与区域交通一体化建设》，《河北师范大学学报》2011 年第 5 期。

18. 高兵：《京津冀高等教育空间布局与区域发展：关系、特点与构想》，《河北经贸大学学报》2013 年第 1 期。

19. 高桂彪、梁英：《试论粤港澳高等教育的合作》，《高等教育学报》1988 年第 Z1 期。

20. 龚放：《观念认同 政府主导 项目推动——再论打造"长三角高等教育发展极"》，《教育发展研究》2005 年第 4 期。

21. 共建"长三角教育综合改革试验区"课题组：《推进长三角教育综合改革实现区域教育联动发展》，《教育发展研究》2012 年第 5 期。

22. 桂雪梅：《河北高校重点学科建设研究》，硕士学位论文，河北师范大学，2009 年。

23. 郭菲菲：《河北省研究生教育结构研究》，硕士学位论文，河北科技大学，2009 年。

24. 郭化林：《基于 SWOT 分析的高等教育发展战略研究——以河北省为例》，《石家庄经济学院学报》2006 年第 4 期。

25. 郭化林、孟令臣、阮晓明等：《高等教育生师比实证研究：以河北省为例》，《中国高教研究》2005 年第 3 期。

26. 郭秀晶、桑锦龙、高兵等：《京津冀区域高等教育合作的行动研究与战略构想》，《北京教育》2010 年第 12 期。

27. 韩清林：《加强高等教育研究，实施高教强省战略、高校扩张战略、科研兴校战略》，《河北大学学报》2000 年第 2 期。

28. 瀚青、印录：《论袁世凯在河北教育近代化中的作用》，《石家庄师范专科学校学报》2001 年第 1 期。

29. 郝东恒：《河北省高校人才流失现象分析及对策研究》，《石家庄经济学院学报》2008 年第 5 期。

30. 何海军、杜丽菲：《京津冀经济一体化过程中的问题分析》，《北方经济》2008 年第 7 期。

31. 何军、李金霞、韩瑞军：《"十一五"期间河北省高校人才流失现状研究》，《河北经贸大学学报》2012 年第 3 期。

32. 侯建国：《关于加强河北省高校教师队伍建设的思考》，《河北科技大学学报》2007 年第 3 期。

33. 胡金秀、蒋立杰：《河北省高校师资队伍发展战略研究》，《教育与职业》2007 年第 36 期。

34. 胡耀宗：《省域高等教育空间布局变化与规模分化》，《现代大学教育》2013 年第 5 期。

35. 金福子、崔松虎：《对河北教育结构、产业结构、就业结构的相关性分析》，《社科纵横》2009 年第 10 期。

36. 金利娟、刘星期：《教育浪费与高等教育改革实证研究》，《统计教育》2006 年第 1 期。

37. 瞿振元、卢兆彤：《香港高校内地招生的观察与思考》，《中国高教研究》2007 年第 5 期。

38. 李春：《未来河北高教发展的趋势与展望》，《河北师范大学学报》1988 年第 3 期。

39. 李锋、朱燕空：《河北省高等教育与区域经济增长关系的实证研究》，《中国成人教育》2011 年第 13 期。

40. 李汉邦、李少华、黄侃：《论京津冀高等教育区域合作》，《北京教育》2012 年第 6 期。

41. 李化树：《论大学发展战略》，《西南交通大学学报》2007 年第 3 期。

42. 李锦奇：《区域高等教育结构调整研究——以辽宁省为例》，博士学位论文，华中科技大学，2010 年。

43. 李均：《CEPA 签署以来粤港大学校际合作的新进展——基于对中山大学等六校的调研》，《高教探索》2011 年第 6 期。

44. 李凌:《中国区域高等教育发展战略论》，博士学位论文，厦门大学，1994 年。

45. 李雨洁:《河北省研究生教育结构问题研究》，硕士学位论文，河北大学，2010 年。

46. 李泽彧:《论高校办学特色的若干关系问题》，《龙岩学院学报》2006 年第 2 期。

47. 梁昊光:《京津冀一体化对首都人口规模的影响》，《北京社会科学》2011 年第 1 期。

48. 梁慧超、李燕飞、金浩:《京津冀都市圈经济与"长珠三角"之比较及其发展取向》，《现代财经》2007 年第 10 期。

49. 林金辉、翁海霞:《我国大陆与香港地区高等教育合作办学的历史发展与趋势展望》，《中国高教研究》2009 年第 6 期。

50. 刘冬:《"大北京区域"下河北省高等教育发展对策研究》，硕士学位论文，河北大学，2008 年。

51. 刘海峰、李木洲:《教育部直属高校应分布至所有省区》，《高等教育研究》2012 年第 12 期。

52. 刘静、高小惠:《双博士"剑指"医学科学家》，《中国卫生人才》2011 年第 3 期。

53. 刘献君、周进:《建设高等教育强国：六十年的理念变迁及其启示》，《高等工程教育研究》2009 年第 5 期。

54. 刘晔:《河北高校中外合作办学研究——基于 SWOT 分析和 4P 营销理论的视角》，《河北经贸大学学报》2012 年第 2 期。

55. 刘玉梅:《洋教习与近代河北教育》，《保定学院学报》2011 年第 2 期。

56. 刘赞英、刘兴国、王丛漫等:《河北省高等教育结构优化研究》，《河北科技大学学报》2011 年第 3 期。

57. 卢晓中:《高等教育发展目标的定位视角与大学发展的分层定位》，《华南师范大学学报》2010 年第 5 期。

58. 鲁达、潘海涛:《"环京津贫困带"欲变"环京津生态圈"》，《中国民营科技与经济》2005 年第 11 期。

59. 马丁·特罗:《从精英到大众再到普及高等教育的反思：二

战后现代社会高等教育的形态与阶段》，徐丹、连进军译，《大学教育科学》2009 年第 3 期。

60. 马海龙：《历史、现状与未来：谈京津冀区域合作》，《经济师》2009 年第 5 期。

61. 马宁、陈立文、孟令臣：《以印度高等教育发展为借鉴推进河北省高等教育的全面发展 》，《河北师范大学学报》（哲学社会科学版）2005 年第 3 期。

62. 马宁、饶小龙、王选华等：《合作与共赢：京津冀区域人才一体化问题研究》，《中国人力资源开发》2011 年第 10 期。

63. 马永耀、刘敏华：《河北省高等教育改革与发展研究》，《河北师范大学学报》1998 年第 4 期。

64. 潘懋元：《福建船政学堂的历史地位及其影响》，《教育研究》1998 年第 8 期。

65. 潘懋元：《规模、速度、质量、特色——中国当前高等教育发展中的若干问题》，《河北师范大学学报》2007 年第 1 期。

66. 潘懋元：《我看应用型本科院校定位问题》，《教育发展研究》2007 年第 7—8 期。

67. 潘懋元：《做强地方本科院校 建设高等教育强国》，《井冈山大学学报》2010 年第 1 期。

68. 潘懋元、董立平：《关于高等学校分类、定位、特色发展的探讨》，《教育研究》2009 年第 2 期。

69. 潘懋元、罗丹：《多国高等教育大众化模式比较研究》，《高等教育研究》2007 年第 3 期。

70. 潘懋元、张亚群：《薪火传承 文化中坚——西北联大的办学特色及其启示》，《西北大学学报》（哲学社会科学版）2013 年第 1 期。

71. 邱嘉锋：《经济全球化与相关概念辨析》，《世界经济与政治论坛》2001 年第 3 期。

72. 曲铁华、王美：《民国时期高等教育政策的历史演进及特点探析》，《现代大学教育》2013 年第 4 期。

73. 全国教育科学规划领导小组办公室：《"粤港澳高等教育合

作机制研究"成果报告》,《大学》(学术版),2012 年第 4 期。

74. 任俊颖:《河北省高等教育发展对经济增长作用的实证研究》,硕士学位论文,河北大学,2011 年。

75. 阮晓明:《刍议区域普通高等教育规模经济评价指标体系的构建——以河北省为例》,《中国高教研究》2008 年第 7 期。

76. 桑玉军、姜颖:《区域高等教育发展战略的构建》,《中国高等教育》2011 年第 2 期。

77. 上海课题组:《以共同发展为导向,推动长三角地区教育率先联动》,《教育发展研究》2009 年第 13—14 期。

78. 睢依凡:《合作与引领发展:"长三角"高等教育行动》,《中国高教研究》2010 年第 6 期。

79. 孙久文、丁鸿君:《京津冀区域经济一体化进程研究》,《经济与管理研究》2012 年第 7 期。

80. 孙志凤:《交流与协调:建立长三角教师教育信息化基地》,《教育发展研究》2004 年第 1 期。

81. 谈松华:《我国高等教育发展战略若干问题的探讨》,《中国高教研究》1994 年第 2 期。

82. 田宝军、智学:《河北省高等教育的历史回顾与发展取向》,《河北学刊》2009 年第 5 期。

83. 田长霖:《知识经济、高等教育与科学技术》,《高等教育研究》2000 年第 6 期。

84. 田正平、张彬:《模式的转换与传统的调适——关于中国高等教育现代化的两点思考》,《高等教育研究》2001 年第 2 期。

85. 王大勇、高勇:《河北省高等教育资源优化配置研究》,《河北师范大学学报》2007 年第 3 期。

86. 王洪兵:《清代顺天府与京畿社会治理研究》,博士学位论文,南开大学,2009 年。

87. 王惠霞、高红真:《京津冀人才开发一体化与河北省人才战略新思维》,《河北学刊》2006 年第 4 期。

88. 王建强、王元瑞、刘玉芝:《京津冀人才开发一体化与河北省人才发展策略》,《河北学刊》2006 年第 2 期。

89. 王杰：《北洋大学堂与中国近代高等教育的缘起》，《高教探索》2008 年第 6 期。

90. 王金霞：《河北与中国教育早期现代化》，博士学位论文，河北大学，2006 年。

91. 王萌：《河北省人口变动与高等教育规模发展趋势研究》，硕士学位论文，河北师范大学，2010 年。

92. 王淑红、邓明立：《河北省立女子师范学院西迁并入国立西安临时大学史略》，《西北大学学报》（哲学社会科学版）2012 年第 3 期。

93. 王欣：《河北省高等教育规模与发展研究》，硕士学位论文，河北工业大学，2006 年。

94. 王新凤：《博洛尼亚进程改革成效及其对京津冀区域发展的启示》，《北京教育》2010 年第 1 期。

95. 王学海：《西藏高等教育发展战略研究》，博士学位论文，厦门大学，2011 年。

96. 王彦力：《京津冀与美国波士华高等教育比较》，《天津市教科院学报》2010 年第 3 期。

97. 王艳旭：《经济学视角下河北省高等教育发展研究》，硕士学位论文，河北师范大学，2008 年。

98. 韦惠惠、陈昌贵：《粤港高等教育合作制度变迁分析》，《广东工业大学学报》2011 年第 1 期。

99. 邬大光：《高等教育理论创新与本土化》，《中国高等教育》2006 年第 9 期。

100. 邬大光：《九十年代香港高等教育的发展与前瞻》，《辽宁高等教育研究》1995 年第 4 期。

101. 邬大光：《我国高等教育大众化的基本特征与政府的责任》，《教育研究》2002 年第 3 期。

102. 吴洪成：《袁世凯与清末直隶师范教育》，《保定学院学报》2013 年第 4 期。

103. 吴敬华：《把京津冀一体化发展作为一个重大战略》，《城市》2009 年第 12 期。

104. 吴玫：《构建京津冀高等教育资源共享机制初探》，《天津经济》2010 年第 11 期。

105. 吴群刚、杨开忠：《关于京津冀区域一体化发展的思考》，《城市问题》2010 年第 1 期。

106. 吴岩、王晓燕、王新凤等：《探索京津冀区域高等教育发展新模式——学习〈国家中长期教育改革和发展规划纲要（2010—2020 年）〉的思考》，《中国高教研究》2010 年第 8 期。

107. 吴志攀：《高等教育与区域发展——以"首都教育"为视角的考察》，《北京大学教育评论》2003 年第 4 期。

108. 武毅英：《我国区域高教发展战略的若干关系的讨论》，《有色金属高教研究》1997 年第 3 期。

109. 谢守祥、张晓虎：《战略新视角：战略路径及其控制》，《江苏商论》2008 年第 5 期。

110. 谢姝琳：《河北省高校教师队伍建设问题研究》，硕士学位论文，燕山大学，2009 年。

111. 徐辉：《欧洲"博洛尼亚进程"的目标、内容及其影响》，《教育研究》2010 年第 4 期。

112. 徐向东：《"南方教育高地"视域下的广东高等教育调整布局》，《高教探索》2012 年第 3 期。

113. 许怀升、吴福光、冯增俊：《粤港澳高等教育交流与合作的调研报告》，《高教探索》1997 年第 1 期。

114. 许永锋：《河北省高等教育发展战略研究》，《清华大学教育研究》2001 年第 2 期。

115. 许振东、张静虹：《利用环京津地缘优势，促进河北高等教育发展研究》，《廊坊师范学院学报》2005 年第 2 期。

116. 杨学新、李小刚：《"首都地区"高等教育合作对策研究》，《中国高教研究》2009 年第 10 期。

117. 杨学新、张家唐：《关于"大北京区域"河北省高等教育发展问题的思考》，《河北大学学报》2004 年第 6 期。

118. 杨学新、张家唐、赵彦红：《试论近代河北高等教育》，《社会科学论坛》2003 年第 10 期。

119. 杨移贻：《互动、求同、互补、共荣——近 12 年粤港高等教育的变革和发展比较》，《比较教育研究》1997 年第 3 期。

120. 叶立萍：《河北省高等教育与经济发展的实证研究》，硕士学位论文，河北工业大学，2007 年。

121. 伊继东：《云南高等师范教育发展战略研究》，博士学位论文，华中科技大学，2004 年。

122. 易金生：《京津冀高等教育合作发展探究》，《天津市教科院学报》2012 年第 8 期。

123. 易金生：《做强京津冀区域高等教育的研究》，《天津市教科院学报》2010 年第 5 期。

124. 于维洋、张亚明、袁旭梅：《河北省高校专业结构与产业结构关系研究》，《河北科技师范学院学报》2004 年第 1 期。

125. 余玉娴：《主权国家内部跨边界科技合作模式分析：以粤港澳高校科技合作为例》，《科技管理研究》2010 年第 16 期。

126. 云冠平、徐位发：《关于粤港澳高等教育协作发展的思考》，《高教探索》1989 年第 2 期。

127. 翟亚军、王文利：《河北普通高等学校学科建设现状分析》，《河北大学学报》2006 年第 3 期。

128. 张宝贵：《天津市高等教育发展战略：地位、目标、举措》，《天津市教科院学报》2005 年第 2 期。

129. 张斌贤：《中外近代高等教育发展动力的比较》，《高等教育研究》1997 年第 6 期。

130. 张翠敏：《河北省高等教育大众化发展战略与策略研究》，《河北经贸大学学报》2003 年第 4 期。

131. 张慧芝、冯石岗：《京师·口岸·腹地：京津冀一体化的历史地理学解读》，《河北学刊》2013 年第 1 期。

132. 张佳美：《河北省高校高层次人才流动影响因素研究》，硕士学位论文，河北经贸大学，2013 年。

133. 张杰、王盼盼、胡健：《河北省高校教师队伍建设的现状及对策研究》，《产业与科技论坛》2012 年第 16 期。

134. 张朋钊、田宝军：《统筹协调　科学发展——论河北省高等教育发展的问题及对策》，《河北大学成人教育学院学报》2009 年第 2 期。

135. 张秋月：《河北普通高等教育发展的若干特点》，《河北师范大学学报》1999 年第 3 期。

136. 张晓飞：《李鸿章与直隶教育》，硕士学位论文，河北师范大学，2010 年。

137. 张晓唯：《北洋大学一百一十年祭》，《读书》2006 年第 6 期。

138. 张心淼、赵黎明：《河北省人才资源现状与开发对策》，《河北学刊》2010 年第 2 期。

139. 张亚群：《科举革废与中国高等教育近代化的特征分析》，《集美大学教育学报》2000 年第 4 期。

140. 张亚群：《清末废科举的教育效应》，《社会科学辑刊》2004 年第 1 期。

141. 张亚群、史秉强：《从顺天府学堂到顺天高等学堂——河北师范大学校史溯源》，《河北师范大学学报》（教育科学版）2002 年第 5 期。

142. 张泽倩：《河北省高等教育结构及其优化研究》，硕士学位论文，河北科技大学，2010 年。

143. 赵宏斌：《中国区域高等教育竞争力研究》，《国家教育行政学院学报》2008 年第 8 期。

144. 赵立华：《河北建设高等教育强省问题研究—基于《河北省中长期教育改革和发展规划纲要（2010—2020）》，硕士学位论文，河北大学，2011 年。

145. 赵庆年：《区域高等教育发展差异问题研究》，博士学位论文，厦门大学，2009 年。

146. 赵庆年：《区域高等教育发展的典型模式分析》，《教育发展研究》2009 年第 3 期。

147. 赵世瑜：《京畿文化："大北京"建设的历史文化基础》，《北京师范大学学报》2004 年第 1 期。

148. 赵晓兰、刘玉清：《河北省高等教育投资结构的现状与对策》，《河北科技大学学报》2006 年第 3 期。

149. 智学：《从边缘到中心：河北省高等教育发展取向研究》，博士学位论文，河北大学，2008 年。

150. 朱建成：《粤港澳高等教育共同体建设的探讨》，《高教探索》2009 年第 6 期。

151. 朱建成：《粤港澳高等教育一体化是区域经济一体化的发展趋势》，《广东工业大学学报》2010 年第 2 期。

152. 朱建成、王鲜萍：《粤港澳高等教育一体化研究》，《战略决策研究》2011 年第 3 期。

153. 庄士英、张路平：《京津冀高等教育一体化战略构想》，《产业与科技论坛》2009 年第 2 期。

（四）电子文献类

1. 《CEPA 补充协议助内地与香港向服务贸易自由化迈进》，中国财经网（http:// finance. china. com. cn/news/dfjj/20130830/1775124. shtml）。

2. 《北京动批或迁址河北》，河北青年报（http://www. hbqnb. com/html/2013/bendi _ 1224/8267. html）。

3. 《北京河北签署合作框架协议　京冀再绘双赢路线图》，国务院网站（http://www. gov. cn/ gzdt/2010-07/17/content_ 1656728. htm）。

4. 《北京户籍破冰引发河北人才流失担忧》，燕赵都市网（http://bj. yzdsb. com. cn/system/2010/08/08/010634895_ 01. shtml）。

5. 《北京市中长期教育改革和发展规划纲要（2010—2020年）》，教育部网站（http://www. moe. gov. cn/publicfiles/business/htmlfiles/moe/s5520/201104/117401. html）。

6. 《北京异地高等方案出台》，高考网（http://www. gaokao. com/e/20121230/50e02 1fbdc8cf. shtml）。

7. 《北京与河北省签署加强经济与社会发展合作备忘录》，新华网（http://local. xinhuanet. com/dfyw/2006 － 10/13/content _ 11056. htm）。

8. 《北京与天津签署加强经济与社会发展合作协议》，国务院网站（http://www. gov. cn/gzdt/2013-03/24/content_ 2360909. htm）。

9. 《博士、硕士学位授权审核办法改革方案》，中国学位与研究

生教育信息网 （http：//www. cdgdc. edu. cn/xwyyjsjyxx/zlpj/pgpsdtxx/266262. shtml）。

10.《长三角：确立会商机制推进教育一体化进程》，新华网（http：//news. xinhuanet. com/newscenter/2009 - 04/01/content_11114121. htm）。

11.《长三角地区加强教育联动发展机制建设》，教育部网站（http：//www. moe. gov. cn/publicfiles/business/htmlfiles/moe/s6635/201302/147600. html）。

12.《打破"一亩三分地"习近平就京津冀协同发展提七点要求》，新华网（http：// news. xinhuanet. com/politics/2014 - 02/27/c_119538131. htm）。

13.《第一届京津冀高等教育合作发展论坛隆重举行》，首都教育新闻网（http：// news. bjedu. gov. cn/publish/portal0/tab65/info4306. htm）。

14.《独立学院设置与管理办法》，教育部网站（http：//www. gov. cn/flfg/2008 - 03/ 07/content_ 912242. htm）。

15.《关于进一步推进长江三角洲地区改革开放和经济社会发展的指导意见》，国务院网站（http：//www. gov. cn/zwgk/2008 - 09/16/content_ 1096217. htm）。

16.《关于2012年度"2011协同创新中心"认定结果的公示》，教育部网站（http：// www. moe. gov. cn/publicfiles/business/htmlfiles/moe/s5745/201304/150424. html）。

17.《关于新时期加强高等学校教师队伍建设的意见》，教育部网站（http：//www. mo e. gov. cn/publicfiles/business/htmlfiles/moe/moe_ 307/200511/12993. html）。

18.《关于印发长江三角洲地区区域规划的通知》，国家发展改革委网站（http：//www. ndrc. gov. cn/zcfb/zcfbghwb/201006/t20100622_ 585472. html）。

19.《广东省中长期教育改革和发展规划纲要（2010—2020）》，教育部网站（http：//www. moe. gov. cn/publicfiles/business/htmlfiles/moe/s5520/201104/117414. html）。

20.《国家工程技术研究中心简介》，国家工程技术研究中心信息网（http：//www. cne rc. gov. cn/index/centers/index. aspx）。

21.《国家重点实验室名单》，教育部网站（http：//www. moe. edu. cn/ publicfiles/bu siness/htmlfiles/moe/s3715/201006/89122. html）。

22.《国家重点学科建设与管理暂行办法》，国务院网站（http：//www. gov. cn/ztzl/ kjfzgh/content_ 883871. htm）。

23.《国家重点学科评选》，中国学位与研究生教育信息网（http：//www. chinadegre es. cn/xwyyjsjyxx/zlpj/zdxkps/zdxk/）。

24.《国民经济和社会发展"九五"计划和2010年远景目标纲要》，中国人大网（http：// www. npc. gov. cn/wxzl/gongbao/2001 -01/02/content_ 5003506. htm）。

25.《河北省国民经济和社会发展第十二个五年规划纲要》，河北新闻网（http：//he bei. hebnews. cn/2011 - 03/21/content _ 1771843_ 13. htm）。

26.《河北省与京津签署合作框架协议》，河北新闻网（http：//fi-nance. hebnews. cn/ news/2013-05/29/content_ 3275370. htm）。

27.《河北省中长期教育改革和发展规划纲要（2010—2020年）》，教育部网站（http：// www. moe. gov. cn/publicfiles/business/htmlfiles/moe/s5520/201104/117399. html）。

28.《河北异地高考：学生只需两年高中学籍》，新华网（http：//www. he. xinhuanet. com/news/2012-12/25/c_ 114145044. htm）。

29.《江浙沪将开展高校交换生试点首批100人》，上海教育新闻网（http：//www. she dunews. com/zixun/shanghai/liangwei/2012/06/14/14989. html）。

30.《教育部审批和复核的中外合作办学机构及项目名单》，中国学位与研究生教育信息网（http：//www. cdgdc. edu. cn/xwyyjsjyxx/sy/glmd/266821. shtml）。

31.《京冀就进一步深化经济社会发展合作签署会谈纪要》，国务院网站（http：//www. gov. cn/gzdt/2008 - 12/05/content _ 1168855. htm）。

32. 《京津冀都市圈有望打造中国经济"第三极"》，中国联合商报（http：//www.cubn.com.cn/news3/news_ detail.asp？id=8934）。

33. 《京津冀发布人才一体化发展宣言》，光明网（http：//rencai.gmw.cn/2011-06/ 16/content_ 2101898.htm）。

34. 《历史沿革》，南开大学网站（http：//www.nankai.edu.cn/s/12/t/27/p/1/c/624 /d/670/list.htm）。

35. 《2012 年国家工程技术研究中心地域分布》，国家工程技术研究中心信息网（http：//www.cnerc.gov.cn/index/ndbg/list _detail.aspx？column=distribute&year=2012）。

36. 《2013 年具有普通高等学历教育招生资格的高等学校名单（截至 2013 年 5 月 3 日）》，教育部网站（http：//www.moe.gov.cn/publicfiles/business/htmlfiles/moe/moe_ 122/20 1305/151636.html）。

37. 《2012 年全国高校学科评估结果》，中国学位与研究生教育信息网（http：//www.cdgdc.edu.cn/xwyyjsjyxx/xxsbdxz/mtjjp/index.shtml）。

38. 《2009 年三大经济圈经济运行态势》，国家发展改革委网站（http：//www.ndrc.gov. cn/fzgggz/dqjj/zhdt/201003/t20100317 _335334.html）。

39. 《2013 年现代科技学院专业设置一览表》，河北农业大学网站（http：//xianke.He bau.edu.cn/kjxy/zsxx/we/zysz/zysz.htm）。

40. 《普通高等学校本科教学工作水平评估方案（试行）》，教育部网站（http：// www.moe.edu.cn/publicfiles/business/htmlfiles/moe/moe_ 307/200505/7463.html）。

41. 《普通高等学校本科专业目录（2012 年）》，教育部网站（http：//www.moe.edu.cn/ publicfiles/business/htmlfiles/moe/s3882/201210/143152.html）。

42. 《普通高等学校高职高专教育指导性专业目录（试行）》，教育部网站（http：//www.moe.gov.cn/publicfiles/business/htmlfiles/moe/s3877/201010/xxgk_ 110109.html）。

43. 《普通高等学校基本办学条件指标（试行）》，教育部网站（http：//www.moe.gov. cn/publicfiles/business/htmlfiles/moe/moe _

1887/201006/xxgk_ 88606. html）。

44.《全国人民代表大会常务委员会关于授权澳门特别行政区对设在横琴岛的澳门大学新校区实施管辖的决定》，中国人大网（http：//www. npc. gov. cn/ huiyi/cwh/1109/ 2009－06/27/content _ 1508514. htm）。

45.《全国主体功能区规划》，国务院网站（http：//www. gov. cn/zwgk/2011－06/08/con tent_ 1879180. htm）。

46.《上海高等教育毛入学率接近 70%》，国务院网站（http：//www. gov. cn/gzdt/2012－08/21/content_ 2207608. htm）。

47.《上海教育事业发展"十一五"规划纲要》，上海市政府网站（http：//www. Shang hai. gov. cn/shanghai/node2314/ node2319/ node12344/userobject26ai12037. html）。

48.《共建"长三角教育综合改革试验区"》，上海市人民政府发展研究中心网站（http：//www. fzzx. sh. gov. cn/LT/GZUCO3975. html）。

49.《世界大学学术排名》，高考网（http：//www. shanghairanking. cn/）。

50.《首都中长期人才发展规划纲要（2010—2020 年）》，新华网（http：//news. xinhua net. com/edu/2010－08/02/c_ 12397599. htm）。

51.《天津市中长期教育改革和发展规划纲要（2010—2020 年）》，新华网（http：//www. tj. xinhuanet. com/news/2010－10/26/content_ 21231287. htm）。

52.《统计数据》，国家统计局网站（http：//data. stats. gov. cn/index）。

53.《推进教育资源共享 苏浙沪三省签订教育合作协议》，新华网（http：//news. xinhuanet. com/newscenter/2003－10/14/content_ 1121390. htm）。

54.《西方对中国常见的误解》，新华网（http：//news. xinhuanet. com/world/2007－08/30/content_ 6630422. htm）。

55.《香港中文大学深圳校区龙岗开建》，南方日报网（http：//sz. nfdaily. cn/cont ent/2012－10/12/content_ 56559399. htm）。

56.《新批准的学校名单（截至 2013 年 6 月 21 日）》，教育部网站（http：//www. moe. gov. cn/publicfiles/business/htmlfiles/moe/moe_ 229/201306/153565. html）。

57.《浙江省高等教育"十二五"发展规划（2011—2015年）》，浙江省教育厅网站（http：//www. zjedu. gov. cn/gb/articles/2011-11-07/news20111107162753. html）。

58.《浙江省教育事业发展"十二五"规划》，浙江省教育厅网站（http：//www. zjedu. gov. cn/gb/articles/2012 - 02 - 16/news20120216111318. html）。

59.《中共中央关于印发教育工作的十个文件的通知》，中国共产党新闻网（http：// cpc. people. com. cn/GB/64184/64186/66666/4493334. html）。

60.《中华人民共和国高等教育法》，国务院网站（http：//www. gov. cn/banshi/2005-05 /25/content_ 927. htm）。

（五）其他文献

1. 杜丁：《地铁进河北规划上报国务院》，《新京报》2010 年 11 月 7 日第 1 版。

2. 黄茜：《香港大学在广东录取 41 名考生》，《广州日报》2008 年 7 月 8 日第 4 版。

3.《江苏省中长期教育改革和发展规划纲要（2010—2020年）》，《中国教育报》2010 年 8 月 30 日第 5—6 版。

4.《上海市中长期教育改革和发展规划纲要（2010—2020年）》，《中国教育报》2010 年 9 月 9 日第 6—7 版。

5. 沈祖芸：《江浙沪共筑"长三角"教育高地》，《中国教育报》2003 年 10 月 14 日第 1 版。

6. 石磊：《冀津签署加强经济与社会发展合作会谈纪要》，《河北经济日报》2010 年 5 月 31 日第 1 版。

7. 孙超逸：《北京成世界 500 强企业"总部之都"》，《北京日报》2014 年 2 月 20 日第 1 版。

8. 唐代清、蔺玉堂：《河北九高校互聘教师》，《光明日报》2003 年 3 月 31 日第 6 版。

9. 王方杰：《环京津贫困带亟需扶持》，《人民日报》2006 年 3

月 14 日第 8 版。

10. 王立文、汪伟、白俊峰：《津冀签署加强经济与社会发展合作备忘录》，《天津日报》2008 年 11 月 29 日第 1 版。

11. 王明浩：《河北高校有了海外校园》，《人民日报》2007 年 5 月 18 日，第 11 版。

12. 言宏：《苏浙沪签订教科研合作协议》，《中国教育报》2004 年 6 月 21 日第 2 版。

13. 赵婀娜：《华北五省市区共建教育圈》，《人民日报》2011 年 4 月 17 日第 2 版。

14.《浙江省中长期教育改革和发展规划纲要（2010—2020 年）》，《中国教育报》2010 年 12 月 22 日第 5—6 版。

二　外文文献

1. Barbara M. Kehm, "The Future of the Bologna Process—The Bologna Process of the Future European", *Journal of Education*, Vol. 45, No. 4, 2010.

2. Bela Balassa, *The Theory of Economic Integration*, Illinois, USA: Richard D. Irwin, Inc., 1961.

3. Ben Rosamond, *Theories of European Integration*, London: Macmillan Press Ltd., 2000.

4. Helena Aittola, Ulla Kiviniemi, Sanna Honkimaki, etc., "The Bologna Process and Internationalization Consequences for Italian Academic Life", *Higher Education in Europe*, Vol. 34, No. 3-4, 2009.

5. Jung-Eun Oh, "Equity of the Bologna System", *European Education*, Vol. 40, No. 1, 2008.

6. Katrin Toens, "The Bologna Process in German Educational Federalism: State Strategies, Policy Fragmentation and Interest Mediation", *German Politics*, Vol. 18, No. 2, 2009.

7. Machlup Frits, *The History of Thought on Economic Integration*, London: The MacMillan Press Ltd., 1977.

8. Miles, R. E., Snow, C. C., Meyer, A. D., et al. "Organiza-

tional strategy, structure, and process", *Academy of Management Review*, Vol. 3, No. 3, 1978.

9. Peter Robson, *The economic of international integration*, London, George Allen & Unwin, 1980.

10. Philippe C. Schmitter, "Three Neo-Functional HypothesesAbout International Integration", *International Organization*, Vol. 23, No. 1, 1969.

11. Richard Rosecrance, "Arthur Stein. Interdependence: Myth and Reality", *World Politics*, Vol. 26, No. 1, 1973.

12. Robert O. Keohane, Joseph S. Nye, Jr., *Power and Interdependence: World Politics in Transition*, Boston: Little Brown and Company, 1977.

13. Robert O. Keohane, Stanley Hoffmann, etc., *The New European Community Decision- making and Institutional Change*, Boulder, Colorado: Westview Press, 1991.

14. Tobler W., "A Computer Movie Simulating Urban Growth in the Detroit Region", *Economic Geography*, Vol. 46, No. 2, 1970.

15. Ullman, E. L., *American Commodity Flow*, Seattle: University of Washington Press, 1957.

16. Voldemar Tomusk, *Creating the European Area of Higher Education*, Springer- Verlag New York Inc. 2nd printing 2007.

17. Yasemin Yagci, "A different View of the Bologna Process: the case of Turkey", *European Journal of Education*, Vol. 45, No. 4, 2010.

后 记

后记是论文"背后的故事",这篇论文背后同样也有一些不得不说的故事。

2012年,一条关于房地产的普通广告语——"毕竟,河北的省会不是北京"——出现在河北省会石家庄的街头,简单的一句带有些许自嘲意味的话却极大地触动了河北人心底压抑已久的痛楚。一直以来,河北各方面的发展"唯北京是瞻",但多年的付出不仅未见回报,却换来一条逐渐扩大的贫困"灰项圈",对此河北可谓是有苦难言。随着社会公平意识的提升,河北对北京的"感情"也在悄悄发生变化,由之前的默默无奈发展到现在敢于表露出来的"羡慕嫉妒恨"。因此在一段时期内,扭曲的京冀关系成为当地各行各业热议的话题,一些研究人员也针对这一现象展开了深入的探讨。

此时我的学位论文正处于选题阶段,人们的议论和相关研究也引发了我的思考。作为生于斯长于斯并将老于斯的河北"土著人",不管从事什么具体工作,教书育人还是学术研究,我都应时刻关注这片土地上所发生的"一举一动"。因此自己毕业论文的选题,自然也不应离开家乡的高等教育发展。在经过初步考虑之后,进而结合国家"十二五"规划中提出的"京津冀一体化"设想,最终确定了现在的研究选题。学位论文是作者全身心投入的创作成果,读者从中不但能看到理性、客观的分析论述,还可以体会到研究者于字里行间所融入的深切情感。这之后论文的写作,我也是在深深的感慨与迫切的期待中进行的:为家乡高等教育曾经的辉煌与现在的没落而感慨,同时也对她的未来远景满怀期待。尽管心情很是复杂,但我的目的非常明确：从区域一体化视角研究河北的高等教育发展，除了学术意义外，更要引起人们对"优质高等教育资源最为丰富区域"光环下被忽视的河北高等教育落后状况的关注，为家乡的高教发展尽一己之力。

从论文选题确定到即将收笔的今天，我度过了将近 600 个紧张的日夜，个中滋味非亲身经历难以想象。回首这段非同寻常的"学术人生"，带给我的是一纸学位证书所不能承受之重，期间由于各种情况曾萌生退学之念，坚持至今日，心中所留唯有不尽的感激。

感谢恩师张亚群教授对我的关怀和教导。张老师是一个博学严谨的学者，对学术的追求达至极致，学生此生都难望其项背了。尽管导师未嫌弃学生基础薄弱给我求学的机会，三年来时常进行学业督促，但无奈学生愚钝至极，至今仍是懵懵懂懂，深感愧对老师之恩情。为帮助我尽快完成毕业论文，张老师曾经一月之内连续三次批阅，从学术规范、写作思路、结构框架到文字表述等各方面都提出了细致的修改意见，导师肺腑之言，良苦用心，学生没齿难忘。张老师既是我的学术导师，也是我的生活导师，屡屡为我生活上遇到的种种难题"解惑"，即使在待人接物的日常琐事上，导师也不厌其烦耐心教诲。每次语重心长的交谈，我从导师身上学到的已不止于所获匪浅，更是受益终生。大恩不言谢，再多的"谢谢"都难以表达出学生心底深处对导师的那份感激与感恩之情！

感谢潘懋元先生对我学业的指导，更难忘从中感受到的人文情怀。先生已是年近期颐的世纪老人，依然忘我投入于教书育人实践之中，以其长者风范和大家胸怀给予每一位学生包容与鼓舞。我读博期间的第一篇文章，就是在先生的鼓励下发表的。对于研究方向，当先生知道我对河北高等教育发展感兴趣时，提醒我不要忽视它的历史发展变化，并特别叮嘱我关注北京教科院吴岩学长近期的课题研究。课堂之外，先生的周末沙龙也让我受益良多。在沙龙上，我习惯于坐在客厅一角，远远看着，静静听着，用心感受着，论文中的很多想法都是在大家讨论和先生的点评中受到启发涌现出来的。那一刻，既是在参与，也是在欣赏，更是在享受，点点滴滴，融入脑海，难以忘怀。

感谢教育研究院各位老师对学生学业及论文写作的帮助。刘海峰教授学识渊博，温文尔雅，学生每次听课都如沐春风，深受教益；在论文开题报告时，刘老师提出"要用数据、材料说话"，对此要求学生时刻谨记于心。别敦荣教授是我"战略研究"的启蒙老师，在有限的一学期授课时间里，别老师把我引入了一个新的研究领域，这为我学位论文的选题奠定了必备的基础；在之后的论文写作过程中，学生又几次向别老师求教，无论是面谈还是通过电话、网络的方式，别老师都给予及时、耐心的解答，同时还向我提供吴岩学长的课题研究材料以供参考，其睿智的言谈和朋友般的关切，学生此生不忘。王洪才教授与我有同乡之谊、校友之缘，尽管之前素昧平生，但河北人共有的淳朴质厚，让我产生一种自然的亲近感；作为河北人，王老师也很关心家乡教育的发展，学生在此特别感谢王老师在繁忙之中挤出时间接受我的访谈，及对论文写作提出的宝贵意见。郑若玲教授是目前教育研究院最年轻的教授、博导，虽然接触不多，但对郑老师我怀有一种由衷的钦佩，在毕业论文开题之时，郑老师的点评言简意赅，一针见血，切中要害，给学生带来很大启发。邬大光教授虽然没有对我的论文给予直接的指导，但在课堂之上，邬老师对各种"说不清楚"问题的深刻剖析与卓越见解，着实让我眼界拓宽，时时有醍醐灌顶之感，对我论文写作有莫大的帮助。

感谢教育研究院的所有工作人员：郑冰冰书记、陈文副书记、叶燕老师、吴晓君老师、王玉梅老师、李武静老师、冯波主任和肖娟群老师。没有你们的默默付出，我们也不会拥有如此良好的学习环境，在此向各位老师真诚地说一声：辛苦了，谢谢你们！

感谢各位同门及同窗好友的陪伴，虽然只有短短的三年时间，但嘉庚楼、芙蓉湖、五老峰、鼓浪屿都是我们友情的见证。在中国最美丽的校园里我不但结识了一群最有智慧的朋友，你们的青春朝气也让我这个有十多年"父龄"的老学生又年轻了一回。说一声"谢谢"，就向"再见"又走近了一步，无论今后我们各自于何处安身，但同年之谊注定了你我之间的缘分。保重，我的兄弟姐妹！

还要感谢接受访谈与提供帮助的吴洪成教授、宗树兴主任、崔万秋院长、薄建国老师、李运昌老师、方家峰老师等各位师长，以及河北省教育厅和省会图书馆提供资料数据的所有工作人员，正是你们的热心相助，我的论文写作才能得以顺利进行。

"故事"讲完，忽然又想起很多人问过我的一个问题：为什么不远数千里到厦门大学读博？理由很简单：因为我不懂高等教育，因为这里的教育研究院是高等教育研究的"圣地"。然而在我的朝圣之旅就要结束，我也将跨进不惑之年的时候，我依然感觉浑浑噩噩，有时甚至更加迷惘无措，不知所以。愧疚之余，唯有借用已故国学大师季羡林先生的话以求自勉：博士只是学术研究的开端。所以学位论文的完成，也不是学术研究的终结，而是我新的学术人生的起步仪式。"独上高楼，望断天涯路。"前面的路还很长，很长！

窗外晨曦微露，悠悠的建南钟声一如平日准时响起，我停笔起身走到阳台上，再次从"凌云"俯瞰凤凰花开的厦大校园：求学于此，实乃学生一生之幸事！

闫志军

2014 年 7 月 16 日于凌云六公寓